U0813500

中国古典文化大系

后汉书译注

启五 译注

上海三联书店

目录

前言

《后汉书》是一部纪传体断代史，上溯王莽时期，下至汉献帝刘协时期。该书主要包括帝王、皇后及诸侯大臣的本纪和各式人物的传记，共计九十卷，为南朝刘宋时期的范晔所作。范氏生性狂直狷介，自视怀才不遇，不满朝政纲纪，试图谋逆反叛朝廷，但最终还是锒铛入狱，惨遭迫害。于是，他誓言创写《后汉书》的雄心壮志未能如愿实现，没有将《后汉书》的体例著写完整，就撒手人寰。所以，《后汉书》的体例中不曾见到如《表》《书》（《史记》的记述形式）或《志》（《汉书》的记述形式）一类的史书撰写范式。今本《后汉书》（中华书局，1965 年点校本）中的《律历志》《礼仪志》《祭祀志》《天文志》《五行志》《郡国志》《百官志》及《舆服志》，是根据西晋司马彪《续汉书》中八《志》的记载补入的，计有三十卷。至此，《后汉书》才有了一百二十卷的说法。《四库全书总目·史部》记有《后汉书》内府刊本一百二十卷。早在宋真宗乾兴元年，孙奭就把《续汉书》中三十卷的八《志》（简称《续志》）与九十卷本的《后汉书》（纪传部分）合刊，始有一百二十卷本《后汉书》

的刊行。而刘昭对《续志》的注本，也造成了后人以为《续志》是刘昭注《后汉书》时才增补的误解。刘昭的确较早地对它进行注释，集注史实例证，但真正详注字义并且进行文意串解的，却要归功于唐朝的章怀太子李贤等人。《后汉书》注解工作的进一步开展，是在朴学兴盛的清代，主要是对《后汉书》的旧注再加补正和疏解，例如惠栋的《补注》、沈钦韩的《疏证》、钱大昭的《辨疑》、周寿昌的《注补正》以及王先谦的《集解》等等。清代先哲对《后汉书》的研究功不可没，也为后人深入开展《后汉书》的译注研究工作打下了坚实的基础。

《后汉书》与《史记》《汉书》及《三国志》合称“正史”的“前四史”，在中华文化研究的发展过程中占有举足轻重的历史地位。此书继承了《史记》和《汉书》中纪传体的书写方式，以人物描写为中心，采用《春秋》编年体式的系年系事之法，叠加以类相从的故事板块，杂用插叙、倒叙等叙事手法，形成了一个以人为本、以时间为经及以故事为纬的构建历史的立体式的框架结构。范晔自视其书“体大而思精”，从他对传统史学记叙方式的运用及其对以类相从的类传形式的细化两方面来看，这也不无道理。《后汉书》赓续了《史记》《汉书》当中对皇后本纪的叙写模式，又再将十七位皇后进行归类，编成《皇后纪》，置于十一位皇帝本纪的后面，形成以皇帝和皇后本纪开篇立意的历史叙述结构。书中《党锢列传》《宦者列传》《文苑列传》《独行列传》《方术列传》《逸民列传》和《列女传》七篇类传既具有创新性，也能够针对东汉的历史现状进行归纳和总结。他的篇章编排，与司马迁、班固叙写历史运用合传的表现方式一脉相承，以共同的主题或明显的行事特征，来突出人物之间相互关联的历史地位、相同的性格特征以及共有的某种历史价值和观念。《隗嚣公孙述列传》将汉室的敌军将领隗嚣和公孙述归为一传来写，不仅表明他们同属于敌人的性质，也明示了他们作为历史反面派的立场，但同时也不同程度地对他们自身的优点给予肯定。《宗室四王三侯列传》既明确汉族宗亲的历史地位，又彰显他们在光武帝赢得天下后跃入贵族序列的特征，更能体现东汉王朝兴建中的宗亲意识。这两篇前后顺连式地被编排在一起，先讲明汉朝克敌制胜的寓意，再叙说汉室本宗的亲属关系，这里暗含着对东汉刘氏建立王业、实现统一的推崇思想。《后汉书》上记帝王列侯故实，有意地提炼出皇后系列的事迹，刻画出循吏、酷吏、宦官等系列人物的形象，突出了逸民和独行者的高洁品质，展现了一道奇异方术的风景线，集中探讨了党锢禁令的人物话题，开创了文苑学人的传写方式，也再次尽显东汉儒林人士的存在意义与价值，更旁涉东夷、南蛮、西域、匈奴、乌桓及鲜卑等各族人群的别样滋味和地域风情。毋庸置疑，《后汉书》具有阐明东汉时期的历史发展、政治文化构建、经济发展的战略规划、文化与思想的源流演变，以及众多民族的地域文化与风俗人情等诸种史料价值，也兼备以古鉴今、以史立说的史学意义及精神。

关于《后汉书》的文学成就（如言辞特征、“论”“赞”文体形式特点及其文学意义等）、史料详赡、人物品评，以及它的缺憾和不足等，前人均有所关注，可以参见章惠康主编的《后汉书今注今译》、许嘉璐主编的《二十四史全译·后汉书》、李国祥等译注的《后汉书》及陈芳译注的《后汉书》等诸书的《序》或《前言》。对于范晔其人，亦可详参范晔所作的《狱中与诸甥侄书》及《宋书·范晔传》。此不赘述。

本书对《后汉书》篇章的甄选，立足发扬中国古代典籍中优良文化传统的立场，从经世致用的经学价值与文化构建的角度进行裁定。本次译注的目的，旨在让广大读者明白《后汉书》中秉承经学精神的人群之人格魅力、践行仁义的道德风范和他们的思想境界，以此反思经学的价值与作用，从而引发一定程度的哲学思辨。所选的篇章主要包括：《光武帝本纪》（节选）、《郑玄传》、《桓荣传》、《王充传》、《杨震传》、《马融传》（节选）、《蔡邕传》（节选）、《陈寔传》（节选）、《卢植传》、《陈蕃传》（节选）、《李膺传》、《杜密传》、《郭太传》、《许劭传》、《儒林传》的部分人物小传（尹敏、周防、孔僖、包咸、卫宏、何休、服虔、许慎）及《独行传》的部分人物小传（张武、陆续、李充、缪肜、陈重、雷义、范冉、戴就）。究其本源，这与范晔的治史精神紧密相连，他在《狱中与诸甥侄书》一文中明确强调“耻作文士”，足见他立言的本意，并不是以虚饰的文采辞藻为主，而是非常注重对“以文传意”和“以意”传“旨”的追求。其中的“意”和“旨”，实质上与经学中恒久不变的经义常道观念血脉相连。范氏家学正是基于经学的价值标准来传承和延绵其学术理念及精神。范晔的曾祖范汪撰《尚书大事》，祖父范宁作《古文尚书舜典》，父亲范泰尊崇经学，到了范晔，他自幼天资聪颖，潜移默化中受到经学教育的熏陶，于情于理，也顺其自然。他在《后汉书》中特别提到光武帝早年师法《尚书》一事，寓意深刻，且文中多处谈及光武帝身为读书人的形象。诚然，这属于史学家客观叙事的表现手法。可见，范晔眼中成就帝业的光武帝，也与经学发展的脉络有密切的关系。换言之，这体现出经学家从春秋笔法中演化而出的褒贬大义之蕴藉意识。于此而言，光武帝也深受《尚书》经义影响，笃信图谶，就是因为谶纬学说比附在经义的观念中衍生而出，不是知晓经义的读书人恐怕也很难具备对谶纬之言的理解能力和虔诚态度。在范晔的笔下，郑玄兼通今古文经学，卓然成为独领经学风骚的东汉大儒；桓荣信奉今文经学的《欧阳尚书》学，教授太子，以学执政，位居要职，知进退，明荣辱，成为以经学进行自我修身和为人治官的儒者典范；杨震是修学《欧阳尚书》而明经成仁的表率；马融、蔡邕和卢植也都是在经学的价值体系中通过入仕从政的方式来展示自己的行为风范和个性化品格。此外,《儒林传》也从《诗》《书》《礼》《易》《春秋》五经的师承关系来续写东汉儒学传承者的命运。《独行传》本质上也是以仁、义、礼、智、信五个道德品质的维度为基础，来申说人物与众不同的风格，借此称赞他们各自正面的、积极的，并且符合当时历史情境的人生价值取向和思想道德标准。

总而言之，今天我们见到的《后汉书》，是经过历代先贤前哲做出研究贡献后集结而成的史学著作。它蕴藏着无限的史学价值，闪耀着瑰丽的文学光芒，承载着耐人寻味的经学思想。尽管它的八《志》并非出自范晔的原创，且其中祭祀和礼仪的记载也与传记中的表述多有不合，但较之于全书“体大而思精”的气势和格局而言，它仍是不朽的传世佳作。

此次译本以中华书局1965年的标点本为底本，有针对性地对它们进行注释和白话文翻译，并在传记前加上题解，以便读者对其中的历史人物和历史事件有进一步的认识和了解。选本的注解和译文多借鉴唐代李贤等人的《注》例，并参照清人补注和疏解的成果，也结合今人《后汉书》译注本的真知灼见，考虑到篇幅容量的限度，此处不再详举例证，敬请见谅！愚学才疏识浅，注释和译文难免会有不尽如人意的地方，尤其是关于《后汉书》中地名的部分，核实起来感到尤其困难，恐有不当之处，故殷切地期望相关专家和读者不吝赐教！

启　五[①]

2014 年 1 月

① 启五：本名黄刚，中国人民大学博士研究生。

光武帝本纪

题解

刘秀（公元前6年—公元57年），史称光武帝，自幼为孤儿，曾前往长安求学，习修《尚书》，明了经义。当年南阳饥荒，各家门客转相偷盗，他逃往新野避难，卖粮谋生，不坠光明磊落之志。身为读书人，他起兵造势，连惶恐的百姓也因此“自安”。他杀敌破城，身先士卒，勇猛无比。他火烧属将与敌军勾结的密信，胸襟胆识，尤为过人。他不为长兄的丧事铺张，忍辱负重，潜藏鸿鹄之志，不炫耀功劳，谈笑依旧，气度非凡。他平定巴蜀乱贼，镇压叛军，有关西“铜马帝”之美誉。他入仕行政，设官分职，查禁非法，沿袭旧制，令汉家盛世威仪重现。他平反冤假错案，废除繁苛政令。他称帝登基，极具政治胸怀及智慧，三次被部将奏请拥帝，三次谢绝，直到强华进献符命后，于建武元年（公元25年）六月设坛祭天，登基为帝。他笃信符命，受《尚书》学影响。受天命为帝，乃古代圣王的象征。他通晓经义，深信并践行之。他祭天拜神，在祝文中强调“皇天大命”，自己是“敢不敬承”。光武帝建国大业的成功，与其学养休戚相关。他作为君临天下的王者，杀戮攻伐的野心必不可少，但也不可忽视通明经学义理的积极作用。在他身上，我们可以看到帝王习经并经世致用的气质与精神。本篇为节选。

世祖光武皇帝讳秀①，字文叔②，南阳蔡阳人③，高祖九世之孙也，出自景帝生长沙定王发④。发生春陵节侯买⑤，买生郁林太守外⑥，外生钜鹿都尉回⑦，回生南顿令钦⑧，钦生光武。光武年九岁而孤，养于叔父良。身长七尺三寸，美须眉，大口，隆准，日角⑨。性勤于稼穑⑩，而兄伯升好侠养士，常非笑光武事田业⑪，比之高祖兄仲⑫。王莽天凤中⑬，乃之长安⑭，受《尚书》⑮，略通大义。

注释

①世祖：指庙号。光武帝时期，汉室中兴，“世祖”指光武帝开辟了一个全新的历史时代，象征他是开创新纪元的有为君王。讳：古文中指称已亡君主或尊者的名字，在其名字前称“讳”，以示敬意。秀：伏侯《古今注》：“秀之字曰茂。”传闻刘秀出生时，稻禾一茎九穗，因有丰茂的长势而取名为“秀”。

②文叔：古代的兄弟排列次序分伯、仲、叔、季。光武帝刘秀的长兄刘伯升，次兄刘仲，自己排行老三，故字“文叔”。

③南阳：郡名，治所在今河南省南阳市。蔡阳：县名，今湖北省枣阳市西南。

④生：生子。据清人惠栋《后汉书补注》考证。长沙：郡名，治所在今湖南省长沙市。

⑤春陵：乡名，今湖北省枣阳市东。节：刘买死后，

谥号“节”。

⑥郁林：郡名，治所在今广西壮族自治区桂林市。太守：本是秦朝郡守的官职名称，秩二千石。汉景帝时更名为太守。

⑦钜鹿：郡名，今河北省境内。都尉：本是秦朝郡守的官职名称，掌佐守，典武职，秩比二千石。汉景帝时更名为都尉。

⑧南顿：县名，今河南省项城市境内。令：秦朝的官职名称，万户以上为令，秩千石至六百石。

⑨尺：汉代的尺约为23厘米。十寸为尺。据此算来，刘秀的身高约为168厘米。美须眉：美丽的胡须和眉毛。隆准：以鼻头为准，高高隆起，即高鼻梁。日角：郑玄《尚书中候注》曰：“日角谓庭中骨起，状如日。”这里指额头骨凸隆起，貌如日形。

⑩稼：种植。穑：敛收。

⑪非笑：讥笑。

⑫仲：郃阳侯喜，刘仲。汉高祖刘邦的二哥，能为产业。

⑬天凤中：实指公元14年。

⑭之：到、往。

⑮受《尚书》：《东观记》曰：“受《尚书》于中大夫庐江许子威。”

译文

光武皇帝，享有“世祖”的庙号，当时人取名应当避讳“秀”字，他的字号为文叔，是南阳蔡阳人，系汉高祖刘邦的第九世孙，先祖是汉景帝刘启之子长沙定王刘发。刘发生舂陵节侯刘买，刘买生郁林太守刘外，刘外生钜鹿都尉刘回，刘回生南顿令刘钦，刘钦生光武皇帝。光武帝九岁时已成了孤儿，被叔父刘良抚养长大。他身高七尺三寸，是一个俊俏的美男子，嘴巴大，鼻梁高，额头凸起饱满。他生性勤劳，忙于田地种植和各种农事。而他的长兄刘伯升（即刘演）喜好结识侠客、收养良士，常常讥笑他劳务耕田，甚至自此为汉高祖的二哥刘仲。王莽天凤元年（公元 14 年），刘秀去长安，向中大夫庐江许子威求学，接受《尚书》中的教育，能大致通晓经义。

莽末，天下连岁灾蝗，寇盗锋起①。地皇三年②，南阳荒饥，诸家宾客多为小盗。光武避吏新野③，因卖谷于宛④。宛人李通等以图谶说光武云⑤："刘氏复起，李氏为辅。"光武初不敢当，然独念兄伯升素结轻客，必举大事，且王莽败亡已兆，天下方乱，遂与定谋，于是乃市兵弩⑥。十月，与李通从弟轶等起于宛⑦，时年二十八。

注释

① 锋：或作"蜂"，比喻众多。

② 地皇：王莽执政，在公元 20 年改为"地皇"年号。

③ 新野：隶属南阳郡。《续汉书》曰："伯升宾客劫人，上避吏于新野邓晨家。"

④ 因：就，即乘机、就势之义。宛：县名，今河南省

南阳市。

⑤图：古时传闻的《河图》书。谶：符命之类的书，给君主受天命称王天下的预言作征验。《易纬·坤灵图》记有“汉之臣李阳也”的话语。

⑥市：购买。弩：古代的一种兵器，即弩弓，泛指弓。

⑦从弟：古人把共有一个曾祖父却不共父亲，年纪比自己幼小的同辈男性称为“从弟”，类似所谓的“堂弟”。

译文

王莽末年，天下连年遭逢蝗虫灾害，贼寇强盗借机蜂拥竞起。地皇三年（公元22年），南阳郡发生饥馑灾荒，各家门客大多沦为偷盗之类的小人。光武帝正在新野县躲避荒乱，逃离了官吏的骚扰，乘机在宛城售卖粮食。宛城李通等人用图谶的预言来劝说光武帝：“刘氏复兴起势，李氏辅佐。”光武帝起初不敢担当，然而又独自暗忖：大哥伯升向来结交侠客，必定会举兵起事，且王莽衰败灭亡的迹象已初露端倪，天下正处于混乱之际。（他）随即与（李通等）策定计谋（准备举兵起事），便开始购置弓弩军械来招兵买马。十月，他和李通的堂弟李轶等人在宛城举兵起义，当年他刚好28岁。

十一月，有星孛于张①。光武遂将宾客还舂陵。时伯升已会众起兵。初，诸家子弟恐惧，皆亡逃自匿，曰“伯升杀我”。及见光武绛衣大冠[2]，皆惊曰“谨厚者亦复为之”，乃稍自安。伯升于是招新市、平林兵[3]，与其帅王凤、陈牧西击长聚[4]。光武初骑牛，杀新野尉乃得马[5]。进屠唐子乡[6]，又杀湖阳尉[7]。军中分财物不均，众恚恨[8]，欲反攻诸刘。光武敛宗人所得物[9]，悉以与之，众乃悦。进拔棘阳[10]，与王莽前队大夫甄阜[11]、属正梁丘赐战于小长安[12]，汉军大败，还保棘阳。

注释

①星孛 bèi 于张：指在“张”星宿处发现了彗星“孛”，以此预示人祸兵乱。孛，孛星，彗星之一。张，二十八星宿之一。《汉书音义》：“张，南方宿也。”

②绛衣大冠：武官的装扮，将军服。绛，大红色。大冠，武官的官帽。

③新市：今湖北省京山县。平林：今湖北省随县东北。

④聚：居，指小于“乡”一级的地理区域单位。

⑤尉：武官的官名。

⑥屠：屠杀。唐子乡：在今河南省新野县东。

⑦湖阳：在今湖北省枣阳市。

⑧恚 huì 恨：怨恨。

⑨敛：收集。

⑩棘 jí 阳：周代的谢国所在地，故城在今河南省新野县东。棘，盖可通“枣”，即枣阳。

⑪前队 suì：王莽时设军布局为六队，南阳居前队，河内居后队，颍川居左队，弘农居右队，河东居

兆队，荥阳居祈队。并且，当时的行政岗位还设有郡大夫一职，如同太守。

⑫属正：王莽时设“队”每置“属正”一人，职如都尉。小长安：“聚”名，在今湖北省襄樊市南。

译文

十一月，孛星被发现亮于张星宿处。光武帝便率领宾客返回舂陵，当时刘伯升已经聚集宾客门徒起兵。刚开始，各家的青年们都害怕，纷纷逃离，有的暗自躲藏起来，他们说：“刘伯升要迫害我们。”等见到光武帝身穿大红色的武将服、戴着大大的将军帽时，他们惊讶地说：“谨慎厚道的人也干起兴兵作乱的事了。”这才稍稍安定了些。刘伯升便在新市和平林招募军兵，和军队的统帅王凤、陈牧一同西进攻打长聚。光武帝起初坐牛车，在捕杀新野尉后才拥有马车。随后，他继续前进，在唐子乡展开大屠杀，诛杀湖阳尉。由于对战利品分配不均，大家都怨声载道，还试图反攻刘氏家族。光武帝收集族人所得的战利品，全部分给大家，这才使得他们喜笑颜开。接着，起义军发兵攻打棘阳，与王莽前队大夫甄阜和属正梁丘赐所率的军队在小长安进行交战，汉军大败，退守棘阳城。

更始元年正月甲子朔[①]，汉军复与甄阜、梁丘赐战于沘水西[②]，大破之，斩阜、赐。伯升又破王莽纳言将军严尤、秩宗将军陈茂于淯阳[③]，进围宛城。二月辛巳，立刘圣公为天子[④]，以伯升为大司徒，光武为太常偏将军[⑤]。三月，光武别与诸将徇昆阳、定陵、郾[⑥]，皆下之。多得牛、马、财物，谷数十万斛[⑦]，转以馈宛下。莽闻阜、赐死，汉帝立，大惧，遣大司徒王寻、大司空王邑将兵百万[⑧]，其甲士四十二万人[⑨]，五月，到颍川，复与严尤、陈茂合[⑩]。初，光武为舂陵侯家讼逋租于尤[⑪]，尤见而奇之。及是时，城中出降尤者言光武不取财物，但会兵计策[⑫]。尤笑曰："是美须眉者邪？何为乃如是！"

注释

① 更始：刘玄的年号。刘玄，字圣公，舂陵（今湖北省枣阳市南）人，西汉皇族。他也是绿林军的将领之一。新莽地皇三年（即公元22年），绿林军与舂陵军共建联军，并建立政权，他被拥立为汉帝，建元更始，即所谓的更始帝，庙号汉延宗，史称"玄汉"。

② 泚bǐ水：河流名，在今河南泌bì阳河及其下游唐河流域。

③ 纳言：虞官，掌管发号施令，即所谓的喉舌之官。严尤：实为庄尤，避汉明帝刘庄之讳。秩宗：也是虞官，掌管郊庙祭祀事宜，周代称"宗伯"，秦汉时没有设立此官，王莽时改太常为"秩宗"，后又改为"典兵"。淯阳：县名，属南阳郡。

④ 刘圣公：刘玄。

⑤ 太常：原为奉常，秦朝的官名，汉景帝时更改为

"太常"。偏将军：将军的辅佐官名。

⑥徇：侵略、夺取，掠夺地盘。昆阳：在今河南省叶县北。定陵：在今河南省叶县东。郾：今河南省漯河市郾城区。

⑦斛 hú：古时的容量单位，十斗一斛。

⑧王邑：王商的儿子，与王莽是从父兄弟，相当于堂兄弟关系。

⑨甲士：披戴铠甲的战士。

⑩颍川：郡名，治所在今河南省禹州市。

⑪舂陵侯：即光武的季父（小叔叔）舂陵侯刘敞。讼：诉讼。逋：违。

⑫但：只。

译文

更始元年正月甲子初一，汉军再次与甄阜和梁丘赐所率的军队在沘水西边交战，此次大获全胜，斩杀了甄阜、梁丘赐二将。刘伯升也在沘水北边打败了王莽军中的纳言将军严尤和秩宗将军陈茂，并围剿宛城。二月辛巳日，刘玄被拥立为天子，任命刘伯升为大司徒，光武帝为太常偏将军。三月，光武帝和众将去攻夺昆阳、定陵和郾城，都攻克下来。得到了许多牛马牲畜和钱财物品，还有数十万斛的粮食，他将这些战利品转运并馈赠给宛城的军队。王莽听说甄阜、梁丘赐二将已战死，刘玄已被立为帝王等事，大为惊惧，派遣大司徒王寻、大司空王邑率领百万战士，其中披甲的精锐部队有四十二万人，五月，就抵达了颍川，再与严尤、陈茂会合。当初，光武帝还为舂陵侯家中欠租一事去找过严尤诉讼，当时严尤见到他就颇感奇怪。等到这时，从城中逃出来向严尤投降的人述说光武帝不掠取钱财和物品，只是在操练军队和筹划作战策略。严尤笑笑说："是那个美须浓眉的人吗？为什么竟会这样！"

初，王莽征天下能为兵法者六十三家数百人，并以为军吏[①]；选练武卫，招募猛士，旌旗辎重[②]，千里不绝。时有长人巨无霸，长一丈，大十围，以为垒尉[③]；又驱诸猛兽虎豹犀象之属，以助威武。自秦、汉出师之盛，未尝有也。光武将数千兵，徼之于阳关[④]。诸将见寻、邑兵盛，反走，驰入昆阳，皆惶怖，忧念妻孥[⑤]，欲散归诸城。光武议曰："今兵谷既少，而外寇强大，并力御之，功庶可立；如欲分散，势无俱全。且宛城未拔，不能相救，昆阳即破，一日之间，诸部亦灭矣。今不同心胆共举功名，反欲守妻子财物邪？"诸将怒曰："刘将军何敢如是！"光武笑而起。会候骑还[⑥]，言大兵且至城北，军陈数百里，不见其后。诸将遽相谓曰："更请刘将军计之[⑦]。"光武复为图画成败。诸将忧迫，皆曰："诺"。时城中唯有八九千人，光武乃使成国上公王凤、廷尉大将军王常留守，夜自与骠骑大将军宗佻[⑧]、五威将军李轶等十三骑[⑨]，出城南门，于外收兵。时莽军到城下者且十万，光武几不得出。既至郾、定陵，悉发诸营兵，而诸将贪惜财货，欲分留守之。光武曰：“今若破敌，珍珤万倍⑩，大功可成；如为所败，首领无余，何财物之有！”众乃从。

注释

①军吏：泛指军中的将帅官佐，包括从军将至伍长的各级武官。

②旌旗：旗帜的总称。旌，“析羽为旌”，用羽毛来作装饰的旗帜。旗，“熊虎为旗”，布面绘有熊虎图案的旗帜。辎：车名，用来装载军粮什物等东西，因为装载后的军车显得沉重，故称为“辎重”。

③垒：军营壁垒。

④徼：遮拦、截击。阳关：聚名。在洛州阳翟县（今河南省禹州市）西北。

⑤孥：子。

⑥候骑 jì：带有侦察巡逻任务的骑兵。

⑦遽 jù：急、仓猝。更：继续，接着。

⑧骠骑大将军：汉武帝时按照武官等级高低设置，自霍去病任职起开始沿用此官名，有大将军、车骑将军、卫将军、前、后、左及右将军等，骠骑将军排在第二的位置。

⑨五威将军：王莽设置的武官称号，以其衣服着五方的颜色来威令天下。李轶初起，假以此号为名。

⑩珤 bǎo：古“宝”字。

译文

当初，王莽征召天下通晓兵法的人，有六十三家门派，共数百人，并委任给军队将帅职衔；挑选和训练武卒和军士，广招勇猛将士，军中旌旗招展，连运载粮食杂物的军车都显得沉重，有千里不绝的盛景。当时有个自称巨无霸的高人，身高一丈，腰圆十围，被调遣为守卫军壁的垒尉；又驱赶虎、豹、犀牛及大象之类的猛兽，为行军作战壮助声威和勇武之势。自从秦汉两朝出师的盛况以来，从未有这般景象。光武帝率领数千兵，在阳关截击王莽的军队。众将察觉王寻、王邑的兵势强盛，掉头便跑，奔回昆阳，都惊慌恐惧，转而深忧思念自己的妻儿，试图乘机散伙各返老家。光武帝提议说："现在我军兵马粮草已经很少，而外来敌寇强大，（如果）我们合力抵御，或许能建功立业；倘若分离散伙，势必不得保全。况且刘伯升围打的宛城尚未攻下，我军两队人马还不能够相互救援，昆阳一旦被打垮，一日之间，我军各部也都会被歼灭。今天我们不万众一心去共建功业声名，反而想着安守妻儿和财产吗？"众将齐怒道："刘将军怎能说这样的话！"光武帝笑着站起来。恰逢骑兵侦察回报，说王莽大军已到城北，军队长达数百里，看不到队尾。众将急忙对光武帝说："还请刘将军献计。"光武帝筹划出事关战局成败的计谋，众将显出略带忧愁的急迫情状，都说："好。"这时城中仅有八九千人，他便命令成国上公王凤、廷尉大将军王常留守城中，当夜亲自与骠骑大将军宗佻、五威将军李轶等十三人骑马溜出城南门，到外面去收调兵力。当时敌军到达城下的兵马足有十万之多，光武帝几乎不能突出重围。等他们到了郾城、定陵后，全力征发各营兵力，但是各个将领都是贪生怕死，只顾私财家货，想的都是留守自己的那块地盘。光武帝说："如今如果能够打败敌军，所得的奇珍异宝比你们拥有的多上万倍，而且宏伟的事业也可以建立；倘若我们被敌人击败，只怕脑袋都保不了，要这点钱财货物又有何用！"于是众将士才听命于他。

六月己卯，光武遂与营部俱进，自将步骑千余，前去大军四五里而陈。寻、邑亦遣兵数千合战。光武奔之，斩首数十级①。诸部喜曰："刘将军平生见小敌怯，今见大敌勇，甚可怪也。且复居前②。请助将军！"光武复进，寻、邑兵却，诸部共乘之，斩首数百千级。连胜，遂前。时，伯升拔宛已三日，而光武尚未知。乃伪使持书报城中，云"宛下兵到"，而阳堕其书③。寻、邑得之，不憙④。诸将既经累捷，胆气益壮，无不一当百。光武乃与敢死者三千人，从城西水上冲其中坚⑤，寻、邑陈乱，乘锐崩之，遂杀王寻。城中亦鼓噪而出，中外合势，震呼动天地，莽兵大溃，走者相腾践，奔殪百余里间⑥。会大雷风，屋瓦皆飞，雨下如注，滍川盛溢，虎豹皆股战⑦，士卒争赴，溺死者以万数，水为不流。王邑、严尤、陈茂轻骑乘死人度水逃去。尽获其军实辎重⑧、车甲珍宝，不可胜算，举之连月不尽，或燔烧其余。

注释

①级：按照秦朝的军法，斩首一员，赐爵晋升一级，所以这里说斩首为“级”。

②且复：姑且再。

③阳：同“佯”，佯装。

④憙 xǐ：古同“喜”。

⑤中坚：古时军事作战，中军将处于最尊地位，居中就以坚锐自相辅助。

⑥殪 yì：扑倒，跌倒。

⑦滍 zhì 川：滍水，古水名，出南阳市鲁阳县西尧山，东南经昆阳城北，东入汝。即今河南省鲁山县、叶县境内的沙河。股战：犹股栗，惊惧状。

⑧军实：军中的器械和粮食。

译文

六月己卯日，光武帝便和兵营各部一同进军，亲自率一千余步兵和骑兵，前往离王莽大军四五里的地方驻军列兵。王寻、王邑也调遣数千军兵与光武帝的军队会战。光武帝冲锋陷阵，斩杀敌军数十人的首级。各部众将喜出望外地说：“刘将军平素里见到弱旅都心生胆怯，如今看到劲敌当前反而勇武过人，果真非比寻常。姑且再请我们冲杀在刘将军的前面，以助将军一臂之力。”光武帝再度进兵，王寻、王邑军队败退，各部将士共同乘胜追击，斩敌首级成百上千。光武帝的军队连连得胜，继续前行进军。当时，刘伯升攻下宛城已有三天，但光武帝却蒙在鼓里尚不知道，他叫人假扮成刘伯升的使者，拿着书函到城里去报信，说“宛城的援兵已到了”，却又故意佯装把这封信遗失。王寻和王邑得到后，顿生不悦。光武帝的军中众将已经多次大战告捷，喜获全胜，胆量和气势更加壮猛，没有一个不显出以一敌百的精神。他便率领三千人组成的敢死队，从城西渡水而上，直冲王邑兵营的中军主力，王寻、王邑军营方寸大乱，汉军乘机凭借胜势与锐气将其摧毁，斩杀了王寻。城中汉军击鼓呐喊涌出，里应外合，呼喊声震天动地，王莽军溃败而逃，相互践踏，方圆百里内遍及奔窜和死伤者。恰逢雷声轰鸣，大风兴起，屋瓦四飞，雨如倾盆而下，滍川河水泛滥，虎豹都惊吓得瑟瑟发抖，惨败的兵士争相渡水逃命，落水溺死的数以万计，尸首堆积，堵塞河道，使水流不畅。王邑、严尤、陈茂乘轻骑踏过尸体渡水而逃。汉军缴获敌军的军需，有辎重、战车、铠甲以及奇珍异宝，数都数不清，几个月都清理不完，有的只好用火焚烧殆尽。

光武因复徇下颍阳[①]。会伯升为更始所害，光武自父城驰诣宛谢[②]。司徒官属迎吊光武，光武难交私语，深引过而已。未尝自伐昆阳之功，又不敢为伯升服丧，饮食言笑如平常。更始以是惭，拜光武为破虏大将军，封武信侯。九月庚戌，三辅豪杰共诛王莽[③]，传首诣宛。更始将北都洛阳，以光武行司隶校尉[④]，使前整修宫府。于是置僚属，作文移[⑤]，从事司察，一如旧章。时三辅吏士东迎更始，见诸将过，皆冠帻，而服妇人衣，诸于绣𧝓，莫不笑之，或有畏而走者。[6]及见司隶僚属，皆欢喜不自胜。老吏或垂涕曰："不图今日复见汉官威仪！"由是识者皆属心焉。及更始至洛阳，乃遣光武以破虏将军行大司马事[7]。十月，持节北度河[8]，镇慰州郡。所到部县，辄见二千石、长吏、三老、官属，下至佐史，考察黜陟，如州牧行部事[9]。辄平遣囚徒，除王莽苛政[10]，复汉官名。吏人喜悦，争持牛、酒迎劳。

注释

①颍阳：郡名，今河南省许昌市。

②父城：县名，今河南省平顶山市叶县东北。诣：往。谢：谢罪。刘秀因思虑长兄刘演被害，心中不安。

③三辅：西汉时在京畿内设立的京兆、左冯翊及右扶风三地，相当于今天的陕西关中一带。

④司隶校尉：源于周官，汉武帝时始设置，持节以对，掌控三辅、三河及弘农的监察长官。

⑤文移：文书、公文。

⑥此句言北归洛阳。吏士：泛指官员。帻 zé：古代的头巾，是古时地位卑贱不戴帽的人所佩戴的饰物。诸于：大掖衣，妇人所穿的宽大上衣。𧝓 jué：半臂的短袖。

⑦大司马：秦朝时设立的太尉官职，汉武帝更名为"大司马"，掌管邦政。

⑧节：符节，竹制，是官员取信的凭证。

⑨二千石：秩二千石的官员，代指郡守。长吏：县

令长及丞尉。三老：乡官，汉高祖时设置，掌管教化事宜。佐史：汉代每州的刺史均配有从事史、假佐等官吏，这些属于较低等级的地方属吏。黜陟 chùzhì：官吏的升降。州牧：原系刺史，王莽时更名。后来州牧又演变为地方军事行政长官的代称。

⑩ 苛政：形容政令繁多细碎。苛，本义为小草。

译文

光武帝乘势率军再攻下颍阳县。正逢刘伯升被更始帝刘玄所害，他从父城赶往宛城谢罪。司徒府的官员迎接他并表示慰问，他不能和他们进行私密的交谈，只是深深自责而已。他从不矜夸自己征伐昆阳城的功劳，又不敢给兄长刘伯升服丧，饮食和谈笑依然如故。更始帝因此自觉惭愧，授予他破虏大将军一职，封他为武信侯。九月庚戌日，三辅的豪杰共同诛杀了王莽，割下他的头颅，送往宛城。更始帝即将北上洛阳建都，命令他代理司隶校尉一职，派往洛阳整治、修葺皇室宫府。他便安置随从官员，起草公文，设立司法监察机关，一切都依据旧章程办事。当时三辅的官员们东迎更始帝，看见众将一路走过，都戴着低贱人佩戴的头巾，身穿妇女的服饰，还是（那种）女人宽大上衣外边还有绣花的短袖，看见的人没有不笑话他们的，也有人感到畏惧而躲开。等看见司隶府的官员们，（更始帝一行人）都欢喜得不由分说。老一辈官员中有人一边落泪一边说：“想不到今天又见汉室皇族的官威仪式！”因此，有识之士都已有归服之意。更始帝到达洛阳后，便委派光武帝以破虏将军的职务行使大司马的职权。十月，他手持符节向北渡过黄河，镇抚安慰各州郡。他所到各部各县，都会接见年俸二千石的郡守和长吏、三老、下级官员，乃至各部门的佐吏小官，考察他们的政绩并决定其官职的晋升和贬降，如州牧管治所属的郡国一般。他随即平反冤假错案，遣返囚徒，废除王莽时制定的繁杂苛刻的政令，恢复汉朝的官名。官吏都非常高兴，争相用牛肉和酒食迎接并慰劳他。

进至邯郸，故赵缪王子林说光武曰："赤眉今在河东，但决水灌之，百万之众可使为鱼。"[①]光武不答，去之真定[②]。林于是乃诈以卜者王郎为成帝子子舆，十二月，立郎为天子，都邯郸，遂遣使者降下郡国。二年正月，光武以王郎新盛，乃北徇蓟[③]。王郎移檄购光武十万户，而故广阳王子刘接起兵蓟中以应郎[④]，城内扰乱，转相惊恐，言邯郸使者方到，二千石以下皆出迎。于是光武趣驾南辕[⑤]，晨夜不敢入城邑，舍食道傍。至饶阳[⑥]，官属皆乏食。光武乃自称邯郸使者，入传舍[⑦]。传吏方进食，从者饥，争夺之。传吏疑其伪，乃椎鼓数十通，绐言邯郸将军至[⑧]，官属皆失色。光武升车欲驰，既而惧不免，徐还坐，曰："请邯郸将军入。"久乃驾去。传中人遥语门者闭之。门长曰："天下讵可知，而闭长者乎？"遂得南出。晨夜兼行，蒙犯霜雪[⑨]，天时寒，面皆破裂。至呼沱河[10]，无船，适遇冰合，得过，未毕数车而陷。进至下博城西[11]，遑惑不知所之。有白衣老父在道旁，指曰："努力！信都郡为长安守[12]，去此八十里。"光武即驰赴之，信都太守任光开门出迎。世祖因发旁县，得四千人，先击堂阳、贳县[13]，皆降之。王莽和（戎）成卒正邳彤亦举郡降[14]。又昌城人刘植[15]，宋子人耿纯，各率宗亲子弟，据其县邑，以奉光武。于是北降下曲阳[16]，众稍合，乐附者至有数万人。

注释

①邯郸：属赵国，今河北省南部。邯，邯山。郸，尽。因邯山至此而尽得名。缪王：汉景帝的第七代孙刘元。赤眉：起义军的将领樊崇等人害怕与王莽军作战时混淆敌我情势，将自己部队的兵士眉毛描红，故有"赤眉"之称。

②真定：今河北省正定县。

③蓟 jì：今北京市一带。

④广阳王：刘嘉，系汉武帝的第五代孙。

⑤趣：急。

⑥饶阳：今河北省肃宁县南。

⑦传舍：客馆。

⑧椎 chuí 鼓：击鼓。绐 dài：欺骗。

⑨蒙：冒着。

⑩呼沱河：滹沱河，发源于今山西省境内，东向，流经今河北省石家庄北。

⑪下博：今河北省深州市西南。

⑫信都郡：今河北省冀州市。

⑬堂阳：今河北省新河县。贳shì县：今河北省辛集市南智丘镇大、小车城村一带。

⑭和（戎）成：王莽时将钜鹿分为和（戎）成郡。卒正：官名，职如太守。

⑮昌城：今河北省冀州市西北。

⑯下曲阳：今河北省晋州市西北。

译文

光武帝行进到邯郸，已故赵缪王的儿子刘林对他说："赤眉军队现今聚在河东，只要凿开黄河堤岸用水淹灌他们，即可让他们百万兵将变成游鱼。"他不予搭理，去到真定。刘林便使诈让占卜为业的王郎假冒汉成帝的儿子刘子舆，十二月，立定王郎为天子，定都邯郸城，马上派遣使者到各郡国进行劝降。更始二年正月，他认为王郎是新生的兴盛力量，便北伐攻占蓟县。王郎征发檄文，悬赏十万户缉拿他，已故广阳王的儿子刘接在蓟城内起兵响应王郎，城内秩序大乱，众人相继惊慌惶恐，说自邯郸来的使者就要到了，俸禄二千石以下的官员都出城迎宾。他便急忙驾车往南逃离，日夜都不敢入城，住宿和饮食都就近路旁解决。到了饶阳，随从官员的食用已是不足。他便诈称是邯郸来的使者，入住客馆。客馆的小吏刚把饭食递上，随侍人员饿虎扑食般地竞相争夺起来。客馆官员因此怀疑他们身份造假，便击鼓敲了数十下，谎称邯郸的将军已到，光武帝一行官吏闻声都大惊失色。他上车想逃，但转念再想，怕是难以避免，便慢慢地坐回原位，说：“请邯郸将军进来。”等待许久后，他们才驾车离开。客馆的官吏远远地召唤守门人关闭城门。守门的官员却说：“天下归谁还不好说，难道要把尊贵的人禁闭起来吗？”于是他们从南门出城。他们日夜兼程，冒着冷霜冰雪，加上天气酷寒，大家的脸都冻得裂开了。到了呼沱河，无船渡河，正值河面封冻结冰，他们才能够过河，还没等过完河，就有数辆车陷落河中。前进到下博县城西，他们惊恐不安，不知何去何从。路旁一位白衣老者，指引他们说：“加油！信都郡的人坚守长安，那里离这里约八十里。”光武帝驰马往信都方向奔赴，信都太守任光打开城门出来迎宾。他乘机调拨周围各县的人马，聚得四千人，先去攻打堂阳、贳县，结果这两城都归降了。王莽手下的和（戎）成郡卒正邳彤也领全郡前来投降。又有昌城县人刘植，宋子县人耿纯，各自率领自己同宗族亲及子弟，将各自占据的县城奉上敬献给光武帝。他便北进降服下曲阳城，兵马逐渐聚集壮大，愿意跟随他的人数以万计。

复北击中山，拔卢奴[①]。所过发奔命兵[②]，移檄边部，共击邯郸，郡县还复响应。南击新市、真定、元氏、防子[③]，皆下之，因入赵界。时，王郎大将李育屯柏人[④]，汉兵不知而进，前部偏将朱浮、邓禹为育所破，亡失辎重。光武在后闻之，收浮、禹散卒，与育战于郭门，大破之，尽得其所获。育还保城，攻之不下，于是引兵拔广阿[⑤]。会上谷大守耿况、渔阳太守彭宠各遣其将吴汉、寇恂等将突骑来助击王郎[⑥]，更始亦遣尚书仆射谢躬讨郎，光武因大飨士卒，遂东围巨鹿。王郎守将王饶坚守，月余不下。郎遣将倪宏、刘奉率数万人救钜鹿，光武逆战于南䜌[⑦]，斩首数千级。四月，进围邯郸，连战破之。五月甲辰，拔其城，诛王郎。收文书，得吏人与郎交关谤毁者数千章。光武不省，会诸将军烧之，曰："令反侧子自安[⑧]。"

注释

①中山：国名，又名中人亭，今河北省唐县安田一带。卢奴：县名，治所在今河北省定州市。

②奔命：古时郡国都有材官、骑士，遇到紧急危难，就选取骁勇善战的兵卒奔赴战场，所以称作"奔命"，近似今天的应急作战部队。

③新市：县名，今河北省新乐市南部。元氏：今河北省元氏县西北一带。防子：今河北省高邑县西南方向近济水地区。

④柏人：县名，今河北省柏乡县西南。

⑤广阿：县名，今河北省隆尧东。

⑥上谷：郡名，今河北省怀来县一带。渔阳：郡名，今北京市密云西南。突骑 jì：机动突击作战的骑兵。

⑦南䜌 luán：县名，今河北省巨鹿县东北。

⑧反侧：语出《诗经·周南·关雎》的"辗转反侧"，这里指内心不安。

译文

光武帝又领兵北上攻打中山国，并攻下卢奴县。在所经过的地方，他征召应急危难所需的骁勇的奔命兵，且将檄文传送到边境上各个部门，相誓共同进攻邯郸城，各郡县也积极响应。他向南攻打新市、真定、元氏、防子四县，一并拿下，顺势进入赵国领土。当时，王郎的大将李育在柏人城屯兵镇守，汉军并不知晓，继续前进，先遣部队的偏将朱浮、邓禹被李育击败，搞得汉军连军需装备和粮草都失手于人。他在后行军，听说了此事，聚集朱浮、邓禹部下被打散的兵卒，同李育在柏人城城门再战，挫败了李育的军队，全部夺回了李育从朱浮、邓禹处抢去的军需。李育退战坚守城池，汉军久攻却不能成功，便领兵攻夺广阿县。恰逢上谷太守耿况、渔阳太守彭宠各自派遣将领吴汉、寇恂等人率领骑兵突击队前来协助进攻王郎，更始帝也派出尚书仆射谢躬的兵马来征讨王郎，他犒劳士兵后，便向东进军围攻钜鹿。王郎的镇守将军王饶坚守不出，汉军攻城一个多月也没能拿下。王郎派出将领倪宏、刘奉率领数万人马去营救钜鹿城的军队，光武帝在南繺县进行了激战，杀敌数千人。四月，他前去围攻邯郸，连战连胜。五月甲辰日，汉军攻破邯郸城，杀死王郎。他缴获了王郎的公文书函，发现自己部下和王郎勾结并诽谤污蔑自己的信件达数千封。他置之不理，集合众将士，当着他们的面将信件毁烧干净，并说："让不安的人放心吧。"

光武将击之，先遣吴汉北发十郡兵。幽州牧苗曾不从，汉遂斩曾而发其众。秋，光武击铜马于鄡[①]，吴汉将突骑来会清阳[②]。贼数挑战[③]，光武坚营自守；有出卤掠者[④]，辄击取之，绝其粮道。积月余日，贼食尽，夜遁去，追至馆陶[⑤]，大破之。受降未尽，而高湖、重连从东南来，与铜马余众合，光武复与大战于蒲阳，悉破降之，封其渠帅为列侯[⑥]。降者犹不自安，光武知其意，敕令各归营勒兵，乃自乘轻骑按行部陈。降者更相语曰："萧王推赤心置人腹中，安得不投死乎！"由是皆服。悉将降人分配诸将，众遂数十万，故关西号光武为"铜马帝"。赤眉别帅与大彤、青犊十余万众在射犬[⑦]，光武进击，大破之，众皆散走。使吴汉、岑彭袭杀谢躬于邺[⑧]。青犊、赤眉贼入函谷关[⑨]，攻更始。光武乃遣邓禹率六裨将引兵而西，以乘更始、赤眉之乱。时，更始使大司马朱鲔、舞阴王李轶等屯洛阳，光武亦令冯异守孟津以拒之。[⑩]

注释

① 鄡 qiāo：县名，今河北省巨鹿县东。

② 清阳：县名，今河北省清河县东。

③ 挑战：挺身独战。

④ 卤：同"虏"，获。

⑤ 馆陶：县名，今河北省东南部。

⑥ 蒲阳：蒲阳山，经蒲水所出，今河北省满城县西北。渠帅：大帅，即高级将领。列侯：爵位名，汉

代诸侯受封二十等爵中的最高级别，秩一千石。列，表示序列。

⑦射犬：郡名，今河南省泌阳县东北。

⑧邺：郡名，今河南省安阳市北郊至河北省临漳县西一带。

⑨函谷：谷名，以谷名命名关口，今河南省灵宝市东北。

⑩舞阴：县名，今河南省泌阳县西北。孟津：孟是地名，在洛水之北，古今皆以之为渡口，故名之为“津”，今河南省孟津县东北。

译文

光武帝领兵攻击他们，先派遣吴汉从北方调发十个郡县的人马。幽州牧苗曾不听从指挥，汉军将苗曾斩首示众，并征调其部队。到了秋天，他率领军队在鄡县与铜马军交战，吴汉指挥骑兵突击队和他的部队在清阳县会合。铜马军多次前来挑衅，他依旧坚守营垒；铜马军有外出抢劫掠夺的，他马上出击，断绝他们的运粮通道。就这样过了一个多月，贼军的粮食殆尽，趁夜逃走，汉军追击到馆陶，大败铜马军。招降铜马军的事还没完，高湖、重连两支兵马从东南杀过来，和铜马军的残余部队会合，他又在蒲阳山同他们大战一场，大获全胜并使其归降，封投降的大帅为列侯。投降的人仍不能安心，他深知他们的想法，便下令让其各自回营管束好自己的部队，又亲自乘轻骑巡检各部队伍。投降的人互相议论：“萧王待人推心置腹，我们怎能不拼命效力！”

从此都对他心悦诚服。他把所有降兵分配到各位将领的部下，兵马增至数十万，所以关西美其名曰“铜马帝”。赤眉的别部将帅和大彤、青犊军的十多万兵马聚集在射犬，光武帝向他们发起攻势，大败敌军，敌军四处逃窜。他派遣吴汉、岑彭袭击邺城，斩杀了谢躬。青犊、赤眉的贼军开进函谷关，攻击更始帝。他便派遣邓禹率六位副将领兵向西进军，以便乘势在更始帝与赤眉军的混战中获益。当时更始帝派大司马朱鲔、舞阴王李轶等人在洛阳屯兵驻防，他也命令冯异镇守孟津，以便抵御贼军偷袭。

建武元年春正月，平陵人方望立前孺子刘婴为天子[①]，更始遣丞相李松击斩之。光武北击尤来、大抢、五幡于元氏，追至右北平[②]，连破之。又战于顺水北[③]，乘胜轻进，反为所败。贼追急，短兵接[④]，光武自投高岸，遇突骑王丰，下马授光武，光武抚其肩而上，顾笑谓耿弇曰：“几为虏嗤。”弇频射却贼，得免。士卒死者数千人，散兵归保范阳[⑤]。军中不见光武，或云已殁，诸将不知所为。吴汉曰：“卿曹努力！王兄子在南阳，何忧无主？”众恐惧，数日乃定。贼虽战胜，而素慑大威，客主不相知，夜遂引去。大军复进至安次[⑥]，与战，破之，斩首三千余级。贼入渔阳，乃遣吴汉率耿弇、陈俊、马武等十二将军追战于潞东[⑦]，及平谷[⑧]，大破灭之。朱鲔遣讨难将军苏茂攻温，冯异、寇恂与战，大破之，斩其将贾彊。于是诸将议上尊号。马武先进曰:“天下无主。如有圣人承敝而起,虽仲尼为相,孙子为将,犹恐无能有益。反水不收,后悔无及。大王虽执谦退,奈宗庙社稷何!宜且还蓟即尊位,乃议征伐。今此谁贼而驰骛击之乎?”光武惊曰:“何将军出是言?可斩也!”武曰:“诸将尽然。”光武使出晓之,乃引军还至蓟。

注释

① 平陵:今陕西省咸阳市。刘婴:汉宣帝的玄孙,汉平帝驾崩,王莽立楚孝王孙子广戚侯现的儿子刘婴为皇帝,后来王莽篡位,又把他废为定安公。

② 北平:县名,今河北省满城县西北。此处加在“北平”前“右”字有误,《东观记》和《续后汉书》无此字。

③ 顺水:徐水的别名,今在河北省满城县北部。

④ 短兵:交战双方近身用刀剑拼杀。

⑤ 范阳:县名,范水之阳,今河北省满城县东北。

⑥ 安次:县名,今河北省廊坊市安次区西北。

⑦ 潞:县名,今北京市通州区以东。

⑧ 平谷:县名,今北京东北部和天津西北部交汇的平谷区一带。

译文

建武元年(公元25年)春正月,平陵人方望拥立西汉孺子刘婴为天子,更始帝特派丞相李松出兵迎击并杀死刘婴。光武帝北上到元氏攻击尤来、大抢、五幡三军，追击他们到北平县，连连获胜。又在顺水北岸与他们交战，乘胜轻率进兵，却被敌军打败。贼军穷追猛打，以致两军短兵相接，兵戎相见，他丢弃战马徒步向高坡跑去，巧遇骑兵突击队的王丰，王丰把自己的战马让给他，他轻拍了一下王丰的肩膀然后上了马，回过头来笑着对耿弇说："差点儿让贼寇们耻笑了。"耿弇频频发箭，射退贼军，这样才得以幸免于难。汉军士兵战死数千人，失散的兵士退守范阳城，军中却不见光武帝。有人说他已战死，众将不知如何是好。吴汉发言说："我等得加把劲！大王兄长的儿子今在南阳，还用得着担忧没有君主吗？"众人仍是惊恐，多日后才稍稍安定。贼军虽然赢得胜仗，但他们向来畏惧汉军军威，且两军并不知各自的底细，他们便在晚上暗自撤离。光武帝的大军再向安次开进，同敌军交战，击败对方，斩获三千多敌兵首级。贼军进驻渔阳郡，他便派出吴汉率耿弇、陈俊、马武等十二位将军予以追击，在潞城东面会战，一路战到平谷，击溃贼军并一举歼灭他们。朱鲔派遣讨难将军苏茂进攻温城，冯异、寇恂领军同其交战，挫败苏茂的部队，斩杀将军贾彊。于是，众将探讨皇上称尊号一事。马武首先发言："天下没有君主。如果有圣人在国运不济时兴起，即使如孔子一般的圣贤出任丞相，像孙子一样的智谋家担当将帅，恐怕也无济于事。就像收不回泼出的水一样，后悔莫及。大王您虽然谦逊辞让，又怎能面对汉室的列祖列宗和江山社稷啊！您权且返回蓟城就皇帝的尊位，然后再从长计议征伐诸事。现今天下无主，到底谁是贼寇？（我们不能分辨），那您驰骋战场要去攻打谁呢？”他惊讶地说：“将军怎么能说这种话？这可是杀头之罪！”马武回答道：“诸位大将都是这样认为的。”光武帝派他出去通知大家，随即率军返回蓟城。

夏四月，公孙述自称天子。光武从蓟还，过范阳，命收葬吏士。至中山，诸将复上奏曰：“汉遭王莽，宗庙废绝，豪杰愤怒，兆人涂炭[①]。王与伯升首举义兵，更始因其资以据帝位，而不能奉承大统，败乱纲纪，盗贼日多，群生危蹙[②]。大王初征昆阳，王莽自溃；后拔邯郸，北州弭定；参分天下而有其二，跨州据土，带甲百万。言武力则莫之敢抗，论文德则无所与辞。臣闻帝王不可以久旷，天命不可以谦拒，惟大王以社稷为计，万姓为心。”光武又不听。行到南平棘[③]，诸将复固请之。光武曰：“寇贼未平，四面受敌，何遽欲正号位乎？诸将且出。”耿纯进曰：“天下士大夫捐亲戚，弃土壤，从大王于矢石之间者，其计固望其攀龙鳞，附凤翼[④]，以成其所志耳。今功业即定，天人亦应，而大王留时逆众，不正号位，纯恐士大夫望绝计穷，则有去归之思，无为久自苦也。大众一散，难可复合。时不可留，众不可逆。”纯言甚诚切，光武深感，曰：“吾将思之。”行至鄗[⑤]，光武先在长安时同舍生彊华自关中奉《赤伏符》，曰“刘秀发兵捕不道，四夷云集龙斗野，四七之际火为主[⑥]。”群臣因复奏曰：“受命之符，人应为大，万里合信，不议同情，周之白鱼[⑦]，曷足比焉？今上无天子，海内淆乱，符瑞之应，昭然著闻，宜答天神，以塞群望。”光武于是命有司设坛场于鄗南千秋亭五成陌[8]。

注释

①兆：亿万。涂炭：人陷入泥潭或掉进火坑，无法抢救，形容受罪煎熬的样子。

②蹙 cù：急迫。

③南平棘 jí：县名：属常山郡，今河北省赵县以南。

④攀龙鳞，附凤翼：扬雄《法言·渊骞》：“攀龙鳞，附凤凰，巽以扬之，勃勃乎其不可及也。”比喻归附皇权以成就功名。

⑤鄗 hào：县名，今河北省柏乡县北。

⑥四七：指代二十八，从汉高祖刘邦到光武帝刘秀初年，恰好二百八十年，即所谓的四七之际。火：按五行法推算，汉朝属于火德，所以主火。

⑦白鱼：据《伪古文尚书》篇目《中候》记载，周武王征伐商纣，渡河经过孟津，河中白鱼跃起掉进周武王的船中，三尺多长，鱼目下有赤红色的花纹成字，其中传递出讨伐商纣王的意思。

⑧坛：筑土。场：除地。千秋亭、五成陌：均在今河北省柏乡县。陌，道路的东西线。

译文

夏四月，公孙述自立号称天子。光武帝从蓟城返回，途经范阳，下令收聚官兵尸首并好好安葬。到达中山时，众将再次上奏：“汉朝遭遇王莽祸乱，刘氏宗庙被废弃断绝，令豪杰愤慨怨怒，使亿万百姓陷于水深火热之中。大王与长兄刘演兴举正义之师，更始帝仗着刘姓宗室的资格跃居帝位，但他不足以担当发展汉朝大业的重任，（目前）纲常法纪败落混乱，使得盗贼与日俱增，天下民众生活困苦窘迫。当初，大王征讨昆阳，（令）王莽敌军自行溃败；随后攻占邯郸，平定北方各州动乱；三分天下您独占其二，地域横跨数州，占据疆土，拥有百万披甲雄师。论武力无人可以与您抗衡，谈文德也无人可与您一争高下。臣下听古训说，帝王的尊位不可以使其长期空缺，天命也不可以谦让拒绝，希望大王为国家生计再三考虑，要以天下百姓为心中大事。”他仍旧不予理睬。等进军到南平棘时，众将军再次坚决地请求他登临天子尊位。他说：“匪徒盗贼的祸乱还没平定，我们正四面受敌，何必匆忙地确立天子帝位呢？众将军暂且请回吧。”耿纯进言：“天下的士大夫别离亲人，背井离乡，（死心塌地地）追随大王冲杀于刀光剑影之中，原本就是想攀龙附凤，以实现自己的志向。现今功名事业即将建定，天意人愿应和，两全其美，而大王却拖延时间，违背民意，不肯登基封号，我担心士大夫们的愿望和初衷落空，就会孳生弃大王而去的念头，（大王）不要做自寻困苦的事了。一旦大家离散，就很难再聚合成团了。时间不可以耽误，民心不可以悖逆。”耿纯的话诚恳真挚，他深为感动，说：“我会考虑这件事的。”等行军到达鄗县，曾与他在长安学习时同住一室的学友彊华从关中来拜会，献上《赤伏符》，上面写着：“刘秀起兵，取代没有道义的君王，四方各族云集，像群龙在旷野荒原上争斗，（从汉高祖到光武帝时期）恰好是二百八十年，（五行里）属火德，正是汉朝的命数之主。”群臣再借机上奏：“天命的（贞祥）符瑞，应以人事的灵验为大，远在万里的事象与符命契合，众人情感不谋而合，（即使）周武王时白鱼报信的灵验之事，又怎么能和（大王的）情况相比？今天民众没有天子，动荡混乱，天帝降下的征兆得以应验，昭然若揭，（人所共知），您应答谢天上神帝，以满足群臣的愿望。”他便命令官员在鄗城南面千秋亭里的五成陌设置祭天的坛场。

六月己未，即皇帝位。燔燎告天[①]，禋于六宗[②]，望于群神[③]。其祝文曰：“皇天上帝，后土神祇，眷顾降命，属秀黎元，为人父母，秀不敢当。群下百辟[④]，不谋同辞，咸曰：‘王莽篡位，秀发愤兴兵，破王寻、王邑于昆阳，诛王郎、铜马于河北，平定天下，海内蒙恩。上当天地之心，下为元元所归[⑤]。’谶记曰：‘刘秀发兵捕不道，卯金修德为天子[⑥]。’秀犹固辞，至于再，至于三。群下佥曰[⑦]：‘皇天大命，不可稽留。’敢不敬承。”于是建元为建武，大赦天下，改鄗为高邑。

注释

① 燔 fán 燎：烧柴祭天。因为天高，人不可能触摸到，所以烧柴起烟以表敬意，希望直通上天，表示祭祀的虔诚。

② 禋 yīn：祭祀的名称。六宗：汉平帝时被认作是《易》卦中的气、水、火、雷、风及泽。到了汉安帝时，它被指称是天、地及东西南北四方。

③ 望：祭祀名称，望祭，对山林川谷之神的祭拜。因为不可一一遍访，所以面对山川遥望远祭。

④ 百辟：诸侯，即百官。

⑤ 元元：略表可怜的语气，代指黎民百姓。

⑥ 谶 chèn：秦汉间方术之士用以比附现实而作出预言的隐语。卯金：刘的繁体字“劉”的左偏旁，代指刘。

⑦ 佥 qiān：都。

译文

六月己未日，光武帝登上皇帝尊位。燔烧木柴向天祭祀，敬祀“六宗”，望祭山林川谷诸神。他的祝祭文辞中写道：“皇天上帝，后土神祇，垂爱我们而施降天命于人间，把百姓嘱托给刘秀，让他担当天下臣民的父母那样的重任，但刘秀不敢承担这份责任。文武群臣百官，不谋而合并异口同声地说：‘王莽篡夺皇位，刘秀因此激发愤慨兴起义兵，在昆阳击败王寻、王邑的敌军，在河北诛杀王郎、铜马，平定天下，国内都承受他的恩泽。居上应怀仁厚的天地心胸，承下应取万众归一的百姓。’谶记说：‘刘秀起兵取代没有道义的君王，卯金合聚一起，修养仁德，理应为天子。’刘秀还是坚决辞让，并且一而再、再而三地推辞。群臣都劝说：‘上天地皇的重大符命，不可以迁延。’刘秀不敢不尊敬地接受天命。”于是，刘秀改年号建元为建武，赦免犯人，改鄗县为高邑县。

二年春正月甲子朔，日有食之。大司马吴汉率九将军击檀乡贼于邺东，大破降之。庚辰，封功臣皆为列侯，大国四县，余各有差。下诏曰：“人情得足，苦于放纵，快须臾之欲，忘慎罚之义。惟诸将业远功大，诚欲传于无穷，宜如临深渊，如履薄冰，战战栗栗，日慎一日。其显效未酬，名籍未立者，大鸿胪趣上①，朕将差而录之。”博士丁恭议曰：“古帝王封诸侯不过百里，故利以建侯，取法于雷②，强干弱枝，所以为治也。今封诸侯四县，不合法制。”帝曰：“古之亡国，皆以无道，未尝闻功臣地多而灭亡者。”乃遣谒者即授印绶，策曰：“在上不骄，高而不危；制节谨度，满而不溢。敬之戒之。传尔子孙，长为汉藩。”③

注释

①大鸿胪：职官名，掌管诸王入朝觐见叩拜、封赐诸侯及少数民族事务。趣cù：赶快。

②取法于雷：根据《易经》屯卦和震卦的卦象判断出雷声传音百里，所以诸侯国封地也因此而得出占据领土须方圆百里的结论。

③此节为训令节选。谒者：传达君主命令的侍卫官。藩：屏藩，建立诸侯是为国家设置屏障。

译文

建武二年春正月初一甲子日，出现日食现象。大司马吴汉率领九位将军在邺城的东面攻打檀乡贼军，一举击败之，并迫使他们投降。庚辰日，光武帝将功臣封为诸侯，封疆大的有四个县，其余的大小各有差别。他下达诏令说：“人的情志容易得到满足，却因过度放纵欲念而陷入困苦，贪图一时的欲念，就会忘记谨防刑罚的意义。各位将帅业绩宏伟且功劳巨大，但如果想要将功业传承给无穷尽的子孙后代，就应该如同面临深渊，如同在薄冰上步行一样，战战兢兢，小心翼翼，时时谨慎认真。有显赫功劳而未获酬谢，名籍上不曾登记的将领，请大鸿胪尽快上报，我将分别给予任用。”博士丁恭提议道：“古代帝王分封给诸侯的城郭不过百里，《易》卦卦象上说这样有利于分封，从雷声震惊百里的现象取经效法，以此增强主干，削弱分支，这是善于治理的表现。现今封给诸侯四个县，不符合传统意义上的法度规制。”光武帝回答说：“古时出现亡国之祸，都是因为国君无道，从没听说过国家因为功臣获封的土地太多而走向灭亡的。”他便特派谒者给诸侯授予印绶，并在策命上警示道：“居于上位而不骄慢，那么权位虽高也不会招致危险；节制并谨守法度，呈现满盈状态也不致漫溢出来。大家务必敬肃戒骄。（将此训令）传给子孙，（希望）你们要长长久久地成为汉家的屏藩。”

中元元年春正月，东海王彊、沛王辅、楚王英、济南王康、淮阳王延、赵王盱皆来朝[1]。丁卯，东巡狩。二月己卯，幸鲁，进幸太山。北海王兴、齐王石朝于东岳。辛卯，柴望岱宗，登封太山；甲午，禅于梁父[2]。三月戊辰，司空张纯薨。夏四月癸酉，车驾还宫。己卯，大赦天下。复嬴、博、梁父、奉高[3]，勿出今年田租刍稿。改年为中元。行幸长安。戊子，祀长陵。五月乙丑，至自长安。六月辛卯，太仆冯鲂为司空。乙未，司徒冯勤薨。是夏，京师醴泉涌出[4]，饮之者固疾皆愈，惟眇、蹇者不瘳[5]。又有赤草生于水崖。郡国频上甘露。群臣奏言："地祇灵应而朱草萌生[6]。孝宣帝每有嘉瑞，辄以改元、神爵、五凤、甘露、黄龙，列为年纪，盖以感致神祇，表彰德信。是以化致升平，称为中兴。今天下清宁，灵物仍降。陛下情存损挹[7]，推而不居，岂可使祥符显庆，没而无闻？宜令太史撰集[8]，以传来世。"帝不纳。常自谦无德，每郡国所上，辄抑而不当，故史官罕得记焉。秋，郡国三蝗。冬十月辛未，司隶校尉东莱李䜣为司徒。甲申，使司空告祠高庙曰："高皇帝与群臣约，非刘氏不王。吕太后贼害三赵[9]，专王吕氏，赖社稷之灵，禄、产伏诛[10]，天命几坠，危朝更安。吕太后不宜配食高庙，同祧至尊[11]。薄太后母德慈仁[12]，孝文皇帝贤明临国，子孙赖福，延祚至今。其上薄太后尊号曰高皇后，配食地祇。迁吕太后庙主于园[13]，四时上祭。"十一月甲子晦，日有食之。是岁，初起明堂、灵台、辟雍，及北郊兆域。[14]宣布图谶于天下。复济阳、南顿是年徭役。参狼羌寇武都，败郡兵，陇西太守刘盱遣军救之，及武都郡兵讨叛羌，皆破之。

注释

①中元：东汉时期汉光武帝刘秀的第二个年号。中元元年是公元56年。

②岱宗：即泰山。梁父：泰山下的小山名。封：聚土为坛。禅：进行祭祀。

③嬴、博、梁父、奉高：都是县名，属于太山郡，兖州博城县，今山东省泰安市境内。

④醴泉：即甘泉。

⑤眇 miǎo：眼瞎。蹇 jiǎn 者：跛足的人。瘳 chōu：本义病愈，这里指治疗。

⑥朱草：比喻道德正气。《孝经·援神契》曰："德至草木，即朱草生。"

⑦损挹 yì：谦让。

⑧太史：史官之长。

⑨吕太后：汉高祖的后妃吕雉。三赵：指汉高祖的儿子赵幽王友、赵恭王恢、赵隐王如意。

⑩禄、产：即吕禄和吕产，都是吕太后兄弟的儿子。吕后离世，他们各自拥兵（南北军队）自重，想要作乱，后来周勃和陈平等铲除了他们。

⑪祧 tiāo：祖庙。

⑫薄太后：汉高帝之姬，汉孝文帝的母亲。

⑬园：坟域。

⑭明堂：天子宣教施政的地方，祭祀、庆赏、选士、教学等典礼仪式，都在此举行。灵台：关于灵台的说法很多，这里选取郑玄笺解《诗经》“灵台”之说，灵台是天子设的神台，以此观察星象来应对时局。周文王受天命在丰地筑造城邑，建立灵台。辟雍：天子为教育贵族子弟开设的大学。兆域：坟墓四周的疆界，代指墓地。

译文

中元元年（公元56年）春正月，东海王刘彊、沛王刘辅、楚王刘英、济南王刘康、淮阳王刘延、赵王刘盱都来觐见皇上。丁卯日，皇帝东巡。二月己卯，皇帝到了鲁地，进而又抵达泰山。北海王刘兴、齐王刘石在东岳朝见皇上。辛卯日，烧柴望祭泰山之神，又登上泰山设坛来祭祀天神；甲午日，在梁父山祭拜地神。三月戊辰日，司空张纯辞世。夏四月癸酉日，皇帝返回宫中。己卯日，大赦天下囚徒。免除嬴、博、梁父、奉高赋税，不用缴纳当年的田租和草料。皇帝更改年号为中元。皇帝前进到达长安。戊子日，祭拜长陵。五月乙丑日，皇帝从长安返回。六月辛卯日，任命太仆冯鲂为司空。乙未日，司徒冯勤去世。这年夏天，京城有甘泉从地下涌出，久患病痛的人喝了能痊愈，只有眼瞎、腿跛的人不能治愈。有赤草在河岸上生长。各郡国连连献上甘露。众臣上奏说：“地神显灵就有赤草萌发生长。汉孝宣皇帝每逢有吉祥的现象出现，就根据祥瑞的感应现象来改变年号，神爵、五凤、甘露、黄龙，列为纪年的年号，是为了感动神祇，表彰德行和诚信。这使得天下升平，被称为汉代的中兴。现在天下清静安宁，神灵之物频频降临。陛下虽然内心存有谦虚退让之意，推辞功德而不占为己有，但是岂能让吉兆祥符隐没，而不让天下老百姓知道呢？应该命令史官将此记录撰集，传给后世。”皇帝并未采纳这些建议。他常常谦虚地说自己没有德行，每当有郡国上报祥瑞，往往不愿承当，所以史官很多东西不能记录下来。秋天，有三个郡国出现蝗虫灾害。冬十月辛未日，任用司隶校尉东莱李䜣为司徒。甲申日，派司空告祭高祖神庙说：“高祖刘邦和各位大臣相约，不是刘氏血统的皇室成员不能封王称帝。吕太后残害赵幽王刘友、赵恭王刘恢、赵隐王刘如意，专封吕氏家族的人为诸侯王，凭借国家的威灵，吕禄、吕产被绳之以法并斩首示众，天命即将失坠之时，朝廷转危为安。吕太后不应在高庙配享祭祀，也不能与皇帝同列受祭。薄太后母德仁慈，孝文皇帝因为其贤明临朝治理国家，子孙们托他的福，才使刘氏的皇位延续到今天。现在奉上薄太后的尊号为高皇后，配享地神的祭祀。把吕太后的神主牌位迁到园陵去，在那里四季供奉祭祀。”十一月末的甲子日，又有日食发生。这一年，开始建造明堂、灵台、辟雍及北郊祭地的场所。向全国宣布图谶。免除济阳、南顿这一年的徭役。参狼羌侵犯武都，打败守郡官兵，陇西太守刘盱派遣军队前往营救，和武都郡兵马讨伐叛乱的羌军，将其打败。

二年春正月辛未，初立北郊，祀后土。东夷倭奴国王遣使奉献[①]。二月戊戌，帝崩于南宫前殿，年六十二。遗诏曰："朕无益百姓，皆如孝文皇帝制度，务从约省[②]。刺史、二千石长吏皆无离城郭，无遣吏及因邮奏[③]。"初，帝在兵间久，厌武事，且知天下疲耗，思乐息肩[④]。自陇、蜀平后，非儆急[⑤]，未尝复言军旅。皇太子尝问攻战之事，帝曰："昔卫灵公问陈，孔子不对[⑥]，此非尔所及。"每旦视朝，日仄乃罢。数引公卿、郎、将讲论经理，夜分乃寐[⑦]。皇太子见帝勤劳不怠，承间谏曰："陛下有禹、汤之明，而失黄、老养性之福[⑧]，愿颐爱精神，优游自宁。"帝曰："我自乐此，不为疲也。"虽身济大业，兢兢如不及，故能明慎政体，总揽权纲，量时度力，举无过事。退功臣而进文吏，戢弓矢而散马牛，虽道未方古，斯亦止戈之武焉[⑨]。

注释

①倭：汉人认为倭人远在东南大海中，依靠山岛建立国家。

②约省：简约。汉文帝安葬用瓦器，不用金银铜锡作为装饰，顺应山势，不另起坟土。

③邮：边境上传书、供食宿的驿站。

④息肩：卸掉负担或免除劳役。

⑤儆 jǐng 急：紧急之事，常指紧急军情。

⑥孔子不对：语出《论语·卫灵公》，记载卫灵公与孔子对话的故事。卫灵公向孔子咨询军队陈列之

法，孔子并不回答军事问题，用自己只听说过俎豆用礼的事来表示对卫灵公的不满。

⑦ 夜分：半夜。

⑧ 黄、老：即黄帝和老子。

⑨ 止戈之武：尚文。止戈，即“武”字的构形。

译文

中元二年春正月辛未日，开始设立北郊祭祀场所，祭祀后土。东夷倭奴国王派遣使者来进贡礼品。二月戊戌日，皇帝在南宫前殿逝世，享年六十二岁。遗诏说：“我没有做什么造福于百姓的事，死后一切丧事都依照孝文皇帝那样操办，力求精简从省。州郡地方刺史、二千石长官都无须离开自己的岗位进城奔丧，不要派吏员或通过邮寄唁函来吊唁。”起初，皇帝从戎时间已久，厌倦战争，而且知道天下疲于消耗，希望太平安乐和休养生息。自从陇、蜀两地平定以后，不是很紧急的事情，就不再提上战争议程。皇太子曾经向他问带兵列阵的事，皇帝说：“过去卫灵公向孔子问陈兵列阵的事，孔子不理睬他，这些事不是你能知道的。”皇帝每天早晨上朝理事，一直到太阳偏西才稍作休息。经常带领公卿、郎官、将领们讨论经书的大义和道理，半夜时分才睡觉。皇太子见他勤苦劳累从不懈怠，就趁着好时机进行劝谏：“陛下有大禹和商汤一样的圣明，却无福消受黄帝和老子的养性之道，但愿陛下能养足精神，悠然自适，求得平安宁静。”皇帝说：“我自己很乐意干这些事，并不觉得劳累。”虽然自己成就了功业，却小心翼翼地处理国事，就好像没有成就大业一样，所以能明智谨慎地处置政事，总揽朝政，审时度势，权衡能力，行为不产生偏差。减少开国功勋的权力，提拔文官执政，收藏起弓矢武器，而把军用的马匹放归民间，就算他的治国理念和道义还远不足与古代圣贤并驾齐驱，但这毕竟也是能阻止战争的美德啊。

论曰[①]：皇考南顿君初为济阳令，以建平元年十二月甲子夜生光武于县舍[②]，有赤光照室中[③]。钦异焉，使卜者王长占之。长辟左右曰[④]："此兆吉不可言。"是岁县界有嘉禾生，一茎九穗，因名光武曰秀。明年，方士有夏贺良者，上言哀帝，云汉家历运中衰，当再受命。于是改号为太初元年，称"陈圣刘太平皇帝"，以厌胜之。及王莽篡位，忌恶刘氏，以钱文有金刀，故改为货泉。或以货泉字文为"白水真人"。后望气者苏伯阿为王莽使至南阳，遥望见春陵郭，唶曰[⑤]："气佳哉！郁郁葱葱然。"及始起兵还春陵，远望舍南，火光赫然属天，有顷不见。初，道士西门君惠、李守等亦云刘秀当为天子。其王者受命，信有符乎？不然，何以能乘时龙而御天哉[⑥]！

注释

①论：史官在史书的纪传性文体后评论历史事件及

人物的文字，是总结篇旨的一种文体。

②建平：西汉汉哀帝刘欣的年号。

③赤光：强光。据《东观记》所述，其文曰："光照堂中，尽明如昼。"

④辟：避开。

⑤喈 jiè：叹气。

⑥乘时龙而御天：《周易·乾卦》："时乘六龙以御天也。"这里是强调光武帝受天命而生。

译文

论说：光武皇帝的亡父南顿君刘钦当初是济阳县县令，建平元年（公元前6年）十二月甲子夜，在县府舍内出生，当时有红光照在室中。刘钦对此感到惊奇，便叫卜筮师王长来占卜吉凶。王长避开左右随从说："这等征兆吉祥但不能够用语言来言传。"这一年在济阳县边界处生长出祥瑞的禾苗，一根茎上生出九颗穗，因此为他起名叫刘秀。第二年，有个名叫夏贺良的方士，向汉哀帝进言说，汉朝经历数运而中途衰落，应当再次接受天命。于是汉哀帝改年号为太初元年（公元前5年），自称"陈圣刘太平皇帝"，用以压服谶言。等到王莽篡位，嫉妒憎恨刘氏，认为钱币上有金刀文字，所以改称为货泉。有人把"货泉"字写为"白水真人"。后来有望气占卜的苏伯阿作为王莽的使者到南阳郡，望见春陵城郭，感叹道："景色不错！如此郁郁葱葱啊。"等到光武帝开始起兵返回春陵，远远望见屋舍南边，火光明亮，一直连接到天上，一会儿就不见了。起初，道士西门君惠、李守等人也说刘秀将要做天子。王者上承天命，确实有符瑞吗？否则，为什么刘秀能乘时势而成为皇帝呢？

赞曰①：炎正中微，大盗移国。②九县飙回，三精雾塞。③人厌淫诈，神思反德。光武诞命，灵贶自甄④。沈几先物，深略纬文。⑤寻、邑百万，貔虎为群⑥。长毂雷野，高锋彗云。⑦英威既振，新都自焚⑧。虔刘庸、代，纷纭梁、赵⑨。三河未澄，四关重扰。⑩神旌乃顾，递行天讨。⑪金汤失险，车书共道。⑫灵庆既启，人谋咸赞。⑬明明庙谟，赳赳雄断。⑭於赫有命，系隆我汉。⑮

注释

① 赞：史书篇后的评论，多是赞扬为主，属于评点式的一种文体。

② 炎正：表明汉朝采用火德。大盗：指王莽篡位夺权。

③ 九县：九州。飙 biāo 回：暗指动乱，动荡不安。三精：日、月及星三精。雾塞：指昏暗不明。

④ 诞：大。灵贶 kuàng：佳气神光之类，即神灵赐福。甄：明白或者甄别。

⑤ 几：事物变化的萌芽状态。物：事。沈深之几，先见于事。文：经纬天地。

⑥ 貔 pí 虎：指非常勇猛的军队。

⑦ 长毂：兵车。雷野：声势盛大。彗：扫。

⑧新都：王莽初封为新都侯。自焚：本来是说周武王讨伐商纣，商纣穿着宝玉自焚而死。这里用商纣的事件比况王莽被杀。

⑨虔、刘：都是杀的意思。庸：公孙述在庸和蜀称帝。代：卢芳占据代郡。纷纭：比喻动乱。梁：指刘永。赵：指王朗。

⑩三河：河南、河北及河东。未澄：指当时朱鲔等占据洛州，还没有归顺光武帝。四关：指长安四塞之国。重扰：指更始帝刘玄在关中，刘盆子入关杀掉刘玄，挖掘各个陵墓。

⑪神旌：代称王师。乃顾：《诗经·大雅·皇矣》有"乃眷西顾"之语。天讨：《尚书·皋陶谟》有"天讨有罪"之语。

⑫金：比喻坚固。汤：取其热。失险：城池都失去其险固。车书共道：《礼记·中庸》有"天下车同轨，书同文"之语。

⑬灵庆：符谶。人谋：群臣进劝光武帝称尊号的事情。赞：助。

⑭明明：光明。庙谟：朝廷的计策。赳赳：勇武的样子。雄断：决断。

⑮於 wū：叹词，称赞之义。赫：盛貌。系：联系。

译文

赞说：汉朝中途逐渐衰微，王莽篡位更改国制。九州纷纷动乱，日月星三精均出现阴沉的迹象。民众厌恶淫乱和奸诈，鬼神也追思道德和皈依本真。光武帝既然应天命出生，佳气神光自然会显明。深沉的征兆先被预见，雄才韬略经纬天地。王寻、王邑有百万雄师，如虎如豹，聚合成群。兵阵车舆壮大声威和架势，战戟高高举起来，密密麻麻像乌云。英才豪杰一齐振奋威武，新都王莽最终自焚。庸、代地区遭受抢掠，梁、赵纷纷自立为王。三河地区的贼敌还没有归顺，长安各陵遭到侵扰。神兵天将助汉室，替天行道。坚固无比的城池失去了艰险牢固的优势，书同文，车同轨。符咒谶言预示等征兆有天人应验才能够开启，群下一致劝汉武帝改封尊号。光明正义的谋略，勇武的决断（使人）能够远胜千里之外。呜呼天命，光复大业的事还得依靠汉廷王朝。

郑玄传

题解

郑玄（公元127—200年），东汉今古经学的通儒，立足古文经学的史学立场，将今文经学的义理贯穿于各部经书的笺注体系中，借用谶纬学说的合理因素，构建自己的礼学思想、诗学价值以及古史格局。他遍注群经，堪称汉代经学的集大成者，又对汉以后经学注疏学发展有启发意义与推动作用。他不喜欢做官，多次拒绝官方的征召，坚定地走以学术安身立命的道路。他转益多师，游学各地，以求得真知为目标，不因人不知己而忧。在当时的名师马融门下三年，不曾获得面授赐学的机会，他仍孜孜努力，诵习不已，这等豁达的心胸和坚定的求学信仰，值得借鉴和学习！达官显贵们对他心悦诚服，起义军听到他的名字也心生敬畏。这位以经学为业的大师，留下了《诗》《书》《礼》等经学典籍的笺注之作。

郑玄字康成，北海高密人也①。八世祖崇，哀帝时尚书仆射。玄少为乡啬夫②，得休归，常诣学官，不乐为吏，父数怒之，不能禁。③遂造太学受业，师事京兆第五元先，始通《京氏易》、《公羊春秋》、《三统历》、《九章算术》④。又从东郡张恭祖受《周官》、《礼记》、《左氏春秋》、《韩诗》、《古文尚书》。以山东无足问者，乃西入关，因涿郡卢植，事扶风马融。融门徒四百余人，升堂进者五十余生。融素骄贵，玄在门下，三年不得见，乃使高业弟子传授于玄。玄日夜寻诵，未尝怠倦。会融集诸生考论图纬，闻玄善算，乃召见于楼上，玄因从质诸疑义，问毕辞归。融喟然谓门人曰："郑生今去，吾道东矣[5]。"

注释

①北海高密：今山东省高密市一带。

②乡啬夫：乡有啬夫，掌管诉讼和征收赋税的工作。

③据闻，郑玄十一二岁时，随母亲回家，正好是腊月时分，与十多乡里人聚会，他们都是身穿华丽的盛服，谈天说地，只有郑玄沉默不语，不如那些夸夸其谈的人让人称羡。母亲亲自督导和教训他。他很冷静地说："这些不是我的志向所追求的，所以不情愿像那些人一样肤浅。"

④《京氏易》：指京房的易学著作。《公羊春秋》：今文经学对《春秋》的解读著作。《三统历》：汉刘歆的专著。《九章算术》：据说是周公写定，共有九篇，包括《方田》《粟米》《差分》《少广》《均输》《方程》《傍要》《盈不足》及《勾股》。

⑤道东：这里化用典故，汉代易学先师田何对爱徒丁宽学有所成而离去的感叹。当时丁宽向东离开田氏师门，田何对门徒说："《易》东矣。"说的是丁宽可以将易学发扬光大，向东方传播。这里既

突出马融对郑玄的惜才之爱，也是对郑玄此后必成大器的预示。

译文

郑玄，字康成，北海高密人。他的八世祖是郑崇，在哀帝时期担任尚书仆射。他年少时出任乡啬夫，每当得到休假回家的许可，经常去拜见教导官员的教师，不喜欢做官，父亲多次怒斥他，却不能阻止。他进入太学进修学业，师从京兆的第五元先老师，开始通晓《京氏易》《公羊春秋》《三统历》《九章算术》。后来又跟随东郡的张恭祖学习《周官》《礼记》《左氏春秋》《韩诗》及《古文尚书》。由于山东境内已没有可以拜问的学者，他才向西入关内求学，依靠涿郡的卢植，投入马融门下。当时马融招收学徒四百多人，升高堂进学近身的只有五十多名。马融向来恃才傲物自显尊贵，郑玄在他的门下，三年都没有机会见面。马融竟然使唤他的高徒去教授郑玄，郑玄却夜以继日地问学和诵读经文，从不倦怠和间断。恰逢马融召集学生谈论考究谶纬学，听说郑玄精于算术，于是召他到楼上见面，他乘机向马氏请教各种疑难，问完获得答案后告辞拜别。马融非常感慨地对着学生说："郑玄这个学生今天一去，会把我的学术传向东方。"

玄自游学，十余年乃归乡里。家贫，客耕东莱，学徒相随已数百千人。及党事起，乃与同郡孙嵩等

四十余人俱被禁锢[①]，遂隐修经业，杜门不出。时任城何休好《公羊》学，遂著《公羊墨守》、《左氏膏肓》、《穀梁废疾》；玄乃发《墨守》，针《膏肓》，起《废疾》。休见而叹曰："康成入吾室，操吾矛，以伐我乎！"初，中兴之后，范升、陈元、李育、贾逵之徒争论古今学，后马融答北地太守刘环及玄答何休，义据通深，由是古学遂明。

注释

① 孙嵩：字宝石。禁锢：朝廷禁止异己分子参加政治活动。这里指当时的党锢之争。

译文

郑玄自离乡四处游学以来，已有十多年没有回归故里。他家境贫寒，只能在东莱租田耕种为生，但跟随他的学生已多达数百人。等到党锢之争乱起，他与同乡孙嵩等四十多人一起被拘禁监押，便开始隐居修习经学的学业，闭门谢客并不外出。当时任城的何休喜好《公羊》学说，便著写《公羊墨守》《左氏膏肓》和《穀梁废疾》；他就阐发《墨守》，针砭《膏肓》，兴举《废疾》。何休看到郑氏之作自叹不如："康成是进入到我的房中，拿起我的矛，来讨伐我啊！"当初，中兴之后，范升、陈元、李育、贾逵之流争论古文经学和今文经学的优劣高下，后来马融解答北地太守刘环的疑问，郑玄解答何休的难题，对义理的解释和考据既通顺又精深，因此古文经学的义理开始明晓。

灵帝末，党禁解，大将军何进闻而辟之。州郡以进权威，不敢违意，遂迫胁玄，不得已而诣之。进为设几杖[①]，礼待甚优。玄不受朝服，而以幅巾见[②]。一宿逃去。时年六十，弟子河内赵商等自远方至者数千。后将军袁隗表为侍中，以父丧不行。国相孔融深敬于玄，屣履造门[③]。告高密县为玄特立一乡，曰："昔齐置'士乡'[④]，越有'君子军'[⑤]，皆异贤之意也。郑君好学，实怀明德。昔太史公、廷尉吴公、谒者仆射邓公[⑥]，皆汉之名臣。又南山四皓有园公、夏黄公[⑦]，潜光隐耀，世嘉其高，皆悉称公。然则公者仁德之正号，不必三事大夫也。今郑君乡宜曰'郑公乡'。昔东海于公仅有一节[⑧]，犹或戒乡人侈其门间，矧乃郑公之德[⑨]，而无驷牡之路！可广开门衢[⑩]，令容高车，号为'通德门'。"

注释

①几杖：几案和手杖，有敬老之义。

②幅巾：束首的帛巾。未仕儒者的清雅装束。

③屣 xǐ 履：脚拖着鞋走。这里表示急于见到贤哲的迫切心情。

④士乡：管仲辅佐齐桓公时期，设定二十一乡，有工商乡六个，士乡十五个，方便从事工商业的人员和士人居住生活。

⑤君子军：这里指的是春秋时期越王勾践用近侍私卒来作战的中军。

⑥太史公：汉武帝时期的史官司马谈。吴公：汉文帝时的河南太守。邓公：汉景帝时的谒者仆射。

⑦四皓：秦朝末年，汉高祖时期，隐居在商洛南山的四位隐士，等待天下安定后被新的朝廷召唤任职。汉兴，所以四皓园公、夏黄公、角里先生和绮里季复出。

⑧一节：决狱。汉昭帝时期，东海于公决断并平定狱讼，郡内百姓为其立祠堂，号称“于公祠”。于公闾门损坏，乡亲父老前来修整，于公劝说：“稍稍增高拓宽门庭，让门宽能够通过四匹马拉的车就好。我还是积极决断冤狱，多积下阴德，以便后世子孙享福复兴官位。”

⑨矧 shěn：况且。

⑩门衢 qú：门前的道路。

译文

东汉灵帝末年，党锢解禁，大将军何进听说了郑玄的名气，便征请他复出为官。州郡的官员因为何进的权势和威慑，都不敢违背何进的意愿，随即逼迫要挟郑玄做官，郑玄被逼无奈前往应召。何进为他专设几案和手杖，表示敬意，对他礼遇非常优待。他不接受朝廷的衣物服饰，仍然头戴帛巾觐见。他待了一晚上就匆忙逃离。他年满六十，河内的弟子赵商等从远方来拜访的已达数千人。后将军袁隗上奏举荐他出任侍中，他因父亲丧事推脱任命。国相孔融对他深怀尊敬之情，鞋都顾不上穿好就急匆匆前去登门拜访。他下令告知高密县专为郑玄设立一个乡，说："曾经，齐国设过'士乡'，越国设过'君子军'，都是礼贤下士之义。郑玄有君子风范并且好学，实在具有光明磊落的美德。以前太史公、廷尉吴公、谒者仆射郑公，都是汉代有名望的大臣。而且，南山有四皓，园公、夏黄公的隐士风尚举世敬仰，虽是隐居，却也光芒四射，世人都夸奖他们高尚的品德，尊称他们为'公'。然而公，是仁德的正经名号，没有必要一定位居太尉、司徒和司空。现今郑玄这个乡就叫作'郑公乡'。先前的东海于公仅是存有一个决断讼狱的好名声，还要告诫乡亲们扩展自己里巷的大门以备后世子孙任职高官。郑玄拥有这般美好的品德，却没有可以容驷马并驾的道路！可以增广和扩宽郑玄家大门前的道路，让它容得下高大的车马，就称它为'通德门'吧。"

董卓迁都长安，公卿举玄为赵相①，道断不至。会黄巾寇青部，乃避地徐州，徐州牧陶谦接以师友之礼。建安元年，自徐州还高密，道遇黄巾贼数万人，见玄皆拜，相约不敢入县境。玄后尝疾笃，自虑，以书戒子益恩曰：吾家旧贫，（不）为父母群弟所容②，去厮役之吏，游学周、秦之都，往来幽、并、兖、豫之域，获觐乎在位通人，处逸大儒，得意者咸从捧手③，有所受焉。遂博稽《六艺》，粗览传记，时睹秘书纬术之奥。年过四十，乃归供养，假田播殖，以娱朝夕。遇阉尹擅势，坐党禁锢，十有四年，而蒙赦令，举贤良方正有道，辟大将军三司府。公车再召，比牒并名[④]，早为宰相。惟彼数公，懿德大雅，克堪王臣，故宜式序[⑤]。吾自忖度，无任于此，但念述先圣之元意，思整百家之不齐，亦庶几以竭吾才，故闻命罔从。而黄巾为害，萍浮南北，复归邦乡。入此岁来，已七十矣。宿素衰落，仍有失误，案之礼典，便合传家[⑥]。今我告尔以老，归尔以事，将闲居以安性，覃思以终业。自非拜国君之命，问族亲之忧，展敬坟墓，观省野物，胡尝扶杖出门乎！家事大小，汝一承之。咨尔茕茕一夫，曾无同生相依。其勖求君子之道，研钻勿替，敬慎威仪，以近有德。[⑦]显誉成于僚友，德行立于己志。若致声称，亦有荣于所生，可不深念邪！可不深念邪！吾虽无绂冕之绪，颇有让爵之高。[⑧]自乐以论赞之功，庶不遗后人之羞，末所愤愤者，徒以亡亲坟垄未成，所好群书率皆腐敝，不得于礼堂写定，传与其人。[⑨]日西方暮，其可图乎！家今差多于昔，勤力务时，无恤饥寒。菲饮食，薄衣服，节夫二者，尚令吾寡恨。[⑩]若忽忘不识，亦已焉哉！

注释

①赵相：赵王乾的国相。

②不：或为衍文。

③捧手：古时晚辈拜见尊长或向尊长提问的礼节。

④比牒：连牒。并名：齐名。

⑤式：用。序：列。

⑥传家：家事传接给子孙后代。

⑦勖 xù：勉励。敬慎威仪，以近有德：出自《诗经·大雅·民劳》。

⑧绂 fú 冕：这里代指权臣或高官。绂，系印章的丝绳，代指官印。冕，古代的礼帽，可代指官员。让爵：指自己频繁被征召却不就任。

⑨坟垄：坟墓。腐敝：腐败或腐烂。礼堂：特指习礼为学的讲堂。其人：指好学之人。

⑩差多于昔：指现在的生活已经不同于往日的窘迫，比以前要好些。无恤：不需担忧。菲：形容生活俭朴。寡恨：少留下遗憾。

译文

董卓迁都长安，百官推荐郑玄出任赵王乾的国相，郑玄因为道路阻断不通而没能赶赴就任。恰逢黄巾乱贼侵犯青州，郑玄便在徐州避难，徐州的牧长陶谦以师友的礼仪对待他。建安元年，他从徐州返回高密，在回去的路上遇到了黄巾叛军数万人，他们一看到他都下跪拜见，相互约定好不入侵高密县境地。稍后，他曾经病重，考虑自己可能会因此离开人世，于是写信警戒儿子郑益恩说："我家以前贫穷，被父母和弟弟们宽容和理解，推辞了职位低贱的小官员，开始前往周秦的旧都所在地游学，在幽州、并州、兖州和豫州四处求学，获得宝贵的机会去拜见学识通达的高人，还有隐遁远世的处士和大儒，最让我得意的是他们都接受了我并传授所学。于是我广博地涉猎考究六艺的儒家经典著作，能够粗略地浏览经文的传和记之类的解释，不时地窥探秘籍图谶和纬书的奥妙之处。年过四十，我才回到生我养我的家乡，耕种田地，播种谷物，以此欢度时日。又遇到宦官独裁专政，因为党锢之争受到牵连而监禁，长达十四年，最后承蒙皇恩得到了赦免，并被举荐为贤良方正，还有被征召为大将军和三司府官职的机会。两次得到公车征召，和我同列被征召名牒的人，早就做了宰相了。想到这几位大臣的美好德行和儒雅风范，能够担当王臣的重任，所以对他们的任用是得当的。而我暗自思考，我不能胜任这样的官职，只想追述先哲圣贤的真意，整理各家异说，也希望尽全力在这些领域发挥我最大的才智，所以即使被征召也没有听从政令。然而黄巾军作乱伤害民生，我也像浮萍一样四处漂泊，现在才重归故里。自今年开始，我已满七十了。以前的学业才识有所衰减，仍有缺失和错误，按照礼法典制，人到了我这年纪就该把家事传给后代经营了。今天，我告诉你我已经老了，家里的重任就交给你，我将闲适地安养心性，勤加思考，来完成我的学业。除非有君王的敕命，或者要探问族人亲戚的病况，尊敬地祭拜祖坟，观察省视野物，我又何尝拄着拐杖出过大门！家里的大小事务，你就一肩承担了。你独自一人，也没有兄弟姐妹可以依靠。定当勉力行于坦荡君子的正道，不懈钻研，谨小慎微地注重自己的举止仪表，多接近有美德的人。光明显赫的名声来自于同事友人的促成，美德善行就立足于自己的意愿和心志。如果名声被人称道，也是足够光荣的，不愧于父母所生的使命，能不需要深入思考吗？能不需要深入思考吗？我虽然没有高官的权势，却多次有辞官的高洁之志。

以品评总结先哲典籍的功业为乐，希望不会留下任后人耻笑的把柄。我最感到不安的是死后双亲的坟墓还没有修好，我所喜好的各种书籍大多都腐烂，不能再定写礼堂的文书传给好学的后人。太阳已经快要落山，还有什么值得规划！今天这个家比我以前的要稍好些，你只要勤加努力，珍爱时光，不必担心饥饿和受寒。简单的饭食，简朴的衣服，在衣食两方有所节制，让我没有太多的遗憾。如果你疏忽并忘记我所说的，不能深识我的良苦用心，也就算了吧！”

时大将军袁绍总兵冀州，遣使要玄，大会宾客，玄最后至，乃延升上坐。身长八尺，饮酒一斛，秀眉明目，容仪温伟。绍客多豪俊，并有才说，见玄儒者，未以通人许之，竞设异端，百家互起。玄依方辩对[①]，咸出问表，皆得所未闻，莫不嗟服。时汝南应劭亦归于绍，因自赞曰[②]：“故太山太守应中远，北面称弟子何如？”玄笑曰：“仲尼之门考以四科[③]，回、赐之徒不称官阀。”劭有惭色。绍乃举玄茂才，表为左中郎将，皆不就。公车征为大司农，给安车一乘[④]，所过长吏送迎。玄乃以病自乞还家。

注释

①方：正方，即经学正道。

②自赞：自我引见。

③四科：俗称孔门四科，指《论语·述而》里谈到

的孔子评论弟子时所列举的德行、言语、政事及文学四个科目。

④ 安车：朝廷征召德高望重的贤士时赐予的由马牵拉的小车。

译文

当初，大将军袁绍在冀州总领大军，特派使者邀请郑玄。袁绍大会宾朋贵客，他最迟来到，却被迎入上座。他身高八尺，能喝一斛酒，眉清目秀，容貌温润且仪表俊伟。袁绍的宾客大多是豪杰俊郎，都禀赋才情和良好口才，见到他这样的儒学之士，都不认为他是博通之才。于是大家竞相用各种奇难怪问进行刁难，各种学派的观念群起而攻之。他根据经学正道应对答辩，所答的话题都超出了问题本身的范畴，在座的各位都闻知了以前从未听闻的知识，没有一个不心悦诚服的。当时汝南人应劭也依附于袁绍，自我引见说："前泰山郡守应仲远，尊拜在您的门下作为弟子可以吗？"他笑笑回答："仲尼的弟子考的是德行、言语、政事和文学四科目，颜渊、子贡这些弟子不称呼自己的官职和门第出身。"应劭面露惭愧的神态。袁绍举荐郑玄为茂才，上书启奏推举他担任中郎将，他都没有就任。随后朝廷公车征召他作大司农，供给一辆安车。在他开车经过的地方，长官小吏都出来迎送。他却借生病请求回家。

五年春，梦孔子告之曰："起，起，今年岁在辰，来年岁在巳。”[①]既寤，以谶合之，知命当终，有顷寝疾。时袁绍与曹操相拒于官度[②]，令其子谭遣使逼玄随军，不得已，载病到元城县，疾笃不进，其年六月卒，年七十四。遗令薄葬。自郡守以下尝受业者，缞绖赴会千余人[③]。门人相与撰玄答诸弟子问《五经》，依《论语》作《郑志》八篇。凡玄所注《周易》、《尚书》、《毛诗》、《仪礼》、《礼记》、《论语》、《孝经》、《尚书大传》、《中候》、《乾象历》，又著《天文七政论》、《鲁礼禘祫义》、《六艺论》、《毛诗谱》、《驳许慎五经异义》、《答临孝存周礼难》，凡百余万言。

注释

① 北齐刘书《高才不遇传》论及郑玄有这样的话语，“辰为龙，巳为蛇，岁至龙蛇贤人嗟，玄以谶合之”，大概讲的就是这里“梦孔子”一事。

② 官度：即官渡，津名，在今河南省郑州市中牟县北。

③ 缞绖 cuīdié：属于丧服的一种，穿此装束表示礼节最重，臣为君服，子为父服，这里是弟子为老师服，以示尊敬和爱戴。

译文

建安五年春天，郑玄梦到孔子托梦说：“起来，快起来，今年是庚辰年，明年就到辛巳年了。”睡醒后，他根据谶纬法则推算，知道自己行将就木。不久，他便卧病在床。这时，袁绍和曹操正在官渡相抗，叫他的儿子袁谭派人去强令郑玄随军出征。他不得已，带病到了元城县，因为病太重无法前进，那年六月与世长辞，享年七十四岁。他的遗嘱让简朴安葬。曾经受学的弟子从郡守到平民都披麻戴孝地赶赴吊唁，多达一千多人。弟子们共同编撰郑玄回答他们对于《五经》的问题，仿照《论语》的体例编著成《郑志》八篇。他注解过的书有《周易》《尚书》《毛诗》《仪礼》《礼记》《论语》《孝经》《尚书大传》《中候》《乾象历》，又著《天文七政论》《鲁礼禘祫义》《六艺论》《毛诗谱》《驳许慎五经异义》《答临孝存周礼难》，共计一百多万字。

玄质于辞训，通人颇讥其繁。至于经传洽孰，称为纯儒，齐、鲁间宗之。其门人山阳郗虑至御史大夫[①]，东莱王基[②]、清河崔琰著名于世[③]。又乐安国渊[④]、任嘏[⑤]，时并童幼，玄称渊为国器，嘏有道德，其余亦多所鉴拔，皆如其言。玄唯有一子益恩，孔融在北海，举为孝廉；及融为黄巾所围，益恩赴难陨身。有遗腹子，玄以其手文似己，名之曰小同。

注释

①郗虑：字鸿豫。

②王基：字伯舆，魏镇南将军安乐乡侯。

③崔琰：字季珪，魏东曹掾，调迁为中尉。

④国渊：字子尼，魏司空掾，调迁为太仆。

⑤任嘏：字昭光，魏黄门侍郎。

译文

郑玄对经典的辞义训解质朴切实，知识广博的人常常讽刺这样的做法太烦琐。至于论到对经典传注的熟悉，他堪称纯正的儒学之人，齐鲁之人也非常推崇他。他的学生郗虑官至御史大夫；东莱人王基、清河人崔琰当时已声名显赫。此外，乐安人国渊、任嘏当时年幼，他就夸赞国渊是国家的栋梁，任嘏有高洁的品格，对当时许多人都有评介和举荐，后来的事实也印证了他的观点。他只有一个儿子名叫郑益恩，孔融任职北海时，推举为孝廉；后来孔融被黄巾贼军围困，郑益恩挺身救险而命丧于荒乱中。益恩有一个遗腹子，郑玄因为自己手掌的纹理与这个孙子相似，故而取名为“小同”。

论曰：自秦焚《六经》，圣文埃灭[①]。汉兴，诸儒颇修艺文[②]；及东京[③]，学者亦各名家。而守文之徒，滞固所禀[④]，异端纷纭，互相诡激，遂令经有数家，家有数说，章句多者或乃百余万言，学徒劳而少功，后生疑而莫正。郑玄括囊大典[⑤]，网罗众家，删裁繁诬[⑥]，刊改漏失[⑦]，自是学者略知所归[⑧]。王父豫章君每考先儒经训[⑨]，而长于玄，常以为仲尼之门不能过也。及传授生徒，并专以郑氏家法云[⑩]。赞曰：富平之绪，承家载世[⑪]。伯仁先归，釐我国祭[⑫]。玄定义乖，褒修礼缺。孔书遂明，汉章中辍[⑬]。

注释

①圣文：汉代的经师，尤其是今文经学的经师以为《六经》的典籍是圣人在传达经世致用的常道，故称“圣文”。埃，尘土、尘埃。

②艺文：六艺群书的概称。

③东京：东汉。

④滞固：固执，学者各守所见，不疏通。

⑤括囊：包罗。大典：特指经学的典籍。

⑥删裁：删减和裁定。繁诬：繁冗和错误的内容。

⑦刊改：校勘和修改。漏失：遗漏和缺失的内容。

⑧略知所归：大概知道经学的宗旨和大意所在。

⑨王父：祖父。这句是说范晔的祖父范宁，在晋（孝）武帝时作为豫章太守，每每考究经义以郑玄的解释为优。经训：指对经义的解释。

⑩范宁在教授经义时专崇郑学。

⑪载：重。

⑫釐：理也。

⑬汉章：孔书谓《六经》也。辍：停止。

译文

论说：自从秦朝焚烧六经后，圣人文章落为尘埃灰飞烟灭。汉朝复兴，各位儒学者多多研习经典文章；等到东汉，学者已经是各自分出家法派系。然而墨守经文的学人固执己见，并奉行自己的学说，各种学说纷纭迭出，互相诡辩攻击，导致经学分裂为数个门派，每一个门派里又分出数种学说，章句繁多以致多达一百多万字，学者徒有辛劳却鲜有功效，后来的年轻学者感到疑惑却也不能辨正。郑玄总结各大经典，收罗汇聚各家学说，删除裁减繁冗和错误的观点，添加和更正遗漏或缺失的说法，从此以后学者们大概知晓经义的宗旨所在。（范晔）祖父豫章君每次考订先儒的经义训释，都是以郑玄的注解为优，还经常以为即使是孔子的门徒也无法超越。甚至传学授教给门生学徒，都是专门推崇郑玄并以他的学说为家法。赞说：富平开端，开国承家。伯仁先定旨归，理顺国家的祭祀之礼。郑玄厘定乖讹的经义，曹褒修订缺失的礼仪。六经的经义开始变得明朗，汉代的章句学便废止了。

桓荣传

题解

桓荣师从朱普修习《尚书》学。家贫无力供养，他自给自足，自强不息，在外求学，十五年不回家，具有超级坚定的意志力和忍耐性。他敬宗经学，不为饥饿和困苦所屈服，乱世险境中讲论经义，从未停歇。他以《尚书》的经义教授皇太子，发扬《尚书》学的精神为官行政，不仅官运亨通，而且受到皇恩的优厚礼待，行事恰如其分。他积极推荐人才，懂得做事适可而止，为人谦逊谨慎，尽显知书达理的儒者风采。

桓荣字春卿，沛郡龙亢人也。少学长安，习《欧阳尚书》①，事博士九江朱普②。贫窭无资，常客佣以自给，精力不倦，十五年不窥家园。③至王莽篡位乃归。会朱普卒，荣奔丧九江，负土成坟④，因留教授，徒众数百人。莽败，天下乱。荣抱其经书与弟子逃匿山谷，虽常饥困而讲论不辍，后复客授江淮间⑤。建武十九年⑥，年六十余，始辟大司徒府。时，显宗始立为皇太子，选求明经，乃擢荣弟子豫章何汤为虎贲中郎将，以《尚书》授太子。⑦世祖从容问汤本师为谁⑧，汤对曰："事沛国桓荣。"帝即召荣，令说《尚书》，甚善之。拜为议郎，赐钱十万，入使授太子。每朝会，辄令荣于公卿前敷奏经书。[9]帝称善。曰："得生几晚！"会欧阳博士缺，帝欲用荣。荣叩头让曰："臣经术浅薄，不如同门生郎中彭闳，扬州从事皋弘。"[10]帝曰："俞，往，女谐。[11]"因拜荣为博士，引闳、弘为议郎。

注释

①《欧阳尚书》：属于今文经学的经典代表作，西汉欧阳高所传之学，当时另外还存有大、小夏侯（夏侯胜和夏侯建）的今文尚书学两家。

②朱普：字文公，在平当那里受学，作为博士，收纳的学徒非常多。

③贫窭 jù：即贫寒。客佣：指人在异乡被雇佣。窥：小视，暗中察看。这里指看望。

④负土成坟：背土筑坟。古人认为这是谨守孝义的一种表现。

⑤客授：在外地讲学。

⑥建武：东汉光武帝的年号。

⑦显宗：东汉显宗刘庄。何汤：字仲弓，豫章南昌人。他是桓荣四百多名弟子中的高徒，以才气和睿智著名。虎贲中郎将：西汉汉平帝时期置立，统领虎贲禁兵，主宿卫，俸禄二千石，隶属于光禄勋，东汉沿用此官职。

⑧从容：悠闲舒缓的样子，这里当指休息之时。

⑨朝会：诸侯大臣等朝见天子。敷奏：陈奏，向君王报告。

⑩叩头：双膝下跪磕头。同门生：古时对共在一个老师的门下学习的同学的称呼。彭闳：字作明。皋弘：字奉卿，吴郡人。

⑪俞：指帝王直接允许臣下的请求时所作的答语。谐：协调。

译文

桓荣，字春卿，沛郡龙亢人。他年少时在长安求学，修习《欧阳尚书》学，师从博士九江朱普。他家境贫寒，没有资产，身处异乡被人雇佣做工来供养自己，精神和气力都不感到疲倦，十五年不回家探亲。等王莽篡夺皇位时，他才得以回家。恰逢朱普去世，他赶赴九江奔丧，身背土块为师筑坟，顺便留在那里教学授徒，学徒门生多达数百人。王莽事败，天下大乱，他抱着经书和学生们逃进山谷躲起来，尽管时常饥饿困乏，但讲学论道不曾停止，后来又在江淮一带客居教书授课。建武十九年（公元 43 年），他年已六十多岁，初次被征召入大司徒府。当时汉显宗刘庄刚被立为皇太子，甄选通明经义之人，皇帝于是提拔桓荣的学生豫章何汤作为虎贲中郎将，用《尚书》来教授皇太子。世祖（光武帝）休息时问何汤："你的老师是谁？"何汤回答说："我师从沛郡的桓荣。"皇帝立刻召见桓荣，让他解说《尚书》，（听了后）非常喜欢他的解说。皇帝拜赐桓荣为议郎，赏给他十万钱财，召命他入宫给太子授课。每次朝会，皇帝都让桓荣在百官面前向君上陈奏经书大义。皇帝称赞很好，说："得到先生差点就晚了！"遇到《欧阳尚书》学博士空缺，皇帝想要任用桓荣出任。桓荣跪下磕头推辞说：“臣下经学学术低浅单薄，还比不上同门生郎中彭闳和在扬州官任从事的皋弘。”皇帝下令：“好的，你去征召他们，你可以协调此事。”于是乘机封赐桓荣为博士，征召彭闳和皋弘为议郎。

车驾幸大学①，会诸博士论难于前，荣被服儒衣，温恭有蕴藉，辩明经义，每以礼让相猒，不以辞长胜人，儒者莫之及，特加赏赐。②又诏诸生雅吹击磬，尽日乃罢。③后荣入会庭中，诏赐奇果，受者皆怀之，荣独举手捧之以拜。帝笑指之曰：“此真儒生也。”以是愈见敬厚，常令止宿太子宫。积五年，荣荐门下生九江胡宪侍讲，乃听得出，旦一入而已。④荣尝寝病，太子朝夕遣中傅问病，赐以珍羞、帷帐、奴婢，谓曰：“如有不讳，无忧家室也。”⑤后病愈，复入侍讲。

注释

① 车驾：皇帝乘车出行，也代指皇帝。幸：指帝王的车驾到临。大学：古时有两种理解，一种是与小学（洒扫应对之学）相对的治国平天下的道德仁义之学；另一种是读“大”为“泰”，即太学，也就是古时贵族受教育的学校。这里应该属于后一种。

② 论难：设难题进行辩论。被 pī：披，穿着。蕴藉 jiè：这里指宽博有余，形容经纶满腹的样子，优容不迫。

猒 yàn：古“厌”字，这里指信服、使人信服。

③ 雅：这里特指经学里《诗经》中《雅》《颂》的入乐部分。磬 qìng：古代用玉、石、金属制成的曲尺形的乐器，可悬挂以供敲击。尽日：一日的尽头，指天黑。

④ 积：积累。指桓荣在太子宫过夜居住讲习，长达五年之久，故用“积”。听：许可，允许。

⑤ 帷 wéi 帐：帷幕床帐。奴婢：通常男称奴，女称婢。泛指男女仆人。不讳：暗指死亡。

译文

皇帝圣驾光临太学，正好碰到各位博士在大学前辩难，桓荣身穿儒学衣服，神态温文尔雅又谦恭自居，显得宽博有余，辩解讲明经理道义，每次说经都是尽礼谦让，以此服人，并不凭借口舌之辞取胜，儒学之人没有能够比得上他的。皇帝（因此）特别对他加以奖赏，又下达诏令命各位儒生吹管竹敲击磬器演奏《雅》《颂》之乐，自天明到天黑才罢休。稍后桓荣进入宴会庭中，皇帝下诏赏赐奇异珍果，接受恩赐的人都揣在自己怀里，只有桓荣举起双手捧着奇果敬拜皇帝，表示谢意。皇帝笑着手指桓荣说：“这才是真正的儒学之士。”因此，桓荣越发得到皇帝的尊敬和厚爱，常常让他在太子宫居住过夜。如此过了五年，桓荣举荐自己的学生九江胡宪进行侍讲，才得到许可从太子宫中出来，只需每天早晨去一次就可以了。桓荣曾卧病在床，太子每天早晚都派遣中傅来询问病情，并赐给美食、帷幕床帐和男女奴仆，告诉他："如有不测，不要担心你的家室问题。"他大病痊愈后，再次被召入宫中侍讲。

二十八年，大会百官，诏问谁可傅太子者，群臣承望上意，皆言太子舅执金吾原鹿侯阴识可①。博士张佚正色曰②："今陛下立太子，为阴氏乎？为天下乎？即为阴氏，则阴侯可；为天下，则固宜用天下之贤才③。"帝称善，曰："欲置傅者，以辅太子也。今博士不难正朕④，况太子乎？"即拜佚为太子太傅，而以荣为少傅，赐以辎车、乘马。荣大会诸生，陈其车马、印绶，曰："今日所蒙，稽古之力也⑤，可不勉哉！"荣以太子经学成毕，上疏谢曰："臣幸得侍帷幄⑥，执经连年，而智学浅短，无以补益万分。今皇太子以聪睿之姿，通明经义，观览古今，储君副主莫能专精博学若此者也⑦。斯诚国家福祐，天下幸甚。臣师道已尽，皆在太子，谨使掾臣汜再拜归道⑧。"太子报书曰："庄以童蒙，学道九载，而典训不明，无所晓识。⑨夫《五经》广大，圣言幽远，非天下之至精，岂能与于此⑩！况以不才，敢承诲命。昔之先师谢弟子者有矣，上则通达经旨，分明章句，下则去家慕乡，求谢师门。今蒙下列⑪，不敢有辞，愿君慎疾加餐，重爱玉体⑫。"

注释

① 阴识：光烈皇后同父异母的兄长，字次伯。可：指

可以担任。

②正色：神色庄重，态度严肃。

③固：原本，本来。

④正：匡正、纠谬。

⑤稽jī古：研习古代礼法和文化，考察古时圣贤的事迹，用来明辨是非、总结知识经验，经以致用。

⑥帷幄：这里特指皇太子近侧。

⑦储君副主：指皇太子。

⑧掾yuàn臣：属官。汜sì：江水分支复归主流。这里代指桓荣回归故里。

⑨报：回复。庄：汉显宗刘庄。当时汉显宗未登帝位，自称庄，表示对老师的敬意。典训：《尚书》中有典诰训之类的文体形式，这里指《尚书》的义理。

⑩与yù：参与。

⑪下列：皇太子自谦之词，指下等之列。

⑫玉体：尊称对方的身体。

译文

建武二十八年（公元52年），皇帝在朝廷上召集百官，诏问谁可以做皇太子的老师，群臣揣摩皇上的圣意，都说皇太子的舅舅执金吾原鹿侯阴识可担此重任。博士张佚严肃地说：“当今陛下册立皇太子，是为了阴氏，还是为了天下？如果是为了阴氏，那么阴侯可以。如果是为了天下，那么应用天下的贤良才俊。”皇帝称赞很好，并说：“我就是想要设立一名老师来辅佐皇太子。如今张博士不以匡正我的失误为难事，更何况是对待皇太子？”随即拜张佚为太子太傅，而以桓荣为少傅，赐给他辎车和乘马。桓荣召集诸位儒生，陈列出这些车马和印绶，说：“今日我们承蒙圣恩，是研究经典圣贤之法的动力，可以不勤勉吗？”桓荣认为皇太子已经将经学修习完毕，于是上疏辞让说：“臣有幸得到侍奉皇太子的机会，教授经学也有多年，然而如今已是才智疏浅，不能对皇太子有补充和增进。当今皇太子以聪慧睿智的天资，通晓经学大义，群览古今经典，以前作为皇太子的人没有专研精通经学并广博涉猎学习像如今的皇太子的。这是国家万福的保佑，天下极大的幸运。臣下为师，经学之道已经穷尽，全部集中在太子身上，请允许臣下再次敬拜君上以求返归故里。”皇太子回信说：“刘庄自孩提时代以来，修习经学之道已经九年了，然而《尚书》的经义仍有不明白的地方，甚至无从知道它的义理。《五经》经义博大精深，圣人的言语又精微深远，不是天下最精通此道的人，又怎能参透？何况我又无才，仅承师命教诲。以前老师辞别学生的有很多，上层的是通晓明辨经学旨意，区分明知章句，下层的就离家思乡，辞谢老师求别。如今我是属于下层之列，不敢言辞别之意，但愿老师慎重对待疾病，养好身体和注意饮食，并保重身体。”

三十年，拜为太常。荣初遭仓卒[①]，与族人桓元卿同饥厄[②]，而荣讲诵不息。元卿嗤荣曰[③]：“但自苦气力[④]，何时复施用乎？”荣笑不应。及为太常，元卿叹曰："我农家子，岂意学之为利乃若是哉[5]！"显宗即位，尊以师礼，甚见亲重，拜二子为郎。荣年逾八十，自以衰老，数上书乞身[6]，辄加赏赐。乘舆尝幸太常府，令荣坐东面，设几杖[7]，会百官骠骑将军东平王苍以下及荣门生数百人[8]，天子亲自执业[9]，每言辄曰"大师在是"。既罢，悉以太官供具赐太常家。其恩礼若此。永平二年[10]，三雍初成，拜荣为五更。[11]每大射养老礼毕，帝辄引荣及弟子升堂，执经自为下说[12]。乃封荣为关内侯，食邑五千户[13]。

注释

①仓卒：比喻人的处境艰难。

②厄 è：困苦、贫穷。

③嗤：讥笑。

④但：只、只是。

⑤桓荣担任太常官职时，桓元卿来拜访他，桓荣的各位学生告诉他说："你平生笑话读书人笑尽了力气，今天感觉怎么样？"元卿回答："我怎么能够料到有今天！"这是告诫人们不可以轻视学习经学的作用。

⑥乞身：古代为官叫作委身事君，为了退休请求辞职，就谦虚地称作"乞身"。

⑦几杖：几案和手杖。设置几杖，表示敬老。

⑧东平王苍：刘苍，是光武帝刘秀和阴丽华皇后所生的第二个儿子，也是汉明帝刘庄的同母弟弟。建

武十五年（公元 39 年）他被赐封为东平公，十七年晋封为东平王，定都无盐（今山东省东平县以东一带）。

⑨执业：手持经书吟诵。

⑩永平：是东汉明帝刘庄的年号，永平元年是公元 58 年，建武中元二年初汉明帝登基即位，开始沿用建武中元年号，一年后改为永平的年号。

⑪三雍：指明堂、灵台和辟雍。五更：古代的一种官名，安置年老致仕（即今天所谓的退休）的官员。

⑫下说：习诵经书后下论断并加以解说。

⑬食邑：古代君王封赐给臣子作为世禄的封地。

译文

建武三十年（公元 54 年），桓荣被拜赐为太常。当初，他遭遇困境，和族人桓元卿一起经历饥饿的窘困，然而桓荣仍然讲学诵读经书不停歇。桓元卿讥笑桓荣说：“你只是自己苦卖才气和精力，什么时候再次施展用武之地？”桓荣笑笑却不答应。等到他出任太常时，桓元卿感叹说：“我是农家子弟，怎能料到学习经书有这样的效果！”等到汉显宗刘庄登基即位，用老师的礼义来尊崇桓荣，非常器重他，拜赐他的两个儿子为郎官。桓荣已经过了八十岁，自己因为年纪衰老，多次上书请求辞职，于是大加恩赏惠赐。皇上曾经乘坐舆车去到太常府看望桓荣，让桓荣坐在东面，设置几案和手杖以示尊敬，召集百官、骠骑将军东平王刘苍及下属，还有桓荣的学生数百人，皇帝亲自手持经书诵习请教问题，每次都说："经学大师就在这里。"皇上请教问题完毕，将太官的供品和器具全部赐封给桓太常家。可见皇帝对桓荣的恩惠和礼遇，竟是这般好。永平二年（公元59年），明堂、灵台和辟雍三雍刚刚建成，皇帝拜赐桓荣作为五更。每一次进行大射养老的礼仪完毕，皇帝都会引领桓荣和他的学生登上高堂，手持经书自己下断语进行讲说。皇帝拜封桓荣为关内侯，享有食邑五千户。

荣每疾病，帝辄遣使者存问[①]，太官、太医相望于道。及笃[②]，上疏谢恩，让还爵土[③]。帝幸其家问起居，入街下车，拥经而前，抚荣垂涕，赐以床茵、帷帐、刀剑、衣被，良久乃去。自是诸侯将军大夫问疾者，不敢复乘车到门，皆拜床下。荣卒，帝亲自变服，临丧送葬，赐冢茔于首山之阳[④]。除兄子二人补四百石，都讲生八人补二百石，其余门徒多至公卿。子郁嗣。论曰：张佚讦切阴侯[⑤]，以取高位，危言犯众，义动明后，知其直有余也。若夫一言纳赏，志士为之怀耻[⑥]；受爵不让，风人所以兴歌[⑦]。而佚廷议戚援，自居全德，意者以廉不足乎？昔乐羊食子[⑧]，有功见疑；西巴放麑[⑨]，以罪作傅。盖推仁审伪，本乎其情。君人者能以此察，则真邪几于辨矣。[⑩]

注释

① 存问：慰问、问候。

② 笃：这里指病情加重。

③ 爵土：指爵位和封地。

④ 冢茔 zhǒngyíng：墓地。首山之阳：即首阳山，故地在今河南省偃师市西北。

⑤ 讦切 jié：攻讦和指责。义动明后：正义感动贤明的君王。

⑥ 志士：此典故出自《战国策·赵策三》，秦国攻打赵国，当时秦兵围困赵军，鲁仲连凭借口辩之才为赵国化解了危机，但拒绝接受赵国的钱财回报，认为钱财是商贾所求，不是士者所需。这里化用了典故。

⑦ 受爵不让：语出《诗经·小雅·角弓》，告诫人们为官应该懂得谦退礼让。风人：即诗人。

⑧ 乐羊食子：此典故出自于《战国策·魏策一》，魏国将领乐羊攻打中山国，中山国国君杀了乐羊的儿子并做成汤送给乐羊，乐羊饮下一杯。后来魏文侯在表彰乐羊的功绩时怀疑他的德行。

⑨ 西巴放麑 ní：此典故出自于《韩非子·说林上》，孟孙捕获了一只麑子，让秦西巴带回家。秦西巴可怜麑子，于是将其放生。孟孙大怒，赶走了秦西巴。过了三个月，孟孙召回秦西巴并让他担任自己儿子的老师。麑，幼鹿。

⑩ 君人：做君王的人，即君临天下的人。几：几乎、接近。

译文

桓荣每次生病，皇帝就马上派遣使者来慰问，可以随处看到太官和太医来往于他家的道路上。病情加重后，他上书辞谢皇帝的恩惠，（请求）辞让并交出自己的爵位和封地。皇帝亲自到他家询问起居状况，进入到他家所在的街道时就下车步行，抱着经书走到桓荣的跟前，抚擦他掉下的热泪，再赐给他床和褥垫、帷幕和床帐、刀和剑、衣服和被子，过了很久才离去。自那以后，诸侯、将军和大夫等问候病情的人，不敢再乘车到他家门口，都是到他的床边拜见。桓荣逝世，皇帝亲自换了衣服，亲临丧礼并给他送葬，封赐给他的墓地在首阳山。皇帝任命他兄长的两个儿子补充四百石，都讲生八个人补充二百石，其他的学生大多官至公卿。他的儿子桓郁继承他的爵位和封地。有评论说：张佚攻讦和指责阴侯，据说是为了换取高官爵位，直言触犯众人，凭借正义感动圣明的君主，让君主知道他是正直有余的。至于靠一句话来获得赏赐，是有志之人以为羞耻的。接受爵位却不退让，所以诗人吟诵诗歌讽喻。然而张佚在朝廷上公开议论是依靠外戚的援助，以全德自居，恐怕是廉洁不足吧？以前乐羊吃自己的孩子，即使有功劳也被怀疑；西巴放了幼鹿，有罪也能当太傅。大概推原仁德审视虚伪，原本是人的常情。君临天下的人能够用这样的道理来考察，那么真诚与奸邪就接近明辨了。

王充传

题解

王充（公元27—约97年），幼为孤儿，以孝著称。他师从班彪习经，博览经书典籍，不局限于章句学的狭小格局。他拥有惊人的记忆力，能够领悟并贯通所读百家之言的道理，善于论说，写下了极富论辩色彩的名著——《论衡》，既是对经学发展的一种反思，也是对谶纬学说中“虚妄”现象的一种批判。他在晚年创作《养性书》来疗养身心。

王充字仲任，会稽上虞人也①，其先自魏郡元城徙焉②。充少孤，乡里称孝。后到京师，受业太学，师事扶风班彪。好博览而不守章句。家贫无书，常游洛阳市肆③，阅所卖书，一见辄能诵忆，遂博通众流百家之言。后归乡里，屏居教授④。仕郡为功曹⑤，以数谏争不合去。充好论说，始若诡异，终有理实。以为俗儒守文，多失其真，乃闭门潜思，绝庆吊之礼，户牖墙壁各置刀笔。著《论衡》八十五篇，二十余万言，释物类同异，正时俗嫌疑⑥。刺史董勤辟为从事，转治中，自免还家。⑦友人同郡谢夷吾上书荐充才学，肃宗特诏公车征⑧，病不行。年渐七十，志力衰耗，乃造《养性书》十六篇，裁节嗜欲，颐神自守。

永元中，病卒于家。

注释

①上虞：今浙江省上虞市境内。

②元城：今河北省大名县一带。

③市肆：集市。肆，店铺。

④屏居：屏客独居，即隐退。

⑤功曹：官名，掌管人事和州郡的部分日常政务。汉代的郡守有功曹，县有主吏。功曹和主吏都可以叫作功曹。

⑥嫌疑：疑惑难解的事理。

⑦从事：官名，汉武帝时期设立，东汉时期沿用，有刺史属吏之称，主要是掌管文书工作，察举非法。治中：也是西汉时设立的官名，即治中从事，辅佐州刺史一类最高的官员，仅低于别驾的等级，主管各曹的文书工作等。

⑧肃宗：这里指汉章帝刘炟（公元57—88年），是汉明帝刘庄第五子，死后庙号为肃宗，享年仅31岁。

译文

王充，字仲任，会稽上虞人，他的先祖从魏国元城迁徙到此地。他从小就是孤儿，乡里人都称赞他孝顺。后来他到了京城洛阳，在太学学习，师从扶风人班彪。他喜欢广泛阅读，且不拘泥于经文的章句之学。他家里贫穷，连书籍都没有，常常跑到洛阳的集市上去读书贩要卖的书籍；他能过目不忘，看了一遍就能诵读并记在脑子里；他博览群书，通晓众多流派和各家的学说。后来他回到乡里，谢绝访客，独自居处，开始教书授学。他还出任过州郡里的功曹官，因为多次进谏，与执政官长发生意见争执，导致不合，便辞官离去。他擅长议论辩说，起初有点诡辩的色彩，让人觉得奇怪，但结果却非常有理有据。他认为庸俗浅薄的儒生恪守文辞，大多丢失了文意的本真和精华，于是关起门来潜心思考，也谢绝庆贺和吊丧的礼节性应酬，家里的房门、窗户和墙壁上各处都放着刀和笔。随后，他写就了专著《论衡》，有八十五篇，共计二十多万字，解释事物的相同处和不同点，纠正当时习俗中的疑惑难辨的事理。刺史董勤征召他作从事，后转升为治中从事，他终归辞官回家。他的同郡老乡谢夷吾上书举荐他的才华和学识，汉章帝特地下诏公车府征召王充，他因为生病没有应召进京。他年纪渐近七十岁时，心智和精力都在逐渐消耗和衰退，便创作《养性书》十六篇，内容多关于节制嗜好和欲望，保养元气精神，自我修养而坚持静守。永元年中期，他因病在家逝世。

杨震传

题解

杨震，自幼好学，师从太常桓郁，修习《尚书》学，博览经书典籍，有“关西孔子”的美誉，不慕虚名，到了五十岁才出任州郡的官员。为官之时，他拒收行贿小人的十斤黄金，并有“天知，神知，我知，子知”的“四知”佳话广为流传，留下清白的美名。他用经学的义理来面对朝政制度，根据经学致用的原则来施展为官之道。因为言辞直切激烈，他也得罪了小人，甚至引起皇帝的不快，最终含冤而死。他的忠肝义胆，日月可鉴，正直清廉的作风，受到后学敬仰和推崇。

杨震字伯起，弘农华阴人也。八世祖喜，高祖时有功，封赤泉侯[①]。高祖敞，昭帝时为丞相，封安平侯。父宝，习《欧阳尚书》。哀、平之世，隐居教授。居摄二年[②]，与两龚、蒋诩俱征[③]，遂遁逃，不知所处。光武高其节[④]。建武中，公车特征，老病不到，卒于家。震少好学，受《欧阳尚书》于太常桓郁，明经博览，无不穷究。诸儒为之语曰：“关西孔子杨伯起。”常客居于湖[⑤]，不答州郡礼命数十年[⑥]，众人谓之晚暮[⑦]，而震志愈笃。后有冠雀衔三鳣鱼[⑧]，飞集讲堂前，都讲取鱼进曰：“蛇鳣者，卿大夫服之象也。数三者，

法三台也[9]。先生自此升矣。”年五十，乃始仕州郡。

注释

①赤泉侯：杨喜，杨震的前八代的世祖，因追杀项羽，立下军功，被汉高祖册封。

②居摄：因为皇帝年幼不能执政治国，由大臣代为居政管理政事。

③两龚：指龚胜（字君宝）和龚舍（字君倩）。他们和蒋诩（字元卿）都是当时高风亮节的名士。

④高：尊崇和敬重的意思。节：气节、节操。

⑤湖：当时的湖城县。

⑥杨震教书授学有二十多年，每逢遇到州郡的征召入仕，他都借口生病推辞。而且，他自小家境贫穷，丧父，独自与母亲相依为命，耕地种植，以供养家母。凡有热心肠的人帮助种植农作物的，他都马上拔掉，不轻易受人恩惠。乡里都称赞他有孝心。

⑦晚暮：本用来指年纪大，这里指杨震入仕做官的时间比较晚。

⑧冠雀：即鹳雀。鳣 shàn：一种类似蛇状的鱼。

⑨三台：汉代对尚书、御史、谒者三台的总称。尚书为“中台”，御史为“宪台”，谒者为“外台”，故称其为“三台”。

译文

杨震，字伯起，弘农华阴人。他的前八代世祖叫杨喜，在汉高祖时立有战功，被赐封为赤泉侯。他的高祖叫杨敞，汉昭帝时期曾任丞相，被封为安平侯。他的父亲是杨宝，习从《欧阳尚书》学。汉哀帝、汉平帝之际，杨宝隐居起来进行教书授学。居摄二年（公元7年），他和龚胜、龚舍两兄弟，还有蒋诩一起被征召入仕，马上隐遁逃离，也不知他们的去向。光武帝敬重杨宝的气节和道德情操。建武年间，特地为他公车征召，他因为年事已高，加上有病缠身，最终在家中逝世。杨震在少年时期喜欢学习，曾师从太常桓郁修习《欧阳尚书》学，明晓经义，也博览群书，遇到问题都仔细穷尽其意并进行深入研究。各位儒学门生都送给他一个称号“关西孔子杨伯起”。他常常旅居在湖城县，不受州郡的征召，远离人情礼数有数十年之久，很多人都说他为官入仕太晚，但他意志却更加坚定。后来有鹳雀口衔着三条鳣鱼飞到他的讲台前，学生们都议论鹳雀取鱼的事，并进言说：“蛇鳣之类，是卿大夫官服的象征。三只鱼的‘三’这个数字，就是效法三公之意。先生从此官位高升啊。”杨震年满五十岁，才开始在州郡出仕为官。

大将军邓骘闻其贤而辟之，举茂才，四迁荆州刺史、东莱太守。当之郡，道经昌邑[①]，故所举荆州茂才王密为昌邑令，谒见，至夜怀金十斤以遗震。震曰：“故人知君[②]，君不知故人，何也？”密曰：“暮夜无知者。”震曰：“天知，神知，我知，子知。何谓无知！”密愧而出。后转涿郡太守。性公廉，不受私谒。子孙常蔬食步行，故旧长者或欲令为开产业③，震不肯，曰："使后世称为清白吏子孙，以此遗之，不亦厚乎！"

注释

①昌邑：县名，今山东省昌邑市。

②故人：旧交、老朋友。

③故旧：旧交、旧友。产业：积聚财产的事业，类似今天的开银行。

译文

大将军邓骘听说他贤德，所以征召他，举荐为茂才，四次提升他，官位至荆州刺史、东莱太守。当他赶往郡上任职，途经昌邑县时，他曾经推荐的荆州茂才王密现担任昌邑县县令来拜见他，到了夜晚，怀揣着十斤黄金来给他送礼。他说："老朋友深知你的为人，你却不知道我的为人，这又何必呢？"王密回答："现在是夜里，没有人知道的。"他说："天知道，神灵晓得，我也明白，你也清楚。怎么能说没人知道？"王密惭愧地出门而走。他后来转任涿郡太守。他秉性公正廉洁，不接受私人的拜见。他的子孙后代常常吃素食蔬菜，徒步出行，他的老朋友和长辈里有人想请他开办收敛财产的事业，他不答应，回敬说："让后代子孙获得廉洁清官的子孙这样的美称，把这传给他们，不更宝贵吗？"

元初四年[1]，征入为太仆，迁太常。先是博士选举多不以实，震举荐明经名士陈留杨伦等，显传学业，诸儒称之。永宁元年[2]，代刘恺为司徒。明年，邓太后崩，内宠始横[3]。安帝乳母王圣，因保养之勤，缘恩放恣；圣子女伯荣出入宫掖[4]，传通奸赂。震上疏曰[5]：臣闻政以得贤为本，理以去秽为务。是以唐虞俊乂在官，四凶流放，天下咸服，以致雍熙。[6]方今九德未事，嬖幸充庭。[7]阿母王圣出自贱微，得遭千载，奉养圣躬，虽有推燥居湿之勤[8]，前后赏惠，过报劳苦，而无厌之心，不知纪极，外交属托，扰乱天下，损辱清朝，尘点日月。[9]《书》诫牝鸡牡鸣，《诗》刺哲妇丧国。[10]昔郑严公从母氏之欲，恣骄弟之情，几至危国，然后加讨，《春秋》贬之，以为失教。[11]夫女子小人，近之喜，远之怨，实为难养。[12]《易》曰：'无攸遂，在中馈。[13]'言妇人不得与于政事也。宜速出阿母，令居外舍，断绝伯荣，莫使往来，令恩德两隆，上下俱美。惟陛下绝婉娈之私，割不忍之心，留神万机，诫慎拜爵，减省献御，损节征发。[14]令野无《鹤鸣》之叹，朝无《小明》之悔，《大东》不兴于今，劳止不怨于下。[15]拟踪往古，比德哲王，岂不休哉[16]！

注释

① 元初：东汉时期汉安帝刘祜的第二个年号，公元114—120年。

② 永宁：东汉时期汉安帝刘祜的第三个年号，公元120—121年。

③内宠：帝王宠爱的人，这里当指男宠（侍臣）。

④子女：这里指女儿，应当属于妙龄美女一类。汉代对美女的称呼有唤作“子女”的，如《汉书·韩安国传》：“朕饰子女以配单于，币帛文锦，赂之甚厚。”宫掖 yè：皇宫、宫廷。

⑤上疏：是朝廷在位官员专门上奏皇帝的一种文书形式，规谏为政过失，针砭时政。

⑥唐虞：唐尧和虞舜的合称。俊乂 yì：古时才德兼备的贤人。四凶：指《尚书》中记载的三苗、驩兜、鲧与共工四大元凶。雍：和。熙：广。

⑦九德：指《尚书》记载的“九德”，包括：“宽而栗”“柔而立”“愿而恭”“乱而敬”“扰而毅”“直而温”“简而廉”“刚而塞”以及“强而义”九种道德品质。嬖 bì 幸：这里指被帝王宠爱的姬妾或侍臣。

⑧推燥居湿：典故，语出《孝经·援神契》。本义是指母亲养育儿子，把干燥的地方让给自己的孩子睡，而自己却睡那湿冷的地方。这里比喻母亲抚养孩子的艰辛和勤苦。

⑨纪极：终极、极限。尘点日月：当指玷污了光明和圣洁。尘点，污染。日月，象征光明圣洁。

⑩牝 pìn 鸡牡鸣：母鸡打鸣报晓。这里化用《尚书·牧誓》中“牝鸡无晨，牡鸡之晨”的典故，暗喻内宠夺权乱政。哲妇丧国：化用《诗经·大雅·瞻卬》中“哲夫成城，哲妇倾城”的典故，比喻妇人谄媚蛊惑人心的谗言有辱权乱国的危害。

⑪郑严公：即郑庄公，春秋时期郑国第三代君主，姬姓，郑氏，名寤生，《左传·鲁隐公元年》中有详细记载。这里是范晔为了避讳汉明帝（刘庄）的名而做了改动。失教：指郑庄公杀了同母的弟弟共叔段，称郑伯，这里讥讽郑庄公有失于政教之责。

⑫这里化用《论语·阳货》"唯女子与小人难养也"之义。养：相处。

⑬这是《易经·家人卦》六二的爻辞。郑玄注："二为阴爻，得正于内；五，阳爻也，得正于外。犹妇人自修正于内，丈夫修正于外。无攸遂，言妇人无敢自遂也。爻体离，又互体坎，火位在下，水在上，饪之象也。馈，食也，故云在中馈也。"

⑭婉娈之私：化用《诗经·候人》篇毛《序》之言"曹共公远君子近小人"。诗中有"婉兮娈兮"之语，这里是指幸臣和小人的私欲。婉，少貌。娈，好貌。献御：向皇帝进贡的物品。

⑮野：指不在朝廷之上。《鹤鸣》之叹：《鹤鸣》属于《诗经·小雅》的篇目，毛《序》以为诗旨是"诲宣王"。郑玄注："教周宣王求贤人之未仕者。"这里指隐居贤士的哀叹。《小明》之悔：《小明》属于《诗经·小雅》的篇目，其毛《序》以为"大夫悔仕于乱也"。这里暗指君王不明贤德，损坏政事，导致祸乱。《大东》：《诗经·小雅》的篇目，毛《序》认为有"刺乱"之意。劳止：语出《诗经·大雅》的诗句，"人亦劳止，岂可小康"，这里指过度劳累。

⑯休：美、善。

译文

元初四年，他被征召为太仆，后升迁至太常。起初，经学博士的选拔都不以实事求是的原则来进行，他极力推荐明晓经义的有名才子陈留人杨伦等人，能够很好地传授经学学业，各位儒学之人称赞这样的做法。永宁元年（公元120年），他代替刘恺出任司徒官。第二年，邓太后驾崩，内宠开始横行霸道。汉安帝的乳母王圣，自视有保护和养育的功劳，仰仗皇恩任性放纵。王圣的女儿伯荣进出宫廷，传闻有通奸和行贿之事。他敬呈奏折说："臣下听说治国为政是以获得贤哲之人为根本，治理政事以去除污秽之事为要务。因为这样，尧舜时期才德兼备的贤人各在官位任职，流放三苗、驩兜、鲧与共工四大罪凶，于是天下都心悦诚服，最终使得天下祥和兴盛。现在'九德'不能推行，反而让宠爱的幸臣或妾妃充斥整个朝廷。陛下的乳母王圣出身低贱卑微，获得千载难逢的机会，能够亲自敬奉抚养并侍候陛下圣体，虽说有勤劳养育的功劳，但陛下也前前后后赏赐恩惠，她得到了超过自己劳苦抚育后应该得到的回报，然而不能满足她的贪得无厌的欲望，不能适可而止，与官宦勾结为奸，滋扰混乱天下，损害并侮辱了清廉的朝政，玷污了光明正大的圣洁之义。《书》经里有'牝鸡牡鸣'的劝诫，《诗》经里有对'哲妇丧国'的讽刺。以前，郑严公放纵母氏私欲，任骄横的弟弟肆意纵情，这差点导致国家危亡，但后来对其加以讨伐，《春秋》经有所贬斥，认为这违背政教。女子和小人，接近他们流于亲昵欢喜，远离他们又容易产生怨恨，实在是很难相处。《易》说：‘妇人不敢自行专断，当自修内德。’这些都是在说妇女不可以参与政事啊。陛下应赶紧命令乳母王圣出离皇宫，让她在宫外安居，也当断绝和伯荣的暧昧关系，不要和她来往，使得恩情和仁德双双突显，君上和臣下两全其美。希望陛下谢绝亲近小人的私心，割舍心中的不忍之情，专注留神于国家日理万机的政事，谨慎地授官晋爵，适当减免进献的贡品，可以破例征用贤臣。让朝廷之外没有《鹤鸣》诗中隐士的哀叹，朝廷之上没有《小明》诗中大夫在乱政下的悔憾，《大东》诗里表现的刺乱之意不要复兴，‘劳止’诗句的刺说不在臣下中产生怨愤。追溯古圣人的踪迹，与德行睿哲的君王比肩，这不很好吗！”

奏御，帝以示阿母等，内幸皆怀忿恚。而伯荣骄淫尤甚，与故朝阳侯刘护从兄环交通[①]，环遂以为妻，得袭护爵，位至侍中。震深疾之，复诣阙上疏曰：臣闻高祖与群臣约，非功臣不得封，故经制父死子继，兄亡弟及，以防篡也。伏见诏书封故朝阳侯刘护再从兄瑰袭护爵为侯。护同产弟威[②]，今犹见在。臣闻天子专封封有功，诸侯专爵爵有德。今瑰无佗功行，但以配阿母女，一时之间，既位侍中，又至封侯，不稽旧制，不合经义，行人喧哗[③]，百姓不安。陛下宜览镜既往，顺帝之则。书奏不省[④]。

注释

①交通：勾结、串通。

②同产：即同母所生者。

③行人：汉代官名，掌管接待诸侯及诸侯之上卿的礼仪。

④不省：指不理会，书奏的建议不被采纳。

译文

杨震上奏后，皇帝把奏折拿给乳母这些人看，内宠幸臣都怀恨在心，愤怒之情油然而生。而且伯荣骄横荒淫变本加厉，与已故去的朝阳侯刘护的堂兄刘环狼狈为奸，刘环娶她为妻，也窃得了刘护的爵位，且官位升到侍中。他深恶痛绝，再一次前去上疏："汉高祖曾与群臣有约定，不是功臣不可以获封赐爵，所以经义制礼要求父亲死去儿子继承爵位，兄长死去弟弟接续，以防止篡位。臣下在下面看到诏书赐封故去的朝阳侯刘护的堂兄刘环继承他的爵位后还晋升为侯爵。刘护的同母所生的弟弟刘威今还健在。臣听说天子封爵应该封给有功劳的大臣，诸侯封爵应该封给有贤德的人。如今刘环无任何军功和德行，仅仅是娶了陛下乳母的女儿，一时之间，已经位居侍中大臣，又转而册封侯爵，不遵循旧有的礼制，也不符合经典的礼义，行人官员纷纷议论，百姓也不会安心。陛下应该借鉴以往的礼制，顺承先帝的法则。"皇帝没有理会他上疏时所说的话。

延光二年[1]，代刘恺为太尉。帝舅大鸿胪耿宝荐中常侍李闰兄于震，震不从。宝乃自往候震曰："李常侍国家所重，欲令公辟其兄，宝唯传上意耳。[2]"震曰："如朝廷欲令三府辟召，故宜有尚书敕[3]。"遂拒不许，宝大恨而去。皇后兄执金吾阎显亦荐所亲厚于震，震又不从。司空刘授闻之，即辟此二人，旬日中皆见拔擢。由是震益见怨。时诏遣使者大为阿母修第，中常侍樊丰及侍中周广、谢恽等更相扇动，倾摇朝廷。震复上疏曰：臣闻古者九年耕必有三年之储，故尧遭洪水，人无菜色。臣伏念方今灾害发起，弥弥滋甚[4]，百姓空虚，不能自赡。重以螟蝗，羌虏抄掠，三边震扰，战斗之役至今未息，兵甲军粮不能复给。大司农帑藏匮乏，殆非社稷安宁之时。伏见诏书为阿母兴起津城门内第舍[5]，合两为一，连里竟街，雕修缮饰，穷极巧伎。今盛夏土王，而攻山采石，其大匠左校别部将作合数十处[6]，转相迫促，为费巨亿。周广、谢恽兄弟，与国无肺腑枝叶之属，依倚近幸奸佞之人，与樊丰、王永等分威共权，属托州郡，倾动大臣。宰司辟召，承望旨意，招来海内贪污之人，受其货赂，至有臧锢弃世之徒复得显用[7]。白黑混淆，清浊同源，天下嚾哗，咸曰财货上流，为朝结讥。臣闻师言："上之所取，财尽则怨，力尽则叛。[8]"怨叛之人，不可复使，故曰："百姓不足，君谁与足？"惟陛下度之。

注释

①延光：东汉汉安帝刘祜的第五个年号，延光二年即公元 123 年。

②候：伺望，拜访。上意：上级传达下来的指令。李贤注："言非己本心，传在上之意。"

③三府：指《后汉书·承宫传》："三府更辟，皆不应。"李贤注："三府，谓太尉、司徒、司空府。"东汉初仍设三公，沿用西汉官制。建武二十七年（公元 51 年），朝廷改大司马为太尉，改大司徒、大司空为司徒、司空。三公府当时简称为三府。三公中仍以太尉居首位。

④弥弥：指逐渐、稍稍的意思。

⑤津城门：当时洛阳南面的西头门。

⑥大匠：俸禄二千石。左校：左校令，俸禄六百石。

⑦臧锢：指贪污受贿被禁锢的人。显用：指重用。

⑧上之所取，财尽则怨，力尽则叛：据李贤等注而言，本句当语出《论语》，是有若对鲁哀公说的话。但今本《论语》无此句，恐汉人习见《论语》的另外一个版本所出。

译文

延光二年（公元 123 年），杨震代刘恺出任太尉一职。皇帝的国舅大鸿胪耿宝向他推荐中常侍李闰的兄长，他不顺从。于是耿宝亲自前往拜访并说："李常侍被国家器重，想要让你去征召他的兄长入仕，我也仅是传达一下上面的旨意。"他回答："如果朝廷想要让太尉、司徒、司空三府征召官员，原本就应该有尚书府的敕命。”他于是坚决不答应。耿宝痛恨而去。皇后的哥哥执金吾阎显向杨震推荐自己的亲信，他又不顺从。司空刘授听说了此事，马上征召这两个人，十天之内就都被提拔晋升。因此，他越发被人怨恨。当时皇帝下达诏令派遣使者给乳母修建府第，中常侍樊丰及侍中周广、谢恽等变本加厉地相互煽动，整个朝廷都动静很大。他再一次上书进言：“臣下听说古人耕作九年必须有三年的储备，所以尧帝遭遇洪水灾害，百姓并没有显出饥饿面色。臣下暗自心想现今灾害发生，灾情也在渐渐地加重，百姓粮食匮乏，自己都还不能养活自己。又加上螟蝗的灾害，羌虏侵犯抢掠，国家边境受到骚扰，战事到现在也没有停止，军事粮需还不能够供给。大司农财政收入缺乏，恐怕不是国家安宁的时机。臣下看到诏书下令为陛下乳母兴建津城门内府第房舍，把两坊合二为一，坊与坊相连竟然延伸到了街上，雕琢修缮，悉心装饰，极其精巧，技艺发挥到了极致。如今盛夏之时土地气旺，却要上山开采矿石，大匠和左校令别部将们一起合作开采的有数十处，互相急迫催促，耗费巨资，以亿元为计。周广、谢恽兄弟和国家没有亲近关系之徒，依靠仰仗受到宠幸的奸诈小人，和樊丰、王永等作威弄权，串通勾结州郡官员，撤换大臣。宰司征召任用官员，也顺承遵奉他们的意愿，招募来了国内贪污腐败之徒，他们收受贿赂，导致了贪污受贿被禁锢被弃之不用的囚徒再次得到重用。白黑颠倒混淆，清浊不分同出一源，天下哗然喧争，都说钱财在上面官员手中流失，给朝廷抹黑，备受讥讽。臣下曾听老师的教训：'在上位的人获取财物，将财货取尽就会使得下面的百姓怨恨，劳力穷尽就会使得他们叛逆。'怨恨叛逆的人，就不可以再次驱使，所以说：'百姓不能丰足，君王又怎能丰足呢？'希望陛下三思。"

丰、恽等见震连切谏不从，无所顾忌，遂诈作诏书，调发司农钱谷、大匠见徒材木，各起家舍、园池、庐观，役费无数。震因地震，复上疏曰：臣蒙恩备台辅，不能奉宣政化，调和阴阳，去年十（一）二月四日，京师地动。臣闻师言："地者阴精，当安静承阳。"而今动摇者，阴道盛也。其日戊辰，三者皆土[①]，位在中宫，此中臣近官盛于持权用事之象也。臣伏惟陛下以边境未宁，躬自菲薄，宫殿垣屋倾倚[②]，枝柱而已，无所兴造，欲令远近咸知政化之清流，商邑之翼翼也[③]。而亲近幸臣，未崇断金[④]，骄溢逾法，多请徒士，盛修第舍，卖弄威福。道路讙哗，众所闻见。地动之变，近在城郭，殆为此发。又冬无宿雪，春节未雨，百僚燋心，而缮修不止，诚致旱之征也。《书》曰："僭恒阳若，臣无作威作福玉食[⑤]。"唯陛下奋乾刚之德[⑥]，弃骄奢之臣，以掩讠夭言之口[⑦]，奉承皇天之戒，无令威福久移于下。

注释

①三者皆土：古人根据天时地利之便和五行相生的

道理来测算人事，这里是指戊干、辰支和地动三个项目。

② 倾倚：倾斜。

③ 商邑之翼翼：即《诗经·商颂·殷武》的诗句“商邑翼翼”。毛《传》：“商邑，京师也。”这里指帝王帝都的礼仪制度的繁盛。

④ 断金：《周易·系辞》：“二人同心，其利断金。”这里化用此句是为了说明奸邪之臣不能与皇上同心共事。

⑤ 语出《尚书·洪范》。僭：差。若：顺。这句说：君行僭差，则常阳顺之。意思指的是：只有君王才可以专得威福和美食，臣子不当有此。

⑥ 乾刚之德：化用《周易·乾·文言》的语句：“大哉乾乎！刚健中正，纯粹精也。”

⑦ 讠夭 yāo 言：同“妖言”。

译文

樊丰、谢恽等人见杨震的直言进谏不被采纳，也就没有什么可以顾忌了，于是假作诏书，调拨司农的钱粮、大匠，搬运材木，各自兴建家园房舍、花园井池、亭庐景观，劳役和费资无数。他借地震的机会再次上书启奏：“臣下承蒙皇恩浩荡才官至台辅之职，但是不能够秉奉圣旨宣教政化和调节顺和阴阳之道，去年十（一）二月四日，京城发生地震。臣下曾听老师说过：‘大地是阴气之精，应当安静地应承阳气。’然而如今地有动摇，是阴气之道盛的缘故。当日是戊辰日，戊干辰支和地动三者都属于土，位势又在中宫，这些是中臣近官过分玩弄权位用事的象征。臣下希望陛下考虑边境不宁的现状，自我审视反省，宫殿墙垣屋室倾斜，仅是发生在支柱上，不要再兴建宫室，让远近都知道陛下政治教化的清明，礼仪制度的繁盛。那些亲近宠臣，不能够与臣子同心同德克服困难，反而骄奢淫逸，僭越礼法，招致囚徒罪人，盛大地修建府第房舍，在人面前炫耀，作威作福。道路行人都议论纷纷，这是大家有目共睹的。现今地震的事变发生在京城内，大概由此而起。冬天没有隔夜之雪，春季时节没有下雨，百官心里焦急，然而皇宫里面却不断地修缮宫室，确实有招致旱灾的征兆。《书》上说：‘君上行有差错，则常用阳顺治，不要令臣下专门作威作福，专享美食。’希望陛下奋发，用乾刚中正的德行，舍弃骄横夸奢的奸臣，用实际行动来遮掩惑众的妖言，顺应皇天的劝诫，不要把威福下移给臣子。”

震前后所上，转有切至，帝既不平之，而樊丰等皆侧目愤怨，俱以其名儒，未敢加害。寻有河间男子赵腾诣阙上书，指陈得失。帝发怒，遂收考诏狱。结以罔上不道。震复上疏救之曰：“臣闻尧、舜之世，谏鼓谤木[①]，立之于朝；殷、周哲王[②]，小人怨詈，则还自敬德。所以达聪明，开不讳，博采负薪[③]，尽极不情也。今赵腾所坐激讦谤语为罪，与手刃犯法有差。乞为亏除，全腾之命，以诱刍荛舆人之言[④]。”

帝不省，腾竟伏尸都市。

注释

① 谏鼓谤木：尧帝设置鼓励进谏的鼓，舜帝树立欢迎议政之言的木。

② 殷周哲王：殷代的中宗、高宗、祖甲和周代的周文王。他们都是圣德贤哲的君主，有人告诉他们有小人对他们埋怨和诟病，他们马上诚心持敬，修德自善。

③ 负薪：背负柴草。

④ 刍荛 ráo：割草打柴的人，代指平民百姓。舆人：众人。

译文

杨震前后进言上书，从平和转为直言激烈，皇帝心生不满之意，而且樊丰等人都是侧目相视带着愤恨和怨怒的情绪，却因他是知名大儒，也不敢加害他。不久，河间有一男子赵腾进言上书，指责陈述政事的得与失。皇帝龙颜大怒，于是把他收关起来下诏入狱，结论是污蔑皇上不尽仁道。杨震再一次上书：“臣下听说在尧舜时的世道，进谏的鼓和诽谤的木直立在朝廷之上。殷商和周代的贤哲君王，有小人怨争诟骂，他们都是反诸自身修养德行，所以能够耳聪目明，启开民不讳言的进谏之道，任用负薪之人，尽心对待臣民。现今赵腾因为激烈的诽谤语言就获罪，与手拿兵刃触犯法律的犯人还是有差别的。臣下请求免除他的罪行，保全他一条性命，以此来鼓励下层民众的进言。”皇帝不予理会，赵腾最终横尸在国都市井间。

会三年春，东巡岱宗，樊丰等因乘舆在外，竞修第宅，震部掾高舒召大匠令史考校之[①]，得丰等所诈下诏书，具奏，须行还上之。丰等闻，惶怖，会太史言星变逆行，遂共谮震云：“自赵腾死后，深用怨怼；且邓氏故吏[②]，有恚恨之心。”及车驾行还，便时太学[③]，夜遣使者策收震太尉印绶，于是柴门绝宾客。丰等复恶之，乃请大将军耿宝奏震大臣不服罪，怀恚望，有诏遣归本郡。震行至城西几阳亭，乃慷慨谓其诸子门人曰：“死者士之常分。吾蒙恩居上司，疾奸臣狡猾而不能诛，恶嬖女倾乱而不能禁，何面目复见日月！身死之日，以杂木为棺，布单被裁足盖形，勿归冢次，勿设祭祠。”因饮鸩而卒[④]，时年七十余。弘农太守移良承樊丰等旨，遣吏于陕县留停震丧，露棺道侧，谪震诸子代邮行书，道路皆为陨涕[⑤]。

注释

①史：这里指府吏。

②故吏：杨震当初就是邓骘征召入仕，所以有“故吏”一说。

③便时：候于太学等待吉时入宫。

④饮鸩：喝毒酒。

⑤陨：落。传闻杨震临死时告诉儿子用牛车薄篑装载灵柩返归。

译文

恰逢永宁三年开春，皇帝东巡到了岱宗，樊丰等乘皇帝东巡外出的机会，竞相修葺府第宅院，杨震的部掾高舒召命大匠让府吏核查此事，查得樊丰等人诈骗伪造的诏书，一切上奏，必须等到皇上返宫回来再上报。樊丰听到后，慌张惊恐，正好遇到太史说星变逆行，于是一起污蔑他说："自从赵腾死后，杨震怀有深深的怨怒；他是邓氏的旧部，有怨恨之心。"圣驾回宫，在太学选择吉时进入宫中。晚上，皇帝派遣使者没收了他的太尉印绶，他便闭门谢客。樊丰等再做恶事，请大将军耿宝启奏他不服罪，怀有怨恨，便下诏遣派他回自己的郡县。他从京城走到城西的几阳亭时，才感慨地对几个儿子和众位学生说："死是士人当有的事。我承蒙圣恩官居上位，痛恨奸臣狡猾却不能够诛杀，讨厌宠女祸乱却不能够禁止，有何面目见日月啊！等我死的时候，用杂木作棺，用裁剪的布料和单衣遮盖形体就可以，不要给我修葺扫墓，也不要设立祭祀的祠堂。"于是他喝毒酒而死，享年七十多岁。弘农太守移良顺承樊丰等人的旨意，派遣使者在陕县留停他的丧事，将他的棺露天停放在道路旁，贬谪他的儿子到驿馆去传送书信，道间行人为之黯然落泪。

岁余，顺帝即位，樊丰、周广等诛死，震门生虞放、陈翼诣阙追讼震事。朝廷咸称其忠，乃下诏除二子为郎，赠钱百万，以礼改葬于华阴潼亭①，远近毕至。先葬十余日，有大鸟高丈余，集震丧前，俯仰悲鸣，泪下沾地，葬毕，乃飞去。郡以状上。时连有灾异，帝感震之枉，乃下诏策曰："故太尉震，正直是与，俾匡时政，而青蝇点素②，同兹在藩。上天降威，灾眚屡作③，尔卜尔筮，惟震之故。朕之不德，用彰厥咎，山崩栋折，我其危哉！今使太守丞以中牢具祠，魂而有灵，傥其歆享。"于是时人立石鸟象于其墓所。震之被谮也，高舒亦得罪，以减死论。及震事显，舒拜侍御史，至荆州刺史。

注释

① 杨震的墓在潼关西大道之北，唐时有碑尚存。

② 青蝇：语出《诗经 · 小雅》，喻指谗言。这里指颠倒黑白、混淆是非的奸佞小人。

③ 灾眚 shěng：灾害。

译文

一年多后，汉顺帝即位，樊丰、周广等被诛杀，杨震的学生虞放、陈翼前往朝廷追讼杨震的事。朝廷大臣都称赞他的忠心，于是下达诏令任命他的两个儿子做郎官，赠赐钱财百万，按礼制将他改葬在华阴潼亭，远近的相关人员都来到这里。下葬前十多天，有一只高达一丈多的大鸟落在他的丧位前，悲痛地俯仰鸣叫，流出的泪滴落在地上，葬礼完毕，才飞离。郡守把这等情况拟写状子报上。当时连连有灾害变异，皇帝感觉到他的冤枉，便下诏说："已故太尉杨震，是正义忠直之臣，匡正时政，然而奸诈小人变乱善恶，二者无法共处。上天降下威严，灾害屡屡发生，卜筮之后，知道他的死是冤案所致。朕不能施德，指明过错，（导致）山地崩裂倒塌，我们太危险了！现今命令太守丞用中牢祭祀，亡魂显灵，供其享用。"当时的人在他的墓前树起一块石鸟雕像。当初他被诬陷的时候，高舒也因此获罪，以低于死刑的罪论处。等到他被诬陷的事真相大白，高舒拜官为侍御史，后来官至荆州刺史。

马融传

题解

马融（公元 79—166 年），东汉时期的古文经学家，师从归隐南山并以儒术传教的挚恂，学问以广博见长，能够贯通各部经书之间的大义。切身感受到兵荒马乱所致的饥寒交迫之窘境后，不屑于混迹官场的他最终选择入仕为官，为保养性命并改善生活，甚至借用老子、庄子的贵生学说来加以粉饰。他应征邓骘的召命，踏入仕途，因熟稔经学而往东观校书。他讥笑俗儒议政，并重文德和武功，主张圣贤之道，推崇勇、智、仁、信及忠的五才观。他创作的《广成颂》，旨在劝讽，辞藻美丽，内容深刻。他有上书请缨为国效力的勇气，也有观测天象预言政事的眼力，更有广收门徒传授经学的师长风范。但他在生活中率性任情，奢靡无度，不乏声色犬马之态，在官场中也暴露出贪污腐败的丑行，这些常常为人讥讽和诟病。人的才学和品行难以两全，值得当代学人反思和戒慎！本篇为节选。

马融字季长，扶风茂陵人也，将作大匠严之子。① 为人美辞貌，有俊才。初，京兆挚恂以儒术教授②，隐于南山，不应征聘，名重关西，融从其游学，博通经籍。恂奇融才，以女妻之。永初二年，大将军邓骘闻融名[③]，召为舍人[④]，非其好也，遂不应命，客于凉州武都，汉阳界中。会羌虏飙起，边方扰乱，米谷踊贵，自关以西，道殣相望[⑤]。融既饥困，乃悔而叹息，谓其友人曰："古人有言：'左手据天下之图，右手刎其喉，愚夫不为。'所以然者，生贵于天下也。今以曲俗咫尺之羞，灭无赀之躯，[⑥]殆非老、庄所谓也。"故往应骘召。四年，拜为校书郎中，诣东观典校秘书。[⑦]是时邓太后监朝，骘兄弟辅政。而俗儒世士，以为文德可兴，武功宜废，遂寝蒐狩之礼，息战陈之法，故猾贼从横，乘此无备。[⑧]融乃感激，以为文武之道，圣贤不坠，五才之用[⑨]，无或可废。元初二年，上《广成颂》以讽谏[⑩]。

注释

① 扶风：今陕西省宝鸡市下辖县。茂陵：今陕西省西安市茂陵村。严：马融的父亲马严，是马援的哥哥马余的儿子。

② 挚恂 xún：字季直，好学善属文，在南山隐居，不应召入仕，当时颇有清名。

③ 邓骘 zhì：字昭伯，南阳新野（今河南省新野县南）人，曾被大将军窦宪征召，因妹妹邓绥入宫为贵人，被赐郎中。邓绥封后，他三次升官至虎贲中郎将。汉和帝驾崩，汉殇帝新立，邓太后临朝听政，他又升迁车骑将军。汉殇帝崩，作为外戚的他拥立年幼的汉安帝登基。

④ 舍人：这里指亲近邓骘左右的小官。

⑤道殣 jìn 相望：道路上到处都可以看见饿死的人。殣，饿死。

⑥曲俗：鄙陋的习俗。咫尺：形容距离近，这里指小，有微不足道的意思。无赀 zī：无价。

⑦校书郎中：掌管校理典籍的官员。秘书：这里指朝廷官禁秘藏的图籍之类的书。

⑧寖：废止。蒐 sōu：田猎。狩：狩猎。猾贼：奸猾狡黠之人。

⑨五才：亦可称作"五材"。结合前文文武双全必须具备的道理，这里应当指勇、智、仁、信及忠五种品德。

⑩广成颂：颂文可参《后汉书·马融列传》。马融遵从并根据先王的典章制度，重述春冬狩猎等诸多礼仪制度，作此颂文，旨在劝诫皇室成员在日常生活中应该按照"奢俭之中，以礼为界"的标准去行事。

译文

马融，字季长，扶风郡茂陵县人，将作大匠马严的儿子。他相貌堂堂，善于言辞，才华出众。当初，京兆人挚恂用儒家思想教授学生，在南山隐居，不应朝廷的征召做官，美名在关西一带盛传。当时马融跟随他游历和学习，博览经书和各种典籍。挚恂对他的才华感到惊讶，还把女儿嫁给了他。永初二年（公元 108 年），大将军邓骘听说了他的名气，征召他出任舍人，这不是他的喜好，便没有答应被征召的命令，而在凉州武都、汉阳境内客居。恰逢西羌寇虏蜂拥而起，骚乱边境，使得粮价猛涨，从函谷关往西，路上饿死的人随处可见。他感到饥饿和困乏，这才后悔叹息，对朋友说："古人有句话：'左手拿着天下的地图，右手割自己的咽喉，连愚笨的人也不会这样做。'之所以这样说，是因为生命比天下任何事物都要宝贵。现在因为屈从陋俗，毁灭无价的身体，恐怕不是老子、庄子所宣讲的思想。"因此他前往邓骘那里应征入职。永初四年（公元110年），他担任校书郎中，到东观主持校勘朝廷的藏书。当时邓太后掌管朝政，邓骘兄弟辅佐政权。然而平庸的儒学之人和士大夫认为文德可以兴国，军事功业应当废止，于是废弃了狩猎之礼，暂停讲习作战列阵之法，所以狡猾的贼寇乘机横行霸道。于是他心中感慨激愤，认为文德和军事武功在圣贤君王那里都不会偏废，勇、智、仁、信及忠这五才的功用，没有一样可以偏废。元初二年（公元115年），他上奏《广成颂》作为讽喻的谏言。

颂奏，忤邓氏，滞于东观，十年不得调。因兄子丧自劾归。[①]太后闻之怒，谓融羞薄诏除，欲仕州郡，遂令禁锢之。[②]太后崩，安帝亲政，召还郎署，复在讲部[③]。出为河间王厩长史[④]。时车驾东巡岱宗，融上《东巡颂》。帝奇其文，召拜郎中。及北乡侯即位，融移病去，为郡功曹。阳嘉二年，诏举敦朴[⑤]，城门校尉岑起举融，征诣公车，对策，拜议郎。大将军梁商表为从事中郎，转武都太守。时西羌反叛，征西将军马贤与护羌校尉胡畴征之，而稽久不进。融知其将败，上疏乞自效，曰：今杂种诸羌转相抄盗[⑥]，宜及其未并，亟遣深入，破其支党，而马贤等处处留滞。羌胡百里望尘，千里听声[⑦]，今逃匿避回，漏出其后，则必侵寇三辅，为民大害。臣愿请贤所不可用关东兵五千，裁假部队之号，尽力率厉，埋根行首，以先吏士，三旬之中，必克破之。臣少习学艺，不更武职，猥陈此言，必受诬罔之辜。[⑧]昔毛遂厮养，为众所蚩，终以一言，克定从要。[⑨]臣惧贤等专守一城，言攻于西而羌出于东，且其将士必有高克溃叛之变[⑩]。

注释

① 忤 wǔ：违背、忤逆、抵触或者不顺从。自劾：自我弹劾。

② 羞薄：轻视、鄙薄。禁锢：这里指不许做官一事。

③ 讲部：讲堂所在或授课的部门。

④ 厩长史：管理车马的官员。

⑤ 敦朴：敦厚朴实。

⑥ 抄盗：劫掠财物的盗寇。

⑦ 望尘：比喻捕风捉影或观察到细小的征兆。听声：探听消息。

⑧ 艺：经学六艺，包括礼、乐、射、御、书、数。猥：苟且。辜：罪。

⑨ 毛遂：战国时期赵国平原君赵胜的门客，居住在平原君门下三年。当时平原君将与楚国商议合纵

抗秦的策略，将毛遂凑齐刚好二十人前往，其他十九人都笑话毛遂。到了楚国，毛遂按剑要挟楚国国君与赵国合纵，于是签订合纵协议，立即发兵救赵。厮养：贱人，地位低下的人。蚩：嗤笑，讥笑。

⑩ 高克：郑国派遣高克率军队驻扎在河上，居久不得召回，军队溃败退回郑国，但高克却逃往陈国。

译文

他的颂赞文章奏报皇帝后，得罪了邓氏，他一直停滞在东观，十年不能升调。他乘兄长之子去世的机会，以回家为由自我参劾。邓太后知晓后大怒，声称他羞辱和蔑视朝廷的授官任职，想在州郡入仕任职，下令禁止他为官。太后驾崩后，汉安帝亲自会理朝政诸事，召回马融官居郎署，再次让他在讲堂说经。后来，他出任河间王厩的长史。当时天子东巡到了岱宗，他呈上《东巡颂》，皇帝读了他的文章感到震惊，下诏任命他为郎中官。等到北乡侯登基即位，他上书称病离职，只做了郡功曹。阳嘉二年，天子下诏书命令推举敦厚朴实的贤良之人，城门校尉岑起力荐他，朝廷征召他赶赴公车署，应对天子策问，拜赐为议郎。大将军梁商上书举荐他为从事中郎，转任武都太守。正值西羌叛军起义，征西将军马贤同护羌校尉胡畴前往征讨，但长期滞留不能推进。他预知马贤将会战败，上奏章请求亲自为国效力，说：“现在混杂种族的羌人部族相互侵略，应当趁着他们没有联手的时候，急速派兵深入，击败羌人的旁支余党，然而马贤等人处处停留不能前进。羌胡之人在百里之外窥望中原之地，在千里之外闻听朝中动静，如今逃离、躲藏、回避，漏掉出来的羌人出动兵力杀到马贤军后方，就必然入侵三辅，造成巨大灾难。臣下恳请带领马贤暂不使用的五千关东士卒，打着他的部队的旗号，尽最大努力率领并激励将士，到前线冲锋陷阵，坚守不退，身先士卒，一个月之内必定打败羌人军队。微臣自小学习经学六艺，虽然没有任过军职，苟且陈述以上所论，一定被加上浮夸尊大和虚妄的罪名。以前，毛遂出身低下，被很多人嗤笑，最终用一句话定下了合纵的大事。臣下担心马贤等人专心守卫一座城池，说是攻打羌军的西面，但实际羌族部队已从东面逃脱，而且马贤的将领、士兵必定出现郑国高克溃败叛逃的变故。”

朝廷不能用。又陈：“星孛参、毕，参西方之宿，毕为边兵，至于分野，并州是也。[①]西戎北狄，殆将起乎！宜备二方。”寻而陇西羌反，乌桓寇上郡，皆卒如融言。三迁，桓帝时为南郡太守。先是融有事忤大将军梁冀旨，冀讽有司奏融在郡贪浊，免官，髡徙朔方。[②]自刺不殊，得赦还，复拜议郎，重在东观著述，以病去官。融才高博洽，为世通儒，教养诸生，常有千数。[③]涿郡卢植，北海郑玄，皆其徒也。善鼓琴，好吹笛，达生任性，不拘儒者之节[④]。居宇器服，多存侈饰。尝坐高堂，施绛纱帐，前授生徒，后列女乐，弟子以次相传，鲜有入其室者。尝欲训《左氏春秋》，及见贾逵、郑众注，乃曰："贾君精而不博，郑君博而不精。既精既博，吾何加焉！"但著《三传异同说》。注《孝经》、《论语》、《诗》、《易》、《三礼》、《尚书》、《列女传》、《老子》、《淮南子》、《离骚》，所著赋、颂、碑、诔、书、记、表、奏、七言、琴歌、对策、遗令，凡二十一篇。初，融惩于邓氏，不敢复违忤势家，遂为梁冀草奏李固，又作大将军《西第颂》，以此颇为正直所羞。年八十八，延熹九年卒于家。遗令薄葬⑤。族孙日磾，献帝时位至太傅。

注释

①边兵：这里指边境战事。分野：与星位相对应的地域。先人依据星纪、玄枵、降娄、大梁、实沈、鹑首、鹑火、鹑尾、寿星、大火、析木等十二星宿的位置，划分地面上州、国的位置与之相配。从天文角度说，称作分星；就地域角度说，称作分野。

②浊：贪污之事。髡 kūn：古时剃去男子头发的一种刑罚。徙：指流放。

③博洽：学识广博。通儒：学识渊博的儒学家。

④节：礼节。

⑤薄葬：指葬具及丧礼简单、节俭。

译文

朝廷没有采纳他的意见。他又上书说："彗星在参宿、毕宿出现，参宿属于西方星宿，毕宿预示边境战事，会影响到参宿的分野地区，就是并州。西方的戎人和北方的狄人，恐怕将会叛乱！最好在这两个地区加强军事防御。”不久，陇西的羌人造反，乌桓侵占上郡，最终都如他所言。后来，他经历了三次迁调，汉桓帝时担任南郡太守一职。此前，他有件事情违背了大将军梁冀的旨意，梁冀暗通有关官员状告他在南郡贪污，马融被罢官，剃去头发，发配到朔方之地。他自杀未遂，得到赦免回京，再次被拜赐为议郎官，又在东观著书立说，借口生病辞去官职。他才学高超广博，作为当时的通儒，他所教授和供养的学生常多达一千多人。涿郡人卢植、北海人郑玄都是他的徒弟。他擅长弹琴，酷好吹笛子，通达率性，不受一般儒学礼节的羁绊和约束。他居所的器物和服饰，多半精装粉饰，显出奢侈。他经常身坐高堂之上，垂挂绛红色的纱帐，前面教授学生课业，身后陈列女乐歌舞，弟子按辈分次序互相传授，很少有人能够进入他的卧室。他曾经打算训解《左氏春秋》，等见到贾逵、郑众的注释，才说：“贾君精深但不博通，郑君博通但不精深。一个精深，一个博通，我还能增益什么呢！”于是只写了《三传异同说》。他给《孝经》《论语》《诗》《易》《三礼》《尚书》《列女传》《老子》《淮南子》《离骚》作注，他所创作的赋、颂、碑、诔、书、记、表、奏、七言、琴歌、对策、遗令，共计二十一篇。当初，他受到邓氏的惩罚，不敢再冒犯违背势大权重的家族，于是为梁冀拟文状告李固，又为大将军创作了《西第颂》，因此被刚正不阿的人耻笑。他八十八岁高龄时，于延熹九年（公元 166 年）在家中去世。他留下遗言要简单安葬。他的族孙马日磾，在献帝时官至太傅。

论曰：马融辞命邓氏，逡巡陇、汉之间，将有意于居贞乎[①]？既而羞曲士之节，惜不赀之躯，终以奢乐恣性，党附成讥，固知识能匡欲者鲜矣。[②]夫事苦，则矜全之情薄；生厚，故安存之虑深[③]。登高不惧者，胥靡之人也；坐不垂堂者，千金之子也。[④]原其大略，归于所安而已矣[⑤]。物我异观，亦更相笑也[⑥]。

注释

①逡 qūn 巡：停留，这里有客居异地之意。

②曲士：本义乡曲之士。这里比喻孤陋寡闻的人。不赀：无价。党附：结党阿附。识：性。

③事苦：生活穷苦。生厚：生活优裕。

④胥靡：空无所有。坐不垂堂：是说富家子弟不敢靠近屋檐坐，怕屋瓦坠落伤到自己。比喻不在有危险的地方停留。垂堂，指靠近屋檐的地方。

⑤原：推原、推究。大略：大义、大道理，也可以理解成根源。

⑥物我异观：分别从外物和自我两个角度进行观察。

译文

论说：马融推辞邓氏的任命，在陇、汉之间徘徊客居，难道是故意保持贞洁吗？不久，羞于孤陋寡闻之人的操守，惋惜自己无价的身躯，最终因为奢侈淫乐，任性放肆，阿谀比附，被人讥讽，所以知道本性能够匡正私欲的人本来就很少。生活穷苦，爱惜名节的想法就会淡薄；生活优越，自然会对自身安全加以深谋远虑。登高而不恐惧的人，是一无所有的人；不敢坐近屋檐且生怕被瓦片砸伤的人，是家有千金的富贵子嗣。探究它的大义，归结于他们所安身的处境罢了。从外物和自我本身相异的角度来看，也不过是互相嘲笑罢了。

蔡邕传

题解

蔡邕（公元133—192年），本性笃厚，以孝顺母亲著称。他聪颖好学，少年时已因博学多闻而小有名气，师从太傅胡广，兴趣广泛，对书法、辞章、数术、天文以及音律都颇有研究。他以主客问答体的赋作《释诲》来进行自我劝勉，喻说自己洒脱的气节和高洁的心志。他推崇经学，往东观校书，并号召刊刻熹平石经来正定《六经》的文字，对经学的发展可谓是功不可没，这在文献学发展史中占有至关重要的地位。在政治生涯中，他坦诚居恭，忠心尽职，积极上疏谏言：抨击“三互法”任官选才的局限性，进呈“七事”言说国家政典和礼法，应答君王关于灾异的诘问，这些均源于他精深的经学学问，也是他以经学的思维方式来回应现实的直接表现。他不仅才高八斗，且兼备学者的义士风采，他的宿敌派来的刺客也为他的仁义品德折服。曾受到董卓优渥礼遇的他，在董卓被诛杀后，仍然对知遇之恩心存感激，不愧有情有义之人。但也因此，他招来杀身之祸。才情及学问俱佳的蔡邕，终究还是躲不过政治漩涡而罹难！

蔡邕字伯喈，陈留圉人也①。六世祖勋②，好黄、老，平帝时为郿令。王莽初，授以厌戎连率③。勋对印绶仰天叹曰："吾策名汉室，死归其正。昔曾子不受季孙之赐，况可事二姓哉？"④遂携将家属，逃入深山，与鲍宣、卓茂等同不仕新室。父棱，亦有清白行，谥曰贞定公⑤。邕性笃孝，母常滞病三年，邕自非寒暑节变，未尝解襟带，不寝寐者七旬。⑥母卒，庐于冢侧，动静以礼。有菟驯扰其室傍⑦，又木生连理，远近奇之，多往观焉。与叔父从弟同居，三世不分财，乡党高其义。少博学，师事太傅胡广。好辞章、数术、天文，妙操音律⑧。桓帝时，中常侍徐璜、左悺等五侯擅恣，闻邕善鼓琴，遂白天子，敕陈留太守督促发遣。⑨邕不得已，行到偃师，称疾而归。闲居玩古，不交当世。感东方朔《客难》及杨雄、班固、崔骃之徒设疑以自通，乃斟酌群言，韪其是而矫其非，作《释诲》以戒厉云尔。⑩有务世公子诲于华颠胡老曰⑪："盖闻圣人之大宝曰位，故以仁守位，以财聚人。⑫然则有位斯贵，有财斯富，行义达道，士之司也。故伊挚有负鼎之衒，仲尼设执鞭之言，⑬宁子有清商之歌，百里有豢牛之事。⑭夫如是，则圣哲之通趣，古人之明志也。夫子生清穆之世，禀醇和之灵，覃思典籍，韫椟《六经》⑮，安贫乐贱，与世无营，沈精重渊，抗志高冥，包括无外，综析无形，其已久矣。曾不能拔萃出群，扬芳飞文，登天庭，序彝伦，扫六合之秽慝，清宇宙之埃尘，连光芒于白日，属炎气于景云，⑯时逝岁暮，默而无闻。小子惑焉，是以有云。方今圣上宽明，辅弼贤知，崇英逸伟，不坠于地，德弘者建宰相而裂土，才羡者荷荣禄而蒙赐。

盍亦回涂要至[17]，俯仰取容，辑当世之利，定不拔之功，荣家宗于此时，遗不灭之令踪[18]？夫独未之思邪，何为守彼而不通此[19]？”

注释

① 圉 yǔ：县名，今河南省开封市陈留镇东南。

② 勋：蔡勋，字君严。

③ 连率：官职名，王莽更改陇西郡为厌戎郡，太守称作连率。

④ 印绶 shòu：印信和系挂印信的丝带。策名：因为入仕为官而献身于朝廷政事。这里用曾子的事例，说明蔡勋临死不失于他恪守的侍奉汉王的正道。《礼记·檀弓上》：曾子有疾，“童子曰：‘华而睆 huǎn，大夫之箦欤？’”“曾子曰：‘然，斯季孙之赐也，我未之能易也。元，起易箦。’曾元曰：‘夫子之病革矣，不可以变。幸而至于旦，请敬易之。’曾子曰：‘尔之爱我也不如彼。君子之爱人也以德，细人之爱人也以姑息。吾何求哉？吾得正而毙焉，斯已矣。’举扶而易之，反席未安而没。”二姓：特指两代王朝。

⑤ 棱：蔡邕的父亲蔡棱，字伯直，为人处世孤自独行，不合世俗，受到过批评指责，官爵也得不到晋升，享年五十三岁。清白：品行纯洁，没有污点。贞：守持清白。定：纯洁不差。

⑥ 襟带：衣襟和腰带。旬：十天。寝寐：卧睡。

⑦ 菟：通“兔”，指野兔。驯扰：顺服、和顺。

⑧妙操：擅长。

⑨擅：独断专权。恣：肆意妄为。敕：敕命。督促：催促。发遣：发派。

⑩设疑：即设置疑问句，反问的表达方式。韪 wěi：是或对的意思。戒厉：劝诫勉励。云尔：语气助词。扬雄曾作《解嘲》，班固曾作《答宾戏》，崔骃曾作《达旨》，这些赋作均属于抒发情感的文体。

⑪务：致力于。诲：说教。华颠：指白首。颠，顶。胡老：元老。

⑫位：指自己所处的地位。这段话源自《周易·系辞》。

⑬伊挚：伊尹。据《史记》记载，伊尹想要侍奉商汤，但是没有理由，于是充当有莘氏的媵臣，背着大鼎，用肉的滋味作比喻对商汤进行游说，并上升至王道之法。衒 xuàn：同“炫”，自荐，自我介绍。执鞭之言：语出《论语·述而》，卑贱差役所说的话。

⑭宁子：宁戚。传闻他想要侍奉齐桓公，因为穷困潦倒不能自己去往齐国，于是装作商旅，乘车去到齐国，当夜住宿在郭门，在车下喂牛，看到齐桓公，于是击打牛角唱起商歌。桓公听了说：“唱歌的人定是非常之人。”传令让他一块乘车。他的歌词当时大概如《三齐记》记载那样：“南山矸 gān，白石烂，生不遭尧与舜禅，短布单衣才至骭（gàn，小腿的意思），从昏饭牛薄夜半，长夜漫漫何时旦！”齐桓公任命他为大夫。百里：百里奚，虞国大夫。虞国被灭后，他被晋国俘虏，作为秦穆公夫人出嫁时的陪嫁奴隶送到秦国，后逃跑，被楚

国人捉住，在楚国为人喂牛，秦穆公知道他的贤良，用五张羊皮换他回来做大夫。

⑮韫椟 yùndú：即椟韫，椟藏，怀藏。

⑯彝：常。伦：理。六合：上下四方为六合。秽慝：污秽和邪恶。景云：祥瑞的征兆，也可说是祥云。

⑰回：曲。要至：言履直道，则不能有所至。

⑱遗：留。

⑲彼：贫贱。此：荣禄。

译文

蔡邕，字伯喈，陈留圉县人。他的六世祖是蔡勋，喜好黄老学说，汉平帝时曾任郿县县令。王莽初年，蔡勋被任命为厌戎连率。蔡勋对着这个被封赐的官爵仰天长叹，说："我作为汉朝的官员，至死也要回归汉王正道。以前曾子不接受季孙氏的赏赐，何况事两朝君王呢？"蔡氏于是携带家人逃进深山老林，与鲍宣、卓茂等人一起不在新建的王朝为官。他的父亲是蔡棱，品行纯洁，去世后谥号为贞定公。他本性敦实有孝心，母亲曾经身患疾病三年之久，他只要不是因为冷热时节的气候变化，都不曾解开衣襟和腰带，连续七十天没有上床卧睡。母亲去世后，他在坟墓旁边建造庐舍居住，行为举止恪守礼义之法。有一只野兔很温驯地守在他的庐舍边，而且庐舍旁生长出一棵连理树，远近的人都感到奇怪，很多人前往观看。他与叔父及堂弟生活在一起，三代以来都没有分占财产，乡里邻居都称赞他的高洁道义。他自小学识广博，尊崇师礼孝敬太傅胡广。他酷爱辞赋文章学、数术学和天文学，擅长音律学。汉桓帝时期，中常侍徐璜、左悺等五列侯独断专权恣意妄为，听说他擅长弹琴，就禀告天子，敕命传令给陈留太守，让催促并发派蔡邕进京。蔡邕情非得已，行进到偃师，却称病回来。他在家闲居，玩赏古籍，不与当时权贵结交。他感悟到东方朔的《客难》和扬雄、班固、崔骃等人用设置疑问的方式作赋，自己无师自通，于是仔细考虑他们的言说，肯定他们的正确说法而纠正他们不对的地方，创作《释诲》来告诫勉励自己。(其文如是)，有一位致力于世事的公子向白发老人说教："我曾经听说，圣人最重要的宝贝是自己所处的地位，所以要用仁来持守自己的地位，用财物来积聚人心。既然这样，那么获得一定的地位才会让自己显得尊贵，拥有财物就变得富有，施行仁，合乎道，这是有识之士该做的事。所以伊尹背着鼎俎自我引荐，孔子设计有地位卑微者说的话语，宁戚有清凉婉约的歌，百里奚有训养牛畜的故事。诸如此类，是圣明睿哲之人共有的旨趣，是古人在表明自己的心志。您老人家生活在清明的世道，秉承了醇正祥和的灵气，深入思考经典书籍，怀藏才华，熟谙《六经》大义，安然处于贫穷，身虽卑贱仍以为乐，在世上没什么可以专营乞求，潜心养精蓄锐可以进入自己思考问题的深微之处，远大的志向可通达天冥之上，心无外物，包容一切，分合无形，像这样已经居处很久了。反而不能成为佼佼者，传扬美名和挥笔成文，登上朝廷，理顺人伦常道，扫除天地间的污秽和邪恶，清除宇宙中的沙尘和埃土，让自身的光芒与太阳相连，使炎热的气势和祥云相接。时光流逝，人已步入晚年，仍然默默无闻。我感到疑惑，所以有此番感言。现今的皇上宽厚明正，辅佐大臣贤良智慧，杰出的英才和俊逸的贤良，都受到重用而没有埋没，道德宽宏的出任宰相并且获封赐土，才华横溢的享受荣华富贵和功名利禄并且受到赏赐。为何迂曲回旋不能有所至，采取阿附取悦于人的方式求得安身，集合当世的利益，建立坚定贞固的功劳，使宗族显耀于当下，留下不可磨灭的美好功绩？您老人家不考虑这些吗，为什么坚守您的安居贫贱之道而不做获取荣禄功名之事呢？”

胡老傲然而笑曰：“若公子，所谓睹暧昧之利，而忘昭晢之害；专必成之功，而忽蹉跌之败者已。[①]”公子谡尔敛袂而兴曰[②]：“胡为其然也？”胡老曰：“居，吾将释汝。昔自太极，君臣始基，有羲皇之洪宁，唐、虞之至时。[③]三代之隆，亦有缉熙，五伯扶徽，勤而抚之。于斯已降，天网纵，人纮弛，王涂坏，太极陁，君臣土崩，上下瓦解。[④]于是智者骋诈，辩者驰说。武夫奋略，战士讲锐[⑤]。电骇风驰，雾散云披，变诈乖诡，以合时宜。或画一策而绾万金，或谈崇朝而锡瑞珪。[⑥]连衡者六印磊落，合从者骈组流离。[⑦]隆贵翕习，积富无崖，据巧蹈机，以忘其危。夫华离蒂而萎，条去干而枯，女冶容而淫，士背道而辜。人毁其满，神疾其邪，利端始萌，害渐亦牙。速速方毂，夭夭是加，[⑧]欲丰其屋，乃蔀其

家[9]。是故天地否闭[10]，圣哲潜形，石门守晨，沮、溺耦耕，[11]颜歜抱璞，蘧瑗保生，[12]齐人归乐，孔子斯征，雍渠骖乘，逝而遗轻。[13]夫岂傲主而背国乎？道不可以倾也。

注释

①睹：看到。暧昧：昏暗不明。昭哲：本指光亮，这里指清晰、明显。蹉跌：失足跌倒，指失败。

②谡尔：翕 xī 然之状，即忽然之举。

③太极：天地开始的状态。基：奠定基础或开始创建。羲皇：即伏羲氏。洪：大。唐、虞之至时：指尧和舜的圣治时期。

④三代：指夏、商和周三个时代。缉熙：和乐清明。五伯：盖指春秋五霸，根据《汉书》的记载，应该是指春秋时期齐桓公、宋襄公、晋文公、秦穆公和吴王夫差五位君王。扶徽：辅助天子社稷。天网：朝政纲纪。纵：松弛。人纮：人伦纲常。王涂：王道。陁：崩溃。

⑤讲锐：习武练兵。

⑥绾 wǎn：本义为系挂，这里指获得。“画一策而绾万金”，根据《战国策·秦策四》里顿弱替秦昭王进行游说的典故而来，顿弱向秦昭王许诺用朝廷给的万金去燕、赵进行瓦解式的游说，最终获得成功。锡：同“赐”。瑞珪：美玉。出自《史记》中的一个典故，虞卿游说赵孝成王，一次被馈赠黄金百两，再次见面就被赐予白璧。

⑦连衡：代指张仪。合纵：代指苏秦。六印：张仪和苏秦都曾佩六国之印。骈：并。组：绶。流离：光彩鲜艳的样子。

⑧速速、夭夭：据李贤等注而言，此语出自《诗经·小雅》的诗句“速速方榖，夭夭是椓”，然而今本《诗经》无此句，恐是汉人习见《诗经》的另外一个版本所出。速速是指鄙陋，榖指俸禄，这是说卑鄙的小人将显贵得到俸禄。

⑨蔀 bù：覆盖。房屋被覆盖，所以房间显得昏暗。

⑩闭：这里特指贤人隐居，《周易·坤卦》中有天地闭而贤人隐的说法。

⑪守晨：主晨夜开关门的守卫。沮、溺：指长沮和桀溺，是《论语》中的隐士。

⑫颜斶 chù：《战国策·齐策四》里的洁身自好者。抱璞：返璞归真，比喻自足清静的状态。蘧 qú 瑗：即蘧伯玉。《论语·卫灵公》中孔子评价他是“邦有道则仕，邦无道则可卷而怀之”。这就是保养自身的道理。

⑬征：行走，离去。《论语·微子》里面曾讲述齐人馈赠美女给季桓子，季桓子忻然接受了，三天不理朝政，孔子知道了此事，毅然弃季桓子而去。雍渠：一位宦官的名字，据《史记》记载，有一次卫灵公和他的夫人一同乘车行走，宦官雍渠为他们驾车。孔子感叹：“吾未见好德如好色者也。”于是孔子觉得很恶心，就离开卫国投奔到了曹国。遗 wèi 轻：丢弃细小的物件，表明厌恶之极。

译文

胡老夫显出傲骨气节并笑着说:“像公子这样，就是人们常说的只见到昏暗不明的眼前利益，但忘记了清晰昭然的危险；专心致志地定要成就功业，但疏忽了跌倒后的失败经验。”公子整了整衣袖，站起来说:“为什么说这样的话呢？”胡老回答:“请坐下来，我解释给你听。以前，自从有了太极（天地）开始，君臣关系才开始存在，有伏羲氏时代的洪福安宁，有唐尧虞舜的最佳时期。有三代的隆盛，也有和乐清明。五霸时代扶助势力微弱的天子，为安抚周王朝而勤苦辛劳。从这以后，朝廷的纲纪松弛，人世的伦常受到损坏，王道衰败毁坏，天地崩溃，君主和臣下的上下尊卑秩序和等级关系土崩瓦解。于是聪慧的人欺骗使诈，擅长辩论的人逞强游说，武士奋勇献出谋略，战士习兵养精蓄锐。雷电令人震撼惊骇，疾风大作，浓雾散去层云密布，世人变幻莫测，尔虞我诈，奸猾怪诞，以便顺应当时的历史潮流。有人因献策一条就赚得万金，有人夸谈一个上午就被赐予祥瑞的玉和珪。主张连横的人堆积了六国相印，主张合纵的人绶带光彩照人。威严显贵相合，聚敛的财富永无止尽，依靠诡诈和投机取巧，忘记了自身的危险境地。花朵离开根蒂就会凋零，树枝离开树干就干枯，女子美艳就容易滑入淫逸，士人违背道德就会犯罪。人们相互诋毁并深为自满，神灵嫉恨邪恶，利欲的发端刚刚萌动，祸害的征兆就会逐渐萌芽。鄙陋小人将获宠幸，富贵和荣禄并驾而至。他们想要扩建房屋，覆盖房屋致使昏暗无光。所以天地闭塞不通，圣人贤哲深藏不露，主管晨夜开门的守卫把持石门，长沮和桀溺二人一同耕种，颜歜怀抱璞玉，蘧瑗保全自己，齐国人送来女乐，孔子远离而走，宦官雍渠陪卫灵公和夫人同乘车驾，孔子以此为耻而离开。难道是对君王傲慢而背弃国家吗？道不可以颠覆啊。

“且我闻之，日南至则黄钟应，融风动而鱼上冰，蕤宾统则微阴萌，蒹葭苍而白露凝。[①]寒暑相推，阴阳代兴，运极则化，理乱相承。今大汉绍陶唐之洪烈，荡四海之残灾，隆隐天之高，拆绖地之基。[②]皇道惟融，帝猷显平，泜泜庶类，含甘吮滋。[③]检六合之群品[④]，济之乎雍熙，群僚恭己于职司，圣主垂拱乎两楹。君臣穆穆，守之以平，济济多士，端委缙綖[⑤]，鸿渐盈阶，振鹭充庭。譬犹钟山之玉，泗滨之石，累珪璧不为之盈，采浮磬不为之索。[⑥]曩者，洪源辟而四隩集，武功定而干戈戢，猃狁攘而吉甫宴，城濮捷而晋凯入。[⑦]故当其有事也，则蓑笠并载，擐甲扬锋，[⑧]不给于务；当其无事也，则舒绅缓佩，鸣玉以步，绰有余裕。

注释

① 黄钟：语出《礼记·月令》：“仲冬，律中黄钟。”这里指代冬季中旬时节。融风：艮之风，即东北风。鱼上冰：语出《礼记·月令》：“孟春，东风

解冻，鱼上冰。”这是指孟春之月的时候，冰开始融化，潜藏水底的鱼儿游上水面靠近正融化的冰块。蕤宾：《礼记·月令》：“仲夏之月，律中蕤宾。”它本与黄钟一样，属于古乐十二律之一，根据《月令》的记载“仲夏之月，律中蕤宾”，指的是夏季中旬时节。微阴：一阴爻生，阴气初生。蒹葭：语出《诗经·秦风》，指芦苇。

② 理乱：治世与乱世。洪烈：伟大的功业。绖 gèn：同“亘”，连接、贯通或者穷尽。

③ 皇道：大道。帝猷 yóu：帝王的治国之道。泜 zhī 泜：整齐的样子。

④ 六合：上下及四方，指天地宇宙。

⑤ 端委：礼衣。缙 jìn：赤白相间的颜色。綎 tíng：古时佩玉上悬挂的丝带。

⑥ 钟山之玉：比喻贤才。泗滨之石：比喻贤良俊杰。盈：满。索：尽。

⑦ 辟：开。这是说大禹治水而疏通河道。隩 yù：居。武功：指周武王征伐商纣的事情。猃狁攘而吉甫宴：吉甫出征犬戎获胜，回来受到宴请招待。猃狁，古代的犬戎一族。攘，除。城濮捷而晋凯入：晋国与楚国在城濮交战，晋国得胜回归。

⑧ 蓑笠：用来防雨的蓑衣与竹制笠帽。擐 huàn 甲：穿上铠甲。

译文

“况且我听说，仲冬时黄钟响应，融化冰雪的风吹过，鱼就上跃靠近正融化的冰块，蕤宾发声阴气开始萌生，芦苇茂盛白露就会凝结为霜。寒暑交替推移，阴阳相互更兴，运数到了极点就会变化，治世和乱世相互转化。现在大汉王朝继承唐尧的宏伟大业，清洗了天下残余的祸乱和灾害，隆起上天隐藏的崇高，分得大地亘古不变的根基。大道融合祥明，帝道昭彰清平，各种品类整整齐齐，蕴含美味，吮吸滋润。遍察天地万物，助成和乐太平，百官鞠躬尽瘁，爱岗敬业，圣明的天子垂拱而治。君臣关系上下和睦，以平和之道持守，有才学的士人齐聚一堂，身穿礼服，系着浅赤色的绶带，百官一齐来朝觐见，就像鸿雁站满台阶，白鹭充盈堂下。（这种景象）就好似钟山上的玉石，泗水水滨的石块，积聚珪璧不会有满盈之感，泗水浮出的可以制成磬的石头取之不尽。从前，洪水被疏通，四方边远地区得以安顿，军事功绩确定以后，兵器就被搁置，猃狁被驱逐而后吉甫设宴欢庆，城濮之战获胜以后的晋国军队奏乐凯旋而归。所以当国家发生战乱的时候，人们穿戴蓑衣竹笠，一并登车，身穿战甲，手举锋刃，忙于打仗；当国家安稳和泰的时候，人们就舒缓松弛腰带和佩饰，行走时佩带的玉饰相鸣共响，仪态举止从容不迫。

“夫世臣、门子，暬御之族，天隆其祐，主丰其禄。[①]抱膺从容，爵位自从，摄须理髯，余官委贵。[②]其取进也，顺倾转圆，不足以喻其便；逡巡放屣，不足以况其易。[③]夫夫有逸群之才，人人有优赡之智。[4]童子不问疑于老成，瞳矇不稽谋于先生[5]。心恬淡于守高，意无为于持盈[6]。粲乎煌煌[7]，莫非华荣。明哲泊焉，不失所宁。狂淫振荡，乃乱其情。贪夫殉财，夸者死权[8]。瞻仰此事，体躁心烦。暗谦盈之效，迷损益之数[9]。骋驽骀于修路，慕骐骥而增驱，卑俯乎外戚之门，乞助乎近贵之誉[10]。荣显未副，从而颠踣[11]，下获熏胥之辜，高受灭家之诛。[12]前车已覆，袭轨而骛[13]，曾不鉴祸，以知畏惧。予惟悼哉，害其若是[14]！天高地厚，跼而蹐之[15]。怨岂在明，患生不思。战战兢兢，必慎厥尤。

注释

① 亵 xiè 御：侍御、近侍。祜 hù：福气。

② 抱膺：怀抱。摄须理髯：手捋胡须，形容悠闲安然的状态。

③ 逡巡：恭顺、退却。放屣 xǐ：放开脚步迈进。易：这里形容脚步的轻便。

④ 逸：超逸。优赡：充足、丰富、渊博。

⑤ 瞳矇 tóngméng：形容愚昧的人。

⑥ 持盈：持守盈满，指不懂得适可而止，会有不祥之结局。

⑦ 煌煌：明亮光彩之状。

⑧ 夸者：浮华夸耀的人。死权：死于所持掌的权势。

⑨ 损益：增减或者盈亏。

⑩ 驽骀 nútái：劣等马。骐骥 qíjì：千里马，贤才的喻称。副：符合。

⑪颠踣 bó：跌倒或者仆倒。

⑫熏：帅。胥：相连。辜：罪。这句是说本来没有罪的人受到罪人牵连而遭遇的灾祸，这是非常严重的。

⑬袭：沿着。骛：驾车奔驰或疾驰。

⑭害：何。

⑮跼 jú：屈曲而藏身的样子。蹐 jí：迈着小碎步，形容急促的样子。

译文

“那些历代有功绩的老臣、门客、近侍一班人，上天增多他们的福禄，君王增加他们的俸禄。他们侍奉君主十分悠闲，而爵位自然跟随升迁；手理胡须，泰然自若的神情，比其他官职显得尊贵。当他们积极进取的时候，顺势倾倒，圆滑转变，什么都不足以说明他们的机灵巧智；从容地放开脚步，表现出恭顺退却的样子，什么都不足以比拟他们脚步的轻盈。人人具备出类拔萃的才能，人人有优越丰富的智慧。小孩子用不着向老成有经验的人请教疑问，懵懂无知的人不用向老师访求计谋。持守官爵高位，心中恬淡宁静，不要进入满盈的状态。光辉灿烂，无一不是荣华显赫。贤明睿智的人淡泊名利，不丢失自己所安享的恬静。荒淫狂乱的人心志动荡，以至于自乱情性。贪婪吝啬的人命丧金钱诱惑，夸耀显贵的人死于威严的权势。目睹种种事情，令人身心烦扰躁乱。这些人不明白谦退和满盈的功效，在减损和增益的命数之间迷茫徘徊。在漫长的道路上驰骋拙劣马匹，为仰慕骏马而加紧驱赶，在外戚门前卑下俯伏，求助于皇帝身边亲近权贵的谬赞。荣宠显达没有加于身，就跟着颠翻没落了。一般的受到牵连而获罪，严重的导致全家惨遭诛戮。前面的车子翻倒，沿袭前辙的反而放开奔驰，竟然不对灾祸引以为戒，从而知道畏惧。我只能感到悲哀，祸害达到这样的地步！上天高远，大地广厚，不能不小心翼翼。怨恨生自不明智，灾祸生于没有思虑。所以要战战兢兢，警醒自己的过失。

“且用之则行，圣训也；舍之则藏，至顺也。[①]夫九河盈溢，非一凷所防；[②]带甲百万，非一勇所抗。今子责匹夫以清宇宙，庸可以水旱而累尧、汤乎？惧烟炎之毁熸[③]，何光芒之敢扬哉！且夫地将震而枢星直，井无景则日阴食，元首宽则望舒朓，侯王肃则月侧匿。[④]是以君子推微达著，寻端见绪，履霜知冰，践露知暑。时行则行，时止则止，消息盈冲，取诸天纪。[⑤]利用遭泰，可与处否，乐天知命，持神任己。群车方奔乎险路，安能与之齐轨？思危难而自豫，故在贱而不耻。方将骋驰乎典籍之崇涂，休息乎仁义之渊薮[⑥]，槃旋乎周、孔之庭宇，揖儒、墨而与为友。舒之足以光四表，收之则莫能知其所有。若乃丁千载之运，应神灵之符，闿阊阖，乘天衢，拥华盖而奉皇枢[⑦]，纳玄策于圣德，宣太平于中区。计合谋从，已之图也；勋绩不立，予之辜也。龟凤山翳，雾露不除[⑧]，踊跃草莱，只见其愚。不我知者，将谓之迂。修业思真，弃此焉如？静以俟命，不斁不渝。

‘百岁之后，归乎其居。[9]’幸其获称，天所诱也。[10]罕漫而已，非已咎也。[11]昔伯翳综声于鸟语，葛卢辩音于鸣牛，董父受氏于豢龙，奚仲供德于衡辀，[12]倕氏兴政于巧工，造父登御于骅骝，非子享土于善圉，狼瞫取右于禽囚，[13]弓父毕精于筋角，佽非明勇于赴流，寿王创基于格五，东方要幸于谈优，[14]上官效力于执盖，弘羊据相于运筹[15]。仆不能参迹于若人，故抱璞而优游。”

注释

① 用：任用。行：为官行事。圣训：圣人的古训。舍：不受任用。藏：隐居。至顺：顺应时势。

② 九河：古时分为九道的河水，根据《尔雅》的记载，包括有徒骇、太史、马颊、覆釜、胡苏、简、洁、钩盘和鬲津。凷 kuài：同“块”，土块。

③ 烟炎：细微的烟火。燔 jiān：熄灭或者消失。

④ 枢星：古称天显枢星会有地震。阴食：昏暗不显光明，凡是日阴食则井中看不见倒影。望舒：指月亮。朓 tiǎo：农历的月末月亮出现在西边的现象。侧匿：农历月初月亮出现在东边的现象。

⑤ 消息：消和长，增和减，或生和灭，盛与衰。天纪：天象。

⑥ 渊薮：聚集地。

⑦ 华盖：传闻是黄帝创制的帝王车盖。皇枢：即天枢，是北斗星的第一颗，常借指皇帝。

⑧ 龟凤：暗喻有贤才和有德的人。雾露：暗指愚拙的

民众。迂：迂腐或者迂曲。

⑨这句话出自《诗经·唐风·葛生》。居：指坟墓。

⑩本句特指小人枉费心机地获得被举荐的机会，是上天施行的诱惑，最终必被整治。

⑪罕漫：无所知晓。咎：过错。

⑫伯翳：即伯益，传闻能与鸟互通语言。葛庐：东夷的介国国君，传闻能够听懂牛的鸣声是什么意思。董父：传闻董父是一个喜欢饲养龙的人，因为服侍舜帝，被赐予董姓，氏为豢龙。奚仲：薛国的祖先，传闻他创制车。衡：轭 è，驾车时套在牛马颈上的曲木。辀 zhōu：即辕，指车前驾驭牲畜的直木。

⑬倕 chuí：舜帝时期的巧匠。造父：秦人的先人，曾经为周穆王驾驭车马。非子：也是秦人的先人，善于养马。圉 yǔ：这里指养马人。

⑭弓父：弓工，擅长做弓箭。佽非：荆国人，曾入江斩杀蛟龙。寿王：是吾丘寿王，擅长玩格五游戏。格五：称作簙簺 bósài 或簺，古代一种棋类游戏。东方：东方朔，善于谈笑俳优因而获得皇帝的恩宠。

⑮上官：上官桀，汉武帝时期的期门郎（属于汉代郎官官职之一种，掌管狩猎事宜）。弘羊：桑弘羊，洛阳商人出身，因为擅长心算而被征召为侍中。

译文

“而且，受到任用就行事，这是圣人的训导；不受任用就隐退，这是最高的顺应天命。九道河水泛滥，不是一个土块就能抵挡得住的；身穿铠甲的百万雄师，不是一个勇士所能防御的。现在您拿扫除宇宙尘埃来责备一个普通老百姓，难道因为水灾和大旱而使得尧、汤受连累吗？担心细微的烟火会自动熄灭，怎能振扬炽热旺盛的光芒呢！况且，天枢星竖直状态就预示要地震，太阳被云层遮蔽井中就照不出倒影，君王宽缓行政，月底时，月亮就会显现于西方，侯王行事敬肃，月初时，月亮在东方运行迟缓。所以有才德的人见微知著，考求端倪而察知条理，脚踏严霜就知坚冰将来，踩着露水就知酷暑来临。合乎时宜就去做，不合乎时宜就不做，消长和进退，均由观察天时而来。物尽其用，际遇通达，能够做就参与，不能做就静止，乐天知命，保持精神，随意而为。许许多多的车子正在危险的道路上奔驰，怎能与它们并驾齐驱？想到危险祸害，为了自我安乐，所以身在微贱地位而不感到羞耻。正打算在六艺典籍的大道上驰骋，在仁义的深渊大泽中停歇，在周公、孔子的庭院中居留，尊重儒家、墨家而捧手把他们作为朋友。舒展开去足以光照四方远地，而收聚起来谁也不知其拥有何物。至于遭遇千年难遇的机运，应验了神异的符瑞，开启天门，登上天上的道路，簇拥着华盖而侍奉皇帝，向具有圣明道德的天子献上锦囊妙计，向人间彰明太平的世道。计谋相合而被采纳，这是自己的抱负；功绩没有建立，这是自己的过失。龟和凤被埋没在山中，是因为雾和露没有除尽，在杂草中间跳跃而行，人们只能看到其愚昧。不了解我的人，也会认为我不通事理。钻研学问，思考大道，放弃这个又去做什么呢？静下心来等候命运来临，既不厌倦，也不改变。‘百年以后，回到自己原先的住所。’侥幸得到称赞，那是上天受到迷惑，茫昧无知罢了，不是自己的过错。从前伯翳懂得鸟说话的各种声音，葛卢分辨牛的声音，董父被赐豢龙氏，奚仲建立德业制造车辆，倕创兴技艺方面的事务，造父登上驾驭骅骝的座位，非子善于养马而受封土地，狼瞫因为杀了被擒的犯人而被任命为车右，弓父将精力全部交给动物的筋和角，佽非身赴急流显示其勇敢，吾丘寿王创格五棋戏，东方朔善于谈笑戏谑得到宠幸，上官桀致力于手执车盖，桑弘羊工于心计而占据相位。我与他们不能志同道合，所以怀抱玉璞而安乐自得。”

于是公子仰首降阶，忸怩而避[①]。胡老乃扬衡含笑[②]，援琴而歌。歌曰：“练余心兮浸太清，涤秽浊兮存正灵。和液畅兮神气宁，情志泊兮心亭亭，嗜欲息兮无由生。踔宇宙而遗俗兮，眇翩翩而独征。”[③]建宁三年[④]，辟司徒桥玄府，玄甚敬待之。出补河平长。召拜郎中，校书东观。迁议郎。邕以经籍去圣久远，文字多谬，俗儒穿凿[⑤]，疑误后学，熹平四年，[⑥]乃与五官中郎将堂溪典[⑦]，光禄大夫杨赐，谏议大夫马日磾，议郎张驯、韩说，太史令单飏等，奏求正定《六经》文字。灵帝许之，邕乃自书丹于碑，使工镌刻立于太学门外[⑧]。于是后儒晚学，咸取正焉。及碑始立，其观视及摹写者，车乘日千余两，填塞街陌。

注释

①忸怩：内心惭愧。

②衡：眉目之间。

③练：白色，这里指纯洁。太清：指天。正灵：纯正的心灵。和液：和气灵液。亭亭：孤傲峻拔之貌。嗜欲：指感性的享受，或者说是肉体感官的享受。踔 chuō：超越。遗：遗弃、摒弃。眇 miǎo：同"渺"，高远。翩翩：形容举止洒脱。独征：形容独一无二的自得状态。

④建宁：指东汉时期汉灵帝刘宏的年号，公元 168—172 年。

⑤穿凿：牵强附会。

⑥疑误：造成疑惑和错误。熹平：这是指东汉时期汉灵帝刘宏的第二个年号，公元 172—178 年。

⑦堂溪典：堂溪指姓，字子度，颍川人，曾为西鄂长。

⑧太学：据《洛阳记》记载，此时太学在洛阳城南边的开阳门外，讲堂长十多尺，宽两丈。讲堂前有熹平石经四部。

译文

于是公子一边抬头一边走下台阶，心有愧疚地离开了。胡老于是展眉舒心，面含微笑，轻抚琴弦歌唱："我纯洁的心灵啊，沉浸在青天之中，涤荡污秽浑浊啊存有纯真的本性。和气灵液畅达啊，神清气宁，情感意志淡泊啊，我心高洁，嗜好私欲平息啊无由心生。超越天地啊，遗弃庸俗，我自得悠然依旧洒脱。"建宁三年（公元 170 年)，蔡邕被司徒官桥玄征召为属官，桥玄对他非常尊敬和器重。他被调出补任河平长，后被朝廷征召为郎中，在东观校勘整理书籍，随后迁调为议郎官。他认为经学典籍距离圣人的年代久远，文字存在许多错误，而平庸的儒学者牵强附会，迷惑和贻误后世的学者，于是在熹平四年（公元 175 年)，同五官中郎将堂溪典、光禄大夫杨赐、谏议大夫马日磾、议郎张驯和韩说、太史令单飏等人，启奏请求匡正校订《六经》的文字。汉灵帝批准了他们的奏请。他便亲自用红笔在石碑上写字，令石匠篆刻，把刻好的石碑树立到太学门外。自此以后，后代的儒者和学生，都以石碑上的文字作为学习经学的标准。石碑刚立好的时候，前来参观和描摹誊写的人，还有来往的车辆，一天有一千多辆，塞满了街道小巷。

初，朝议以州郡相党，人情比周，乃制婚姻之家及两州人士不得对相监临，至是复有三互法，禁忌转密，选用艰难。[1]幽、冀二州，久缺不补。邕上疏曰：伏见幽、冀旧壤，铠马所出，比年兵饥[2]，渐至空耗。今者百姓虚县，万里萧条，阙职经时，吏人延属，[3]而三府选举，逾月不定。臣经怪其事，而论者云‘避三互’。十一州有禁，当取二州而已。又二州之士，或复限以岁月，狐疑迟淹，以失事会。愚以为三互之禁，禁之薄者，今但申以威灵，明其宪令，在任之人岂不戒惧，而当坐设三互，自生留阂邪？④昔韩安国起自徒中，朱买臣出于幽贱，⑤并以才宜，还守本邦。又张敞亡命⑥，擢授剧州。岂复顾循三互，继以末制乎？三公明知二州之要，所宜速定，当越禁取能，以救时敝；而不顾争臣之义，苟避轻微之科，选用稽滞⑦，以失其人。臣愿陛下上则先帝⑧，蠲除近禁，其诸州刺史器用可换者，无拘日月三互，以差厥中。书奏不省。

注释

① 比周：结党营私。监临：监管、监督。三互法：有婚姻关系的家族及幽、冀两州士人不可以相互监管。这是东汉时期为防止地方官员结党营私所采取的政策。

② 比年：近年。

③ 虚县：即虚悬，这里指百姓生活没有着落。萧条：光景惨淡，毫无生气。延属：形容急切盼望。

④ 坐设：犹如空设。阂 hé：隔阂、阻碍。

⑤ 韩安国：字长孺，梁国人。因坐法抵罪，生活窘迫，皇帝派遣使者拜韩安国为梁国内史，从囚徒一下子变为了二千石的官员。朱买臣：字翁子，吴国人，家境贫寒，后为会稽太守。

⑥ 张敞：字子高，河东人，曾担任京兆尹，因为与罪人杨恽 yùn 交往深厚，被免为庶人，从此开始逃亡生涯。过了几个月，冀州有贼军侵犯，天子想到了曾经立过战功的张敞，于是派遣使者召他

回来出任冀州刺史。

⑦稽滞：拖误，延误。

⑧则：效法。

译文

起初，朝廷中认为州郡官员结党营私，于是规定有婚姻关系的家族和幽州、冀州两州的士人不得交互监督。因此出现了三互法，禁忌变得细密，选用官员变得艰难。幽、冀两州，官员长期空缺而得不到添补。他上书说："臣下看到幽州和冀州旧有的制度破坏，原本是铠甲和马匹的生产地，然而近年来由于战事和饥荒，渐渐趋向匮乏和损失。现在百姓生活没有着落，万里之内光景惨淡，官职空缺已经有一段时间了，亟须官吏填补空缺，然而三公府选用举荐官吏，过了几个月还没有结果。臣经常对这件事感到奇怪，而说起此事的人回复说'避讳三互法'。十一个州都有禁令，而只选取两个州实行罢了。而且，这两个州的士人，有时还限制年月，犹豫拖沓，以至于失去机会。愚臣认为三互法的禁令，是禁令当中不甚重要的，现在只需严明其威力，彰显宪章法令的有效性，在位的官员岂有不戒慎畏惧之理，还有必要空设三互法，给自己制造障碍吗？以前，韩安国就从刑徒当中起来，朱买臣出身低微，他们都是因为才能适合，回到自己的郡国担当太守。另外，张敞曾是逃命之徒，后来被提拔到冀州当刺史。那时人们还会考虑遵循三互法，传承微不足道的法制吗？三公大臣明知这两个州的重要，现在最适宜的事就是加快选定官员的节奏，应当超脱禁忌法令，选用有能力的人，来整治当下的弊病；如果不顾直言进谏的大臣的建议，不能避开很轻微的条令，选用官吏拖延时间，就会错失最佳的人选。臣下希望陛下效法先帝的做法，废除之前的禁令，各州刺史重用有才能并可以接替空缺官职的人，而不要耽误时间和拘泥于三互法，以免失去中庸之道。”奏章呈上后，皇帝不予理睬。

初，帝好学，自造《皇羲篇》五十章，因引诸生能为文赋者。本颇以经学相招，后诸为尺牍及工书鸟篆者①，皆加引召，遂至数十人。侍中祭酒乐松、贾护，多引无行趣势之徒，并待制鸿都门下，熹陈方俗闾里小事，帝甚悦之，待以不次之位。②又市贾小民，为宣陵孝子者，复数十人，悉除为郎中、太子舍人。时频有雷霆疾风，伤树拔木，地震、陨雹、蝗虫之害。又鲜卑犯境，役赋及民。六年七月，制书引咎，诰群臣各陈政要所当施行。邕上封事曰：臣伏读圣旨，虽周成遇风，讯诸执事，宣王遭旱，密勿祗畏，无以或加。③臣闻天降灾异，缘象而至。辟历数发④，殆刑诛繁多之所生也。风者天之号令，所以教人也。夫昭事上帝，则自怀多福⑤；宗庙致敬，则鬼神以著。国之大事，实先祀典，天子圣躬所当恭事。臣自在宰府，及备朱衣，⑥迎气五郊⑦，而车驾稀出，四时至敬，屡委有司，虽有解除，犹为疏废⑧。故皇天不悦，显此诸异。《鸿范传》曰：“政悖德隐，厥风发屋折木。”《坤》为地道，《易》称安贞[9]。阴气愤盛，则当静反动，法为下叛。夫权不在上，则雹伤物；政有苛暴，则虎狼食人；贪利伤民，则蝗虫损稼。去六月二十八日，太白与月相迫，兵事恶之。鲜卑犯塞，所从来远，今之出师，未见其利。上违天文，下逆人事。诚当博览众议，从其安者。臣不胜愤满，谨条宜所施行七事表左[10]。

注释

①尺牍：长一尺的书板，用于书写。工书：书写。鸟篆：笔画近似鸟形的篆书。

②无行：品行不端正。待制：等待诏命受朝廷任用。方俗闾里：民间风俗和平民百姓。不次：类似破格提拔之义。

③周成遇风：化用《尚书·金縢》中的典故，秋天农作物收成丰熟，但还没有去收割，天于是雷电交加，风雨如晦，君王于是问起各位百官的执政事宜。宣王遭旱：这是用《诗经·大雅·云汉》的典故，毛《序》里面讲到周宣王遇到旱灾，节俭修行，想要减免灾患，所以周大夫仍叔作了《云汉》的诗歌来赞美周宣王。密勿祗畏：指的是勤劳戒惧。无以或加：不会在自己的身上施加责任。

④辟历：即霹雳。

⑤怀：来。

⑥宰府：这里指司徒桥玄的府邸。朱衣：祭官。

⑦ 迎气五郊：指的是祭天礼。汉代根据五行观念衍生出来的祭神用的礼仪。五郊的说法有几种，这里综合取其中的一种为例。五郊包括东郊、南郊、西郊、北郊和中郊。立春之日，在东郊迎春，祭祀青帝句芒；立夏之日，在南郊迎夏，祭祀赤帝祝融；立秋前十八日，在中郊迎黄灵，祭祀黄帝后土；立秋之日，在西郊迎秋，祭祀白帝蓐收；立冬之日，在北郊迎冬，祭祀黑帝玄冥。

⑧ 解除：谢过。疏废：疏忽和荒废。

⑨ 安贞：语出《易经·坤卦》，指安静和中正。

⑩ 七事：指蔡邕所递呈奏折中讲述到的商议国事的七件事。表左：陈述在奏表的左侧方位。

译文

起初，皇帝很好学，自己创作了五十章的《皇羲篇》，乘机召用诸位学生当中擅长写文章辞赋的人。原本以经学标准征召人才，后来凡善写文辞以及工于书法尤其是鸟篆文的人，都加以引见召用，一下子征召达到数十人。侍中祭酒乐松、贾护，引见很多没有道德品行甚至趋炎附势的人，一并招收在鸿都门下等待诏命，他们喜欢谈论各地风俗和里巷中的鸡毛蒜皮的事情，皇帝感到很高兴，赐给他们一定的官位。另外，市肆中的商贾和一般百姓中当过宣陵孝子的，又有数十人，全都赐封郎中、太子舍人。当时频繁出现雷霆大风，伤损树木并连根拔起，地震、天降冰雹、蝗虫等灾害也时常出现。另外，鲜卑侵扰边境，兵役和赋税施加给老百姓。熹平六年（公元177年）七月，皇帝下诏书将过错归于自己，诏告大臣们各自陈述应当施行的政策。蔡邕呈上密封的奏章，奏章说："臣下恭读圣上的旨意，即使是周成王遭遇疾风，向大臣们询问缘由，周宣王碰到旱灾，勤劳戒惧，也不能施加于自己身上。臣听说上天降临灾害和异况，随着征兆而到来。雷霆多次发生，大概是刑狱和杀戮泛滥所造成的。风，是上天施发的号令，用以劝诫百姓。虔诚地事奉天帝，自己获得许多的福运；恭敬地向宗庙进行祭祀，鬼神自然心中有数。国家的大事，根本的实质首先在于祭祀，这是天子应当亲自恭敬奉上的事情。臣身在司徒桥玄府中，得以担任祭祀官，进行五郊祭祀，迎接四季时令，然而皇上很少出席。四季祭祀是最为庄重的事情，经常交给特定官员去施行，虽然皇上谢过，将过失归结到自己身上进行自我批评，但祭祀仍然疏忽荒废。所以上天不高兴，显示这许多灾变异样的情况。"《鸿范传》（应当是《尚书·洪范》）说："政治悖乱，道德隐没，大风就毁坏房屋摧毁树木。"《坤》属于地之道，《周易》说《坤》安和而纯正。阴气旺盛，应当安和的却在反向运动，按常理这是在下位者起势反叛。政权不掌握在君王手中，就会导致冰雹毁伤事物；施政出现严厉残虐，虎狼就会吃人；朝廷贪图眼前利益，伤害百姓，蝗虫就会损坏庄稼。前段时间，六月二十八日，太白星与月亮互相迫近，兵家大忌。鲜卑侵犯边境，由来已久，现在派出军队，没看出有什么好处。上不符合天象，下不顺应民情。实在应当集思广益，采用稳妥的办法。臣不胜义愤填膺，仅将应当采取行动的七件事情敬呈如下。

书奏，帝乃亲迎气北郊，及行辟雍之礼。又诏宣陵孝子为舍人者，悉改为丞尉焉。光和元年[①]，遂置鸿都门学，画孔子及七十二弟子像。其诸生皆敕州郡三公举用辟召，或出为刺史、太守，入为尚书、侍中，乃有封侯赐爵者，士君子皆耻与为列焉。时，妖异数见，人相惊扰。其年七月，诏召邕与光禄大夫杨赐、谏议大夫马日磾、议郎张华、太史令单飏诣金商门，引入崇德殿[②]，使中常侍曹节、王甫就问灾异及消改变故所宜施行。邕悉心以对，事在《五行》、《天文志》[③]。又特诏问曰："比灾变互生，未知厥咎，朝廷焦心，载怀恐惧。每访群公卿士，庶闻忠言，而各存括囊[④]，莫肯尽心。以邕经学深奥，故密特稽问，宜披露失得，指陈政要，勿有依违，自生疑讳。具对经术，以皂囊封上[⑤]。"

注释

① 光和：这是指东汉时期汉灵帝刘宏的第三个年号，公元 178—184 年。

② 崇德殿：在洛阳帝都的南宫，附近还有太极殿，西边有金商门。

③《五行》、《天文志》：两书难考其实，或已亡佚。1993 年湖北荆门郭店楚墓竹简发现有一篇《五

行》，或为此者。据《续汉志》的记载，皇帝咨询蔡邕关于灾异的情况，蔡氏借助《易传》《河图·秘征篇》关于灾情与人事政治相勾连的观点进行演绎，主要是劝诫君王自正元首，为帝圣明，不要施行暴政和任用酷吏。

④ 括囊：闭口不言。

⑤ 皂 zào 囊：根据汉代的官职礼制，凡是奏章呈上，都是可以开启的奏折。如果是告发秘密隐私之类的重要奏折，就启用皂囊。

译文

奏章敬呈后，皇上随即亲自到北郊祭天礼迎四季节气，又举行辟雍的典礼。再次下达诏书将以前是太子舍人的宣陵孝子全都改任为丞尉。光和元年（公元178年），建制鸿都门学，刻画出孔子和他的七十二位贤良弟子的图像悬挂起来。这里面的学生都是奉应皇帝诏令以备州郡和三公大臣举荐或征用的，有的学生出任刺史、太守，有的入朝官至尚书、侍中，甚至还有被赐封为诸侯晋升爵位的，士大夫一样的正人君子都以与这些人同流合污为耻辱。当时灾变怪异的现象多次出现，人们感到后怕，受到侵扰。当年的七月，天子下诏书要蔡邕与光禄大夫杨赐、谏议大夫马日磾、议郎张华、太史令单飏前往金商门，由此进入到崇德殿，要中常侍曹节、王甫来向他们询问灾异情况和消除变故应该采取的对付措施。蔡邕耐心地一一对答，像这样的灾异之事《五行》和《天文志》曾有记载。天子又特地下诏书问他：“近来灾异交相出现，不明错在哪里，朝廷君臣焦虑，怀有惊恐惶惧之情。每次想要向公卿士人咨询，希望听到忠贞的言论，但大臣们各自保持沉默，没有心甘情愿忠心效力的。因为蔡邕你熟稔经学的精深玄妙，所以特意秘密探问，你应当揭露出朝廷的得和失，指明施政的主要症结，不要违背圣意，心生猜疑和忌讳，以经学致用的学术来支招，写好奏章呈上来。”

邕对曰：臣伏惟陛下圣德允明，深悼灾咎，褒臣末学，特垂访及，非臣蝼蚁所能堪副。斯诚输写肝胆出命之秋，岂可以顾患避害，使陛下不闻至戒哉！臣伏思诸异，皆亡国之怪也。天于大汉，殷勤不已，故屡出袄变，以当谴责，欲令人君感悟，改危即安。今灾眚之发，不于它所，远则门垣，近在寺署，其为监戒，可谓至切。蜺堕鸡化[①]，皆妇人干政之所致也。前者乳母赵娆[②]，贵重天下，生则赀藏侔于天府，死则丘墓逾于园陵，两子受封，兄弟典郡；续以永乐门史霍玉，依阻城社，又为奸邪。今者道路纷纷，复云有程大人者，察其风声，将为国患。宜高为堤防，明设禁令，深惟赵、霍，以为至戒。今圣意勤勤，思明邪正。而闻太尉张颢，为玉所进；光禄勋姓璋[③]，有名贪浊；又长水校尉赵玹、屯骑校尉盖升，并叨时幸，荣富优足。宜念小人在位之咎[④]，退思引身避贤之福。伏见廷尉郭禧，纯厚老成；光禄大夫桥玄，聪达方直；故太尉刘宠，忠实守正：并宜为谋主，数

见访问。夫宰相大臣，君之四体[⑤]，委任责成，优劣已分，不宜听纳小吏，雕琢大臣也。又尚方工技之作，鸿都篇赋之文，可且消息，以示惟忧。《诗》云：“畏天之怒，不敢戏豫。”天戒诚不可戏也。宰府孝廉，士之高选。近者以辟召不慎，切责三公，而今并以小文超取选举，开请托之门，违明王之典，众心不厌[⑥]，莫之敢言。臣愿陛下忍而绝之，思惟万机，以答天望。圣朝既自约厉，左右近臣亦宜从化。人自抑损，以塞咎戒，则天道亏满，鬼神福谦矣。臣以愚赣[⑦]，感激忘身，敢触忌讳，手书具对。夫君臣不密，上有漏言之戒，下有失身之祸。[⑧]愿寝臣表[⑨]，无使尽忠之吏，受怨奸仇。章奏，帝览而叹息，因起更衣，曹节于后窃视之，悉宣语左右，事遂漏露。其为邕所裁黜者，皆侧目思报。[⑩]

注释

① 蜺 ní 堕鸡化：霓虹坠落和母鸡化变为雄性，比喻灾异之兆。

② 赵娆：指东汉灵帝刘宏的乳母，近侍太后，与中常侍曹节等串通私谋，谗陷太后。

③ 姓璋：姓，就是名字的姓，璋是他的名字。汉代还有叫作“姓伟”的人。

④ 咎：过失，过错。

⑤ 四体：特指股肱，是辅弼大臣的意思。

⑥ 厌：心服。

⑦ 愚赣：愚笨且刚直。赣，通“戆”。

⑧漏言：失言。失身：生命受到危害。
⑨寝：收藏起来，搁置起来。
⑩裁黜：罢黜。侧目：斜着眼睛看人，表示愤恨。

译文

蔡邕回答说："臣下内心思考陛下圣德尤为显明，深切地哀悼于灾异变故，褒赞臣下拙劣的经学学问，特意垂恩探访臣下，这不是臣下这样微不足道的人所能够承受的。这确实是臣书写真心尽力效命的时候，岂能顾虑灾患而偷偷逃避，使陛下听不到最真诚的劝诫呢？臣下考虑各种灾异，都是亡国的诡异征兆。上天对于大汉王朝，殷实恳切之极，所以多次出现诡异灾变，用作天谴责备，想使天子有所感受和觉悟，改变危险的状况，便会安宁。现在灾变的发生，不落在其他地方，远的就在城门墙垣，近的就在庙寺和官府，作为监察和戒慎，可以说十分恳切。虹霓落地，雌鸡变化为雄性，都是妇人干预朝廷政事所导致的。以前有乳母赵娆，一时显贵处尊可比况国家社稷，活着的时候，她积蓄的家产财富可以同朝廷的府库相提并论，死后安葬她的坟墓规制胜过皇帝的园陵，她有两个儿子被封侯，她的兄弟担任郡守；接着有永乐门史霍玉，仰着她作为后台和靠山，又做奸淫邪恶的不正勾当。今天道路上人们议论不断，一再说起，有个叫程大人的人。究察这传闻，程大人将是国家的隐患。应该高度地加以防范，严明地制定禁法政令，深入思考像赵娆、霍玉一类的事故，将其作为最重要的警戒。现在圣上心中勤恳真切，考虑辨明邪恶和正义。但臣下听说太尉张颢，是被霍玉所推举的；光禄勋姓璋，是出了名的贪官污吏；另外，长水校尉赵玹、屯骑校尉盖升，都受到宠幸，荣华富贵的生活优越丰足。应当想到小人当道的灾患，静下心来思考退身避让贤臣带来的福运。臣见到廷尉郭禧，淳朴敦厚，稳重有经验；光禄大夫桥玄，聪明通达，正直率真；原太尉刘宠，忠诚厚实，恪守正道。他们都适合担任主要官员，多向他们访求意见。宰相和大臣，是天子的肱股辅弼大臣，委以官职，尽责成事，好坏已经区分开来，不应听取和采纳小人一样的官吏的意见，给大臣们罗织罪状。另外，尚方的工技佳作，鸿都的诗赋文章，可暂且停止，以表示心有忧惧。《诗》说：'害怕上天的迁怒，不敢嬉戏欢愉。'上天的告诫诚然不可当成儿戏。宰相府的属官和孝廉，是选拔士人时地位较高的官职。近来因为召用士人不慎重，皇上严厉责备三公府，但现在那些人却借着小小文章僭越获取提拔和任用，打开了私相嘱托的门路，违背了贤明君王的典章制度，大家心中都不满，但没人敢说。臣希望陛下忍下私心而禁绝这种现象，心系日理万机的纷繁政务，以应合上天的期望。圣明的天子能够亲自反省并严于律己，身边的亲近大臣也会适合时宜地跟着改变。人人都自我抑制不足，用来弥补上天所降下的灾祸和警戒，那么，天道就会减损骄满，鬼仙神灵也会福佑谦退的人。臣因为愚笨戆直，敢于激扬心志，忘乎自我，大胆地碰触朝廷的忌讳，亲手书写，尽心应答。臣下不敢对君上有所隐瞒，皇上惩戒失漏言语的罪过，臣下只有杀身之祸了。希望君上藏置臣下的奏章，万不可让竭尽忠诚的人，饱受奸污邪恶之人的怨愤。”他的奏折敬呈上去，皇帝看后深深忧叹，便起身更换衣服，曹节从后面偷偷看到了这份奏折，一一告知了皇帝身边侍臣，走漏风声。那些被他裁免罢黜的人，都怒目而视，心怀不轨，急欲报复。

初，邕与司徒刘郃素不相平，叔父卫尉质又与将作大匠阳球有隙[①]。球即中常侍程璜女夫也，璜遂使人飞章言邕、质数以私事请托于郃，郃不听，邕含隐切，志欲相中。[②]于是诏下尚书，召邕诘状。邕上书自陈曰：臣被召，问以大鸿胪刘郃前为济阴太守，臣属吏张宛长休百日[③]，郃为司隶，又托河内郡吏李奇为州书佐[④]，及营护故河南尹羊陟、侍御史胡母班，郃不为用致怨之状。臣征营怖悸[⑤]，肝胆涂地，不知死命所在。窃自寻案，实属宛、奇，不及陟、班。凡休假小吏，非结恨之本。与陟姻家，岂敢申助私党？如臣父子欲相伤陷，当明言台阁，具陈恨状所缘。内无寸事，而谤书外发，宜以臣对与郃参验。臣得以学问特蒙褒异，执事秘馆，操管御前，姓名貌状，微简圣心。今年七月，召诣金商门，问以灾异，赍诏申旨[⑥]，诱臣使言。臣实愚赣，唯识忠尽，出命忘躯，不顾后害，遂讥刺公卿，内及宠臣。实欲以上对圣问，救消灾异，规为陛下建康宁之计。陛下不念忠臣直言，宜加掩蔽，诽谤卒至，便用疑怪。尽心之吏，岂得容哉？诏书每下，百官各上封事，欲以改政思谴，除凶致吉，而言者不蒙延纳之福，旋被陷破之祸。今皆杜口结舌，以臣为戒，谁敢为陛下尽忠孝乎？臣季父质，连见拔擢，位在上列。臣被蒙恩渥，数见访逮。言事者因此欲陷臣父子，破臣门户，非复发纠奸伏，补益国家者也。臣年四十有六，孤特一身，得托名忠臣，死有余荣，恐陛下于此不复闻至言矣。臣之愚冗，职当咎患，但前者所对，质不及闻，而衰老白首，横见引逮，随臣摧设，并入坑埳，诚冤诚痛。臣一入牢狱，当为楚毒所迫，趣以饮章⑦，辞情何缘复闻？死期垂至，冒昧自陈。愿身当辜戮，匄质不并坐⑧，则身死之日，更生之年也。惟陛下加餐，为万姓自爱。

注释

① 素不相平：即素不相和。质：蔡质，蔡邕的叔叔，字子文。隙：感情出现裂痕，这里指人际交往的摩擦。
② 女夫：女婿。飞章：急切飞速地上书奏章。中：中伤。
③ 休：休假。按照汉朝的规定，官吏请假满一百天的应当给予免职处分。
④ 书佐：主要文书官。
⑤ 征营：惶恐不安的样子。
⑥ 赍 jī：持，携带。
⑦ 趣：促。饮：犹“隐”，无可查问。章：章表。
⑧ 匄 gài：乞求。

译文

当初，蔡邕同司徒刘郃素来不相和睦，他的叔父卫尉蔡质又与将作大匠阳球有矛盾。阳球是中常侍程璜的女婿，程璜于是暗地里派人急速地状写奏折诋毁蔡邕和蔡质叔侄多次以私事拜托刘郃办事，刘郃不予理睬，蔡邕心怀隐恨，报复心切，一心想要中伤污蔑刘郃。天子下诏书给尚书，召来蔡邕询问详情。他上书陈说道："臣下被召命受到质问，被问起才知道大鸿胪刘郃以前担任济阴太守时，臣向他请求官吏张宛长期休假一百天的事情，刘郃当司隶校尉时，臣又向他请托河内郡府佐吏担任州主要文书，以及维护原河南尹羊陟、侍御史胡母班，刘郃不肯任用以致有所怨恨的情况。臣惶恐惊惧，肝脑涂地，不知道命系何处。自己私下寻思这宗案情，确实是向刘郃嘱托了张宛、李奇之事，但是没有嘱托羊陟和胡母班之事。但凡为小吏休假，并不是结下仇恨的根源。臣与羊陟家有婚姻关系，怎么胆敢一再结党谋私？如果臣下和叔父想要中伤诬陷刘郃，会直接告诉尚书台，详细陈述怨恨之事的缘起。臣本来就没有半寸事情，反倒是诽谤在外边四起，应该让臣与刘郃当面对质。臣下因为经学学问蒙受皇恩并受到特别的嘉奖，在秘阁供职为事，在皇上面前秉笔直书，臣下的姓名和样貌，为人如何，圣上的心中定会检验明白。今年七月，皇上召臣到金商门，向臣询问灾异情况，使臣下应和诏书申述皇上的旨意，引导臣踊跃发表意见。臣下实在愚笨戆直，只知道竭尽忠心，舍生忘死，没有考虑后患，所以导致进言讥讽公卿大臣的事情，其中涉及恩宠的大臣。实质是为了应对圣上的疑惑难题，救治并消除灾害变异，想着替陛下建议安康的计谋。陛下不顾及忠心耿耿臣子的贞直之言，没有加以保护，致使诽谤最终到来，于是我感到疑虑和惊怪。竭诚尽忠的官员，竟没有受到包容？诏书每次传达，百官各自呈上密封的奏折，打算更改政策法令，消除凶兆灾害，招引吉祥，但直言不讳的人得不到宽容，立马就会被诬陷导致家破人亡的祸害。现在大家都沉默不语，把臣下当作引以为戒的例子，还有谁敢为陛下竭尽忠心呢？臣下的叔蔡质，连续晋升提拔，官位列居上职。臣下蒙受皇上的圣恩优渥，多次被询问相关政事。惹是生非的人因此想陷害臣下和叔父，致使臣下家破人亡，不再能够揭发纠察隐藏的奸邪恶事，对国家有所裨益。臣下已经四十六岁，孤身一人而已，能够获得忠臣的殊荣，死后也有荣耀，只是担心陛下自此以后再难听到真心话了。臣愚钝无能，权当承受灾患，但以前在金商门回答皇上询问，蔡质并不知晓，而且他体力衰弱，年事已高，白发满头，受到飞来横祸牵连，跟着臣下被杀，一并埋入土坑，实在是冤枉，使得臣下痛心疾首。臣一旦进了大牢囚狱，定会被酷刑迫害，很快就被奏章埋没，其中言辞和实情又有什么途经能够让皇上明白？死期将至，臣下冒昧地进呈。甘愿自己判罪遭到杀戮，只是乞求不要连累蔡质，这样，臣下身死的日子就是重获新生的日子。希望陛下多进饮食，为了万民而珍爱自己的身体。”

于是下邕、质于洛阳狱，劾以仇怨奉公，议害大臣，大不敬，弃市。事奏，中常侍吕强愍邕无罪，请之，帝亦更思其章，有诏减死一等，与家属髡钳徙朔方[①]，不得以赦令除。阳球使客追路刺邕，客感其义，皆莫为用。球又赂其部主使加毒害，所赂者反以其情戒邕，故每得免焉。居五原安阳县。邕前在东观，与卢植、韩说等撰补《后汉记》，会遭事流离，不及得成，因上书自陈，奏其所著十意[②]，分别首目，连置章左。帝嘉其才高，会明年大赦，乃宥邕还本郡。邕自徙及归，凡九月焉。将就还路，五原太守王智饯之。酒酣，智起舞属邕，邕不为报。[③]智者，中常侍王甫弟也，素贵骄，惭于宾客，诟邕曰："徒敢轻我！"邕拂衣而去。智衔之，密告邕怨于囚放，谤讪朝廷。[④]内宠恶之。邕虑卒不免，乃亡命江海，远迹吴会。往来依太山羊氏，积十二年[⑤]，在吴。

注释

①髡 kūn 钳：剃掉头发并用铁圈将颈部束缚住，是古代刑罚的名目。

②十意：十志。志即记，记述事件的文体。据称，蔡邕有《律历意》《乐意》《郊祀意》《天文意》《车服意》等。

③属：劝酒。报：回应。

④衔：怀恨在心。谤讪：诽谤诬陷。

⑤积：积久，积累下来。

译文

于是，皇帝下令将蔡邕、蔡质打入洛阳的大牢，弹劾他们因个人恩怨公报私仇，诬害大臣，犯了大不敬的罪名，应弃置闹市执行死刑。这件事奏报朝廷后，中常侍吕强同情他的遭遇，为他求情，皇帝也越发念怀他的奏章内容，下诏书免了他的死刑，判罪比死刑低一等，蔡邕及家属被剃光头发，流放发配朔方远地，不准因为死罪已有赦令而免除现在的刑罚。阳球又派刺客一路追杀，但刺客感念他的义举，没人肯为阳球效力。阳球又贿赂朔方的主要监管对他加以毒害，被阳球贿赂的人反而将实情告诉了他，所以每次都免遭暗算。蔡邕及家属后来住在五原的安阳县。他以前在东观时，同卢植、韩说等人撰写增补《后汉记》一书，正好遭遇事变，流放异地，没有能够完成，就上书陈述自己的想法，上奏他所著的十《志》，分成篇目，与奏章一起附在后面。皇帝嘉奖蔡邕的才学高妙，恰逢第二年天下大赦，于是赦免他，让他重回本郡。他从发配流放到返回帝都，历时九个月。他准备起程返回的时候，五原太守王智用酒食为他饯行。当酒喝得半醉的时候，王智起身跳舞，斟酒相劝，他没有回应。王智是中常侍王甫的弟弟，一向尊贵和骄傲，（觉得此事）在宾客面前很羞人，（于是）诟骂说："你一个囚徒胆敢轻视我！"他挥一挥衣袖就转身离去。王智怀恨在心，暗中告发他在流放时心中积怨，毁谤讥刺朝廷。受宠的宦官更加厌恶他。他暗自思量最终免不了一死，就到江海各地逃亡，远到吴国会稽一带。他投靠太山人羊氏，在吴国待了十二年之久。

吴人有烧桐以爨者[①]，邕闻火烈之声，知其良木，因请而裁为琴，果有美音，而其尾犹焦，故时人名曰“焦尾琴”焉。初，邕在陈留也。其邻人有以酒食召邕者，比往而酒以酣焉。客有弹琴于屏，邕至门试潜听之，曰：“憘[②]！以乐召我而有杀心，可也？”遂反。将命者告主人曰[③]：“蔡君向来，至门而去。”邕素为邦乡所宗，主人遽自追而问其故，邕具以告，莫不怃然[④]。弹琴者曰：“我向鼓弦，见螳螂方向鸣蝉，蝉将去而未飞，螳螂为之一前一却。吾心耸然[⑤]，惟恐螳螂之失之也。此岂为杀心而形于声者乎？”邕莞然而笑曰[⑥]：“此足以当之矣。”中平六年[⑦]，灵帝崩，董卓为司空，闻邕名高，辟之，称疾不就。卓大怒，詈曰：“我力能族人，蔡邕遂偃蹇者，不旋踵矣。[⑧]”又切敕州郡举邕诣府，邕不得已，到，署祭酒[⑨]，甚见敬重。举高第，补侍御史，又转持书御史，迁尚书。三日之间，周历三台[⑩]。迁巴郡太守，复留为侍中。初平元年[⑪]，拜左中郎将，从献帝迁都长安，封高阳乡侯。董卓宾客部曲议欲尊卓比太公，称尚父。卓谋之于邕，邕曰：“太公辅周，受命翦商，故特为其号。今明公威德，诚为巍巍，然比之尚父，愚意以为未可，宜须关东平定，车驾还反旧京，然后议之。”卓从其言。二年六月，地震，卓以问邕。邕对曰：“地动者，阴盛侵阳，臣下逾制之所致也。前春郊天，公奉引车驾，乘金华青盖，爪画两轓，远近以为非宜。[⑫]”卓于是改乘皂盖车[13]。卓重邕才学，厚相遇待，每集宴，辄令邕鼓琴赞事[14]，邕亦每存匡益。然卓多自佷用[15]，邕恨其言少从，谓从弟谷曰："董公性刚而遂非，终难济也，吾欲东奔兖州，若道远难达，且遁逃山东以待之，何如？"谷曰："君状异恒人，每行观者盈集。以此自匿，不亦难乎？"邕乃止。

注释

① 爨 cuàn：烧火做饭。

② 憘 xǐ：古同"喜"，叹气声。

③ 将命：传达指令，这里指传话。

④ 怃然：惊讶、奇怪。

⑤ 耸然：害怕或惊惧的样子

⑥ 莞 wǎn 然：莞尔，微笑的样子。

⑦ 中平：东汉时期汉灵帝刘宏的第四个年号，公元 184—189 年。

⑧ 偃蹇 yǎnjiǎn：心高气傲，盛气凌人。旋踵：本义指旋转脚后跟，这里形容时日短暂。

⑨ 署：代理，临时担当。祭酒：汉代设有博士官职，这里指博士官职居首的官阶。

⑩ 三台：汉代的官职，汉代对尚书、御史、谒者三台的指称。尚书居"中台"，御史居"宪台"，谒者居"外台"，故称"三台"。

⑪ 初平：东汉时期皇帝汉献帝刘协的第三个年号，公元 190—193 年。

⑫ 郊天：祭祀礼仪，在南郊行祭天礼，时令定在春

天。奉引：指为皇帝前引导驾。金华：指金质的花饰。青盖：青色的车盖，汉代专属于皇帝或皇太子的车驾。爪画：爪形的图案花纹。轓 fān：古代车厢两边遮挡沙尘的屏障。

⑬皂 zào 盖：古代官员所用的黑色车篷伞。汉代中二千石、二千石的官员出行乘车都可配备。

⑭赞事：协助办事，这里应该是助兴的意思。

⑮佷 hěn 用：自以为是，刚愎自用。

译文

吴国有人烧桐树做饭，蔡邕听到大火暴烈的声音，知道这是上等的好木材，就请求主人要来制作成琴，（制成后的琴）确实有纯美的音色，但琴的尾部还仍有烧焦的印痕，所以当时的人美其名曰“焦尾琴”。起初，他在陈留的时候，有个邻居请蔡邕去做客，等到他去时，正是大家酒兴酣畅的时候。有位客人在屏风后面弹琴，他到门口试探着潜心听其琴声，说：“噫！这音乐召唤我来做客而乐曲中含藏着杀人心机，这是为什么？”立马转身离去。传令的奴仆来告诉主人说：“蔡君刚才来过，只到门口就走了。”他向来被邦国和乡里人尊重，主人马上亲自追赶，问具体原因，他将原委相告，听完的人没有不感到震惊的。弹琴的人说：“我刚才弹琴时，看到螳螂正朝着鸣叫的蝉扑过去，蝉即将离开但是又没有飞离，螳螂为了捕蝉一会儿前进，一会儿后退。我心中感到很惊险，担心螳螂错失捕蝉的机会，这难道就是蔡邕说的杀心生起却在琴乐中体现出来吗？”他微微一笑说："这个景象足够符应'杀机'了。"中平六年（公元 189 年），汉灵帝刘宏驾崩，董卓担任司空，听说他名气极高，征召他入仕。他假称生有疾病推辞。董卓大发雷霆，破口大骂："依照我的能力，可以诛杀普通人的九族，他要是孤傲不可理喻，杀他是迟早的事。"又急切地下命让州郡举荐他到司空府应召入仕，他万般无奈，奉命到了官府，暂任祭酒一职，被人们敬佩和尊重。他为官业绩优异，被举荐为高第，补任侍御史，又升调为持书御史，再迁升为尚书。三天之内，便经历了尚书、御史、谒者三台府的调度。后来他被任命为巴郡太守，再次被留任朝中居侍中的官位。初平元年（公元 190 年），他被赐封为左中郎将，跟随汉献帝刘协迁往新都城长安，封为高阳乡侯。董卓的宾客及军中部下商量尊崇董卓，奉作太公，称尚父之号。董卓来同蔡邕谋划这件事，他说："姜太公辅佐周王朝，禀受天命，灭了商朝，所以周王特别为他起了这个称号。目前明公德高望重，确实高高在上，但与尚父相比较，我的愚意认为恐怕还不是时候。应该等关东被平定，皇帝回到以前的帝都，然后再细论这件事。"董卓采纳了他的建议。二年（公元 191 年）六月，国内发生地震，董卓向他询问地震缘由。他回答："大地震动，是因为阴气强盛，凌驾阳气，是居下位的臣子僭越国家礼仪制度所导致的。以前春天在南郊祭天的时候，董公您奉命给皇上引导车驾，您乘坐的装饰有金色花样的车子，覆有青色的车盖，车厢两边的遮蔽沙尘的屏障上都绘有爪形图案，远近的臣民都认为不合适。"董卓于是改乘覆有黑色篷伞的车驾。董卓器重他的才识和学问，对他特别优待，每次宴聚，董卓总是让他弹琴助兴，他也经常对其不足之处匡正救补以求获益。但董卓很多时候自以为是，他也惋惜自己的意见很少被董卓听从，对堂弟蔡谷说："董公性情刚愎自用，并且有错不改，最终难成大业。我想要投靠兖州城，只怕是路途遥远，一时难以到达，就暂且偷偷地逃到山东等待时机，你觉得这个想法如何？"蔡谷说："您的举止相貌异于常人，每次出行，看到您的人都赶集一样聚拢过来。您这个样子要隐藏躲避起来，是不是太困难了？"他听了后就此作罢。

及卓被诛，邕在司徒王允坐，殊不意言之而叹，有动于色。①允勃然叱之曰："董卓国之大贼，几倾汉室。君为王臣，所宜同忿，而怀其私遇②，以忘大节！今天诛有罪，而反相伤痛，岂不共为逆哉？"即收付廷尉治罪。邕陈辞谢，乞黥首刖足，③继成汉史。士大夫多矜救之④，不能得。太尉马日磾驰往谓允曰："伯喈旷世逸才，多识汉事，当续成后史，为一代大典。且忠孝素著，而所坐无名，诛之无乃失人望乎？⑤"允曰："昔武帝不杀司马迁，使作谤书⑥，流于后世。方今国祚中衰，神器不固，不可令佞臣执笔在幼主左右。⑦既无益圣德，复使吾党蒙其讪议。"日磾退而告人曰："王公其不长世乎？善人，国之纪也；制作，国之典也。灭纪废典，其能久乎！"邕遂死狱中。允悔，欲止而不及。时年六十一。搢绅诸儒莫不流涕。北海郑玄闻而叹曰："汉世之事，谁与正之！"兖州、陈留间皆画像而颂焉。

注释

①坐：这里应该是在司徒王允府上座位就座。殊不意：不经意。色：面容。

②私遇：指当年董卓对蔡邕礼遇厚重的事情。

③辞谢：这里指谢罪的意思。黥 qíng 首：在额头上刺字染墨。刖 yuè 足：砍断双脚。

④矜救：带有怜惜情感的援救。

⑤素著：向来显著昭明。坐：犯罪。

⑥谤书：这里是说司马迁写的《史记》，在当朝者看来，记载了一些令汉朝皇室丢失颜面的事件，所以官方当时称它为谤书。

⑦国祚：国运。神器：古代象征国家政权的实物，如玉玺、鼎之类，借指帝位。

译文

到董卓被诛杀，蔡邕正在司徒王允那里就职，竟然不经意间说起董卓这件事来叹气，面容也有所变化。王允勃然大怒，斥骂他："董卓是国家的大祸害，几乎倾覆了大汉的江山。您作为皇帝的臣子，应当一同愤慨，却因个人感情怀念你们之间的交谊，忘掉了大义节操！如今上天诛杀有罪之人，你反而感到悲伤痛心，莫不是想和董卓一伙共同逆谋乱国？"王允立刻逮捕他，将他交付给廷尉治罪。他上书谢罪，请求在自己额上刺字，砍去双脚，但希望继续将《汉史》写完。士大夫们都同情他并给予救助，终究没有成功。太尉马日磾骑马飞奔前去对王允说："蔡伯喈这个人是旷世奇才，知晓许多汉世的典故，应当有能力完成后汉史，成为一代的盛大典籍。而且他忠孝闻名于世，并没有犯什么其他罪名，杀掉他恐怕会使众人失望啊！"王允应答："以前武帝不杀害司马迁，让他创作了诽谤的书，流传后世。现今国家的命运中道衰落，政权并不稳固，不能让谄佞罪臣在年幼的皇帝身边执笔行文。这既不能增广圣德，而且会使我们这些人蒙受诋毁和非议。"马日磾从王允府中退出后告诉旁人说："王公难道是不想久活于人世了吗？一心向善的人，是国家纲纪的楷模；书写制度，记载的是国家的法典。毁灭纲纪，废除法典，这样的人怎么能活得长久呢？"他最后在牢狱中死去。后来王允后悔了，想要挽回但为时已晚。蔡邕享年六十一岁。士大夫和儒者无不为之落泪。北海人郑玄听说了蔡邕的死讯后感伤地说："汉朝的事情，还有谁来更正！"兖州、陈留一带的人都画了蔡邕的画像来颂扬他。

其撰集汉事①，未见录以继后史。适作《灵纪》及十意，又补诸列传四十二篇，因李傕之乱，湮没多不存。所著诗、赋、碑、诔、铭、赞、连珠、箴、吊、论议、《独断》、《劝学》、《释诲》、《叙乐》、《女训》、《篆艺》、祝文、章表、书记，凡百四篇，传于世。论曰：意气之感，士所不能忘也。流极之运，有生所共深悲也。[2]当伯喈抱钳扭，徙幽裔，仰日月而不见照烛，临风尘而不得经过，其意岂及语平日幸全人哉！[3]及解刑衣，窜欧越，潜舟江壑，不知其远，捷步深林，尚苦不密，但愿北首旧丘，归骸先垄，又可得乎？董卓一旦入朝，辟书先下，分明枉结，信宿三迁。匡导既申，狂僭屡革，资《同人》之先号，得北叟之后福[4]。屡其庆者，夫岂无怀？[5]君子断刑，尚或为之不举[6]，况国宪仓卒，虑不先图，矜情变容，而罚同邪党？执政乃追怨子长谤书流后[7]，放此为戮，未或闻之典刑。赞曰：季长戚氏，才通情侈[8]。苑囿典文，流悦音伎[9]。邕实慕静，心精辞绮。斥言金商，南徂北徒，籍梁怀董，名浇身毁。[10]

注释

① 撰集：撰写和收集。

② 流极：流放。极，流，流放的意思。有生：指有生命者，即活着的人。

③ 钳扭：束缚颈部和双手的刑具。徙幽裔：指蔡邕被流放发配边远地区的事。临风尘而不得经过：形容被逼迫的样子，使人不能够躲避风尘。

④《同人》：指《周易》中的《同人卦》，文曰："先号咷而后笑。"北叟：塞上叟。用塞翁失马的故事。这里是说事物具有相互转化的一面，告诫人们不要只顾眼前利益，不作长远打算。

⑤ 庆：恩遇。怀：思。

⑥ 不举：不举行盛宴。

⑦执政：指王允。
⑧侈：纱帐，这里暗指女乐之类。
⑨音伎：鼓琴吹笛之类活动。
⑩斥言金商：指蔡邕在金商门应对策问，直言不讳。籍梁：指马融凭借梁冀而荣显富贵，为此特作《西第颂》。怀董：指蔡邕对董卓怀念旧恩的事情。

译文

蔡邕撰写和编集的汉代史事，没有收录到续写成的后汉历史中。他仅写了《灵纪》和十篇《志》；另外，他补写了列传共四十二篇，但由于李傕的兵乱，这些著作淹没于世，大都没有保存下来。他所创作的诗、赋、碑文、诔、铭、赞、连珠、箴、吊、议论文、《独断》、《劝学》、《释诲》、《叙乐》、《女训》、《篆艺》、祝文、奏章、书牍，共计一百零四篇，流传于后世。论说：意向和志气的感慨，士人不能忘怀。遭受流放的命运，活生生的人都深深为之伤悲。当蔡伯喈戴着束颈缚手的刑具，被流放到边境，仰望日月，但日月却不能光照自己，面对凌辱和压迫而不能躲避，他又岂能说得上是安享恩宠而最终全身而退！当他解脱受罪的囚服，逃窜于瓯越一带，在江河丘壑之间游舟潜行，不知道道路有多远，在深山老林中快步行进，尚且嫌弃林木不够茂密，只愿死后头朝着故乡北方的土丘，让自己的骸骨归葬在祖先的墓旁，这又怎能如愿以偿呢？转瞬之间，董卓干涉朝政，先下达征召蔡邕入仕的委任令，启用蔡邕，三天之内将他三次升迁，历遍三台府。他对董卓的匡正引导已经申明，也多次改变了董卓狂妄犯上的恶行，具有《易经·同人卦》所说的“先是号哭最后欢笑”的卦象，像塞北老翁失马却因此得到后福。他多次得到恩遇，心中怎么能不存有感激之情？正人君子被判为有罪，尚且不举行丰盛的宴会，何况国家宪章正遭受急剧事变，不事先考虑谋划，就性情大变，将蔡邕视为奸邪贼党来进行判罪？把持朝政的人追究责任，竟然埋怨像司马迁那样的做法是写诽谤的书流传后世。据此，蔡邕被戕害，从未在以前的典法刑律中听说有过这样的事。赞说：季长出身外戚，才学通达，擅长乐器。博览古籍文章，玩赏于弹琴吹笛。蔡邕诚心倾慕静穆，心灵纯粹专一，又能创作绮丽的辞赋。他因金商门的直言不讳，而导致南来北往的颠沛流离。马融借助梁冀而荣获尊贵，蔡邕却因心怀对董卓的感恩而获罪，最终都是声名受损和身毁人亡。

陈寔传

题解

陈寔自幼家境并不好，但是非常热爱学习，他从小就表现出非凡的气度和人格魅力，这与他立志好学的自我修行密切相关。他平白无故地遭人误会并被抓进监狱拷打，后来他从政为官，竟然不计前嫌，并且还专门委托相关的官员礼待曾经怀疑他杀人的那位姓杨的官吏；他能够为上级领导背黑锅，肩负巨大的舆论压力，却丝毫不作申辩，总将一切过错归结在自己身上；当残酷的党锢之祸发生时，许多人为了免受罪罚而逃避责任，就在这生命攸关的危急时刻，他并没有犯错误，却积极勇于担当责任，主动请求入狱受罚，为的是让更多的无辜者免除忧患和惊恐；在灾荒的年岁中，“梁上君子”入室行窃，他不仅不呵斥打骂，反而深表同情并语重心长地进行宽慰和劝导，让盗贼自惭形秽，伏地叩首。陈寔立志为学，也历练为人，将为学与为人相结合，不仅时刻地进行自我修行，并能够切实地自我践行，他宽广的胸襟和恢宏的气魄，让无数人拜服不已！本篇为节选。

陈寔字仲弓，颍川许人也。出于单微[①]。自为儿童，虽在戏弄，为等类所归[②]。少作县吏，常给事厮役[3]，后为都亭（刺）佐[4]。而有志好学，坐立诵读。县令邓邵试与语，奇之，听受业太学[5]。后令复召为吏，乃避隐阳城山中[6]。时有杀人者，同县杨吏以疑寔，县遂逮系，考掠无实，[7]而后得出。及为督邮，乃密托许令[8]，礼召杨吏。远近闻者，咸叹服之。

注释

① 单微：形容人的地位卑下寒微。

② 等类：同辈、同类。所归：这里指拥戴。归，趋向、去往。

③ 给事：处事、办理事务。厮役：干杂活的奴仆。

④ 亭佐：乡官。

⑤ 听：听凭，这里可指“让”。受业：跟从老师学习知识。

⑥ 乃：竟然。

⑦ 逮系：逮捕并拘囚。考掠：拷打和盘问。

⑧ 托：委托。

译文

陈寔字仲弓，颍川郡许县人。他的出身低贱寒微。自从儿童时起，他即使是在玩游戏，也被同辈小朋友所拥戴。他年少时担任县吏，经常办理杂事，充当受人驱使的奴仆的角色，后来做了都亭佐的乡官，而且立有志向喜爱学习，坐着和站立的时候都会诵记和念读（经书典籍）。县令邓邵试探性地与他交谈，对他的学问感到惊奇，让他进入太学跟从老师学习。随后县令再次征召他作为吏官，他竟然逃避到阳城山中隐居起来。当时有个杀人案件，同县一个姓杨的小吏怀疑是陈寔所为，县里衙役便逮捕了他，进行拷打和盘问，却没有查得实证，然后他又被释放出来。等到他任职督邮，竟然秘密地委托许县令要有礼有节地对待姓杨的小官吏。远近听说过此事的人，全都赞叹并佩服陈寔。

家贫，复为郡西门亭长，寻转功曹①。时中常侍侯览托太守高伦用吏，伦教署为文学掾②。寔知非其人，怀檄请见。③言曰："此人不宜用，而侯常侍不可违。寔乞从外署④，不足以尘明德。"伦从之。于是乡论怪其非举，寔终无所言。伦后被征为尚书，郡中士大夫送至轮氏传舍⑤。伦谓众人言曰："吾前为侯常侍用吏，陈君密持教还，而于外白署。比闻议者以此少之⑥，此咎由故人畏惮强御⑦，陈君可谓善则称君，过则称己者也。⑧"寔固自引愆，闻者方叹息，由是天下服其德。

注释

①寻：时间副词，顷刻，不久。

②署：本指办理公务的机关单位，这里当为动词用法，指暂代或代理。掾：原指辅佐之义，这里指官署的属员。

③非其人：这里是侯览指定的人不适合文学掾的岗位。怀檄请见：指陈寔怀藏着高伦所嘱咐写成的

推荐书请求接见，害怕此事泄露。檄，板书。

④乞从外署：指请从外署之举。这是陈寔解救高伦选人困惑的高明的政治策略，为的是不让高伦陷入选官“请托”的被动局面。

⑤轮氏：县名，今在河南省禹州境内。传舍：客舍。

⑥比：近来。少：批评、责怪。

⑦咎：过错。故人：故交，老朋友。畏惮：畏惧。强御：强权。

⑧称君：称述、称道君上（亦可指上级领导）。称己：声称自己。

译文

他家贫困，再一次出任郡县里的西门亭长，不久转任功曹官。当时中常侍侯览委托太守高伦选用一个官吏，高伦便致书让陈寔任用所选定的人去暂时代任文学掾的副官佐。陈寔知道此人不适合这份差事，怀中藏了任命推荐书来请见，发言说：“这个人不应当被任用，但是侯常侍交代的话也不可以违背。我乞求让我从外面的办事机构（来寻求暂任此份差事的人），不能让您的光明德行蒙受尘垢的污染。”高伦听从了他的意见。于是乡里的舆论多责怪陈寔举荐官员有失准当，陈寔始终不开口辩解。后来高伦被征召任命为尚书，郡中士大夫送他到轮氏县的客舍。高伦告诉众人说：“我曾经替侯常侍选用了一个官吏，陈寔君私下收存了任命书并遣还给我，却从外署举荐任用那位官吏。近来听说有议论此事的人批评和责怪他，这个过错是由于你们的老朋友我畏惧强权。陈寔君可以称得上做善事就称道上级领导而一有过错就声称自己有过的贤士！”陈寔坚持说是自己招致来的过错，知道真相的人赞叹并感慨。正因如此，天下人都佩服他的美德。

司空黄琼辟选理剧[①]，补闻喜长，旬月[②]，以期丧去官。复再迁除太丘长。修德清静，百姓以安。邻县人户归附者，寔辄训导譬解[③]，发遣各令还本司官行部[④]。吏虑有讼者，白欲禁之。寔曰："讼以求直，禁之理将何申？其勿所拘[⑤]。"司官闻而叹息曰："陈君所言若是，岂有怨于人乎？"亦竟无讼者。以沛相赋敛违法，乃解印绶去，吏人追思之。[⑥]

注释

① 辟选：对受到征召而来的人才进行选拔并对其分授官职。理剧：治理繁杂的事务。

② 旬月：十天至一个月的时间。

③ 辄：立即，就。训导：教训和开导。譬解：解释说明。

④ 司官：主司之官，即主管或主治之官。行部：巡行所属的部门。

⑤ 其：表示请求的语气。

⑥ 赋敛：征收赋税。印绶：原指印信所系的丝带，古人常佩戴在身上。这里借指官爵。追思：追忆和思念。

译文

司空黄琼征召选拔能够治理繁杂公务的官员，将陈寔增补为闻喜长。不足一个月，他因为期服之丧而离开官位。随后他再次出任为太丘长。他修习美德，以清静为主，老百姓得以安居。邻县的人家前来归顺和依附，陈寔立马教训劝导他们并加以解释说明，派发和遣送他们各自回到原来的主司之官的行部。县吏担心有前来诉讼的人，告诉他说想禁止这样的事。陈寔说："请求诉讼为的是求得正直的道义，禁止诉讼，道理将要到哪里去申说？请不要拘禁。"主司官员听完后叹息说："陈先生说得在理，哪有怨恨的人呢？"最终也没有了讼争的人。他因为沛相征收赋税违背了法令，便自行解除官印离职而去，当地官吏和民众都追忆和怀念他。

及后逮捕党人，事亦连寔[①]。余人多逃避求免[②]，寔曰："吾不就狱，众无所恃[③]。"乃请囚焉。遇赦得出。灵帝初，大将军窦武辟以为掾属[④]。时中常侍张让权倾天下。让父死，归葬颍川，虽一郡毕至，而名士无往者，让甚耻之，寔乃独吊焉。及后复诛党人，让感寔，故多所全宥[⑤]。

注释

①连：牵连。

②余人：其他人，别人。

③ 无所恃：无所依靠，这里指没有凭借的理由而出现没完没了的境况。

④ 掾属：佐治的官吏。

⑤ 全宥：保全和宽恕。

译文

等到后来朝廷逮捕党人，事情牵连到陈寔。其他人大多逃避责任请求免受刑罚，陈寔说："我不进监狱，众人就永无宁日。"他便请求进入牢狱接受囚禁。后来他遇到赦免被释放出狱。汉灵帝初年，大将军窦武征召他作为佐治的官吏。那时中常侍张让掌权并势压天下，张让的父亲死了，归葬在颍川，尽管全郡的人民都前来吊丧，却没有名士前去。张让对这件事深感羞耻，唯独陈寔前去吊唁。等到后来朝廷再一次诛杀党人，张让感怀陈寔，所以多次保全并宽恕他。

寔在乡间，平心率物[①]。其有争讼，辄求判正，晓譬曲直，退无怨者。[②]至乃叹曰："宁为刑罚所加，不为陈君所短[③]。"时岁荒民俭，有盗夜入其室，止于梁上。[④]寔阴见[⑤]，乃起自整拂，呼命子孙，正色训之曰："夫人不可不自勉。不善之人未必本恶，习以性成，遂至于此。梁上君子者是矣[⑥]！"盗大惊，自投于地，稽颡归罪[⑦]。寔徐譬之曰："视君状貌，不似恶人，宜深克己反善。然此当由贫困。"令遗绢二匹。自是一县无复盗窃。

注释

①乡闾：乡里、家乡。平：公平。率：做、做事。

②晓譬：晓谕、开导。曲直：这里指事件的是非或善恶。退：指事后。

③短：讥讽、批评。

④岁荒民俭：年岁饥荒，黎民百姓生活艰苦俭朴。止：停在，这里可指躲藏。

⑤阴见：暗自发觉。整拂：整理和拂拭（衣装）。

⑥梁上君子：极具讽刺意味的词语。比喻小偷、盗贼。

⑦稽颡 qǐsǎng：古代的跪拜礼，屈膝下跪，额头接触地面，以示虔诚。

译文

陈寔在家乡秉持一颗公平心去待人接物。如果发生争执和诉讼的事，他就力求公正地进行决断，明白地解说其中的是非善恶，事后也没有对他抱有埋怨的人。甚至有人感叹说："宁可遭受所施加的刑罚，也不愿被陈寔批评。"当时年岁灾荒，百姓生活拮据俭朴，有偷盗之人夜晚潜入陈寔的家宅，躲藏在屋梁上。陈寔暗中发觉此事，便自己起床整理拂拭衣装。下命呼唤子孙们起来，端正态度并严肃地对他们进行训导说："人不可以不自我勤勉。不好的人不一定本性为恶，养成一个习惯便会使性格成型，就会到达今天这般境地。梁上的君子就是这样的人啊！"盗贼大为惊讶，自行从梁上跳下地来，屈膝下拜表示请罪。陈寔慢慢地开导他说："看你的形貌，不像是恶人，应深切克服自己的缺点以返归善道。然而像你做这样的事原因在于贫穷和困苦。”陈寔下令让人馈赠给盗贼两匹绢。从此以后该县再也没有出现偷盗之徒。

太尉杨赐、司徒陈耽，每拜公卿，群僚毕贺，赐等常叹寔大位未登，愧于先之[①]。及党禁始解，大将军何进、司徒袁隗遣人敦寔[②]，欲特表以不次之位[③]。寔乃谢使者曰：“寔久绝人事，饰巾待终而已[④]。”时，三公每缺，议者归之，累见征命，遂不起，闭门悬车，栖迟养老。[⑤]中平四年，年八十四，卒于家。何进遣使吊祭，海内赴者三万余人，制衰麻者以百数[⑥]。共刊石立碑，谥为文范先生[⑦]。

注释

① 愧于先之：指杨赐等发觉自己比陈寔先居高位，自视不如陈寔，因而感到惭愧。

② 敦：劝。

③ 不次之位：对有杰出才干的官员越级授职。

④ 饰巾：头裹幅巾，不加冠冕，有隐居之义。

⑤ 悬车：致仕，即退休，也可指隐居不仕。栖迟：休息或隐遁。

⑥ 衰 cuī 麻：丧服，用麻做成的丧带，系在腰间或头上。

⑦ 谥：谥号。一个人死去后，后人对其进行评价的称号。

译文

太尉杨赐、司徒陈耽，每当拜授公卿，群臣百官都来恭贺，杨赐等经常感叹称陈寔没有位居高官，自己却比他先登大官，深感惭愧。等到党锢开始解禁，大将军何进、司徒袁隗特派人来劝说陈寔，想要特别奏请朝廷对他进行越级提拔。陈寔竟然谢绝了使者的好意：“我断绝人事的来往已经很久了，只是裹着头巾等待生命的终止罢了。”当时三公的职位每有空缺，议论的人都归心于陈寔，多次发出征召之命，他便卧床不起，关闭屋门，悬挂乘车的车驾，居家休息养老。汉灵帝中平四年，他八十四岁，在家中逝世。何进特派使者前去吊丧，天下奔赴吊唁的人有三万多，披麻戴孝的数以百计。大家共同为他刻石立碑，谥号称作文范先生。

卢植传

题解

卢植（公元139—192年），东汉末年兼通今古文经学的经学家，师从古文经学大师马融，专研经学义理，不局限在对经书的文字训释上，为人慷慨，性格坚毅，心怀大志。他身为布衣之民，曾向窦武将军进言献策，主张《春秋》大义和古礼的仁德，胆识过人。在从政生涯中，他仍致力于古文经学的校订和修习。他以经学的眼光去看待并处理政治事件，对日食灾异的状况，运用五行观念学说去劝说君王施行善政，并进谏金玉良言。遇到黄巾军起义，他领军破敌，体现出卓识远见的军事才能。他不对宦官献媚行贿，不屈从董卓的淫威，铿锵傲骨，展现了东汉一代儒宗的正义风范。

卢植字子榦，涿郡涿人也。身长八尺二寸，音声如钟。少与郑玄俱事马融，能通古今学，好研精而不守章句。[①]融外戚豪家，多列女倡歌舞于前。植侍讲积年，未尝转眄[②]，融以是敬之。学终辞归，阖门教授[③]。性刚毅有大节，常怀济世志，不好辞赋，能饮酒一石。时，皇太后父大将军窦武援立灵帝，初秉机政，朝议欲加封爵。植虽布衣，以武素有名誉，乃献书以规之曰："植闻嫠有不恤纬之事，漆室有倚楹之戚，忧深思远，君子之情。[4]夫士立争友，义贵切磋。[5]《书》陈‘谋及庶人’，《诗》咏‘询于刍荛’。[6]植诵先王之书久矣，敢爱其瞽言哉[7]！今足下之于汉朝，犹旦、奭之在周室，建立圣主，四海有系。[8]论者以为吾子之功，于斯为重。天下聚目而视，攒耳而听，谓准之前事，将有景风之祚。[9]寻《春秋》之义，王后无嗣，择立亲长，年均以德，德均则决之卜筮。[10]今同宗相后，披图案牒，以次建之，何勋之有？[11]岂横叨天功以为己力乎！宜辞大赏，以全身名。又比世祚不竞[12]，仍外求嗣，可谓危矣。而四方未宁，盗贼伺隙，恒岳、勃碣，特多奸盗，将有楚人胁比，尹氏立朝之变。[13]宜依古礼，置诸子之官，征王侯爱子，宗室贤才，外崇训道之义，内息贪利之心，简其良能，随用爵之，强干弱枝之道也[14]。”

注释

① 古今学：指古文经学和今文经学。研精：研究得精细且深入。守：抱残守缺。章句：经师对经义解释的形式，分文析字，常常指说故实。

② 眄：斜视。

③ 阖门：关闭门户，指谢绝访客。

④ 规：劝勉。嫠 lí：寡妇。恤：担忧。纬：织布时用梭穿织的横线。此处用典，典故出自《左传》，织布的寡妇应该有纬线太少的担心，但是这里却说不为此担心，意在说明她有忧国忧民的情怀。漆室：春秋时期鲁国的地名。倚：倚靠。楹：柱子。

戚：悲伤。此处用典，典故出自《琴操》。鲁国漆室的女子倚靠在柱子旁悲伤，别人问她是否悲伤自己的嫁娶之事，她吐露真言，是为忧国而悲戚。最后她隐入山林，感慨叹息，援琴而歌，表示女贞之心。忧深思远：引用《诗经·唐风·蟋蟀》篇毛《序》，文曰："忧深思远，俭而用礼，乃有尧之遗风焉。"

⑤立：确立。争友：直言谏诤的朋友。争，同"诤"。切磋：相互学习。

⑥陈：陈述、说明。谋及庶人：语出《尚书·洪范》。谋，谋划或商议。询于刍荛 ráo：语出《诗经·大雅·板》。刍荛喻寻常百姓。刍，割草。荛，砍柴。

⑦瞽 gǔ 言：如同愚见或拙见之类的谦词。瞽，盲人。

⑧足下：对平辈友朋的敬称。旦、奭 shì：周公姬旦和召公姬奭。

⑨攒 cuán 耳：集中精力去听。攒，指聚拢、集中。景风：四时祥和之风，喻政治清平及国泰安康的气象。祚：福祚。

⑩嗣 sì：子嗣，即后代。亲长：指宗亲血脉中年纪大的子嗣。均：相等、等同。卜筮 shì：古人通过龟甲、筮草等进行占卜，预测未来和趋向。

⑪相：比较。披图：披阅图籍。案牒：皇家宗室谱牒。

⑫祚：皇权、帝位。竞：强劲。

⑬恒岳：恒山，五岳之一。勃碣：指渤海和碣石山。楚人胁比：出自《左传》。楚恭王的儿子楚公子比，在楚灵王被拥立的时候出逃到晋国。等到楚灵王

去世后，公子比从晋国返回楚国，被立为君王。楚公子比的弟弟公子弃疾想要篡夺王位，晚上派人到处奔走相告，“楚王来了。”国人很惊讶，公子比竟然自杀身亡。胁，逼迫。尹氏立朝：这个典故也出自《左传》，当时周景王逝世，他的儿子猛被立为王，卿士尹氏却拥立周景王的庶子王子朝，夺取了猛的王位。

⑭强干弱枝之道：以树为喻，把京师比作树干，天下四方土地比作树枝。

译文

卢植字子幹，涿郡人，身高八尺二寸，声如洪钟。他年少时与郑玄一起师从马融习经，能将今文经学与古文经学融会贯通，喜欢深研精义而不拘泥于章句之学。马融（明德皇后的侄子）身为外戚豪门，（教学时）常常安排歌姬唱歌跳舞。卢植侍讲多年，从未转眼斜视，马融因此尊敬他。他学成后，向马融告别而回归故里，谢绝访客闭门教书授学。他本性刚强坚毅，并有气节，胸怀救世济贫的鸿鹄之志，不爱好文辞诗赋，能喝一石（十斗）酒。当时皇后的父亲大将军窦武拥立汉灵帝（登基上位），开始掌握国家大权，朝廷有人建议想要给窦武加官晋爵。尽管他身为平民百姓，却因为窦武向来就有盛名，便写信劝他：“我曾听说有寡妇不关心纺织而忧国忧民，鲁国漆室的女子不愁婚嫁而因家国之事感伤，忧虑思考深邃并且久远，是君子的情怀。士要与直言谏诤的朋友相交，道义最可贵之处在于友人相互学习进步。《书》里陈说‘和普通民众一起远谋大计’的道理，《诗》也歌颂‘向割草砍柴的樵夫童子询问’的故事。我诵读先王的经典书籍已经很久了，敢于将自己的愚拙浅见直言相告！现今大将军对汉家朝廷来说，就好像当年的周公姬旦和召公姬奭在周王室的地位一般，拥戴圣贤的君主，天下归心。议论的人看到大将军的功勋，以为这是最重要的。天下人都将眼睛聚焦在您身上来观察，集中精力竖起耳朵倾听，说是按照以前的规矩，将会有祥瑞的福祚赐予您。我寻思着《春秋》里面的微言大义，国君没有子嗣，就选立血缘亲近的或是年纪长的，年龄相同就选有德的，道德相当通过占卜来判决。如今同宗亲的人比较排列，披阅图籍和谱牒家世，按照次序来定夺人选，这哪里是按照功劳来评判？难道要直接贪念天功据为己有吗？大将军应该推辞谢绝皇恩的丰厚赏赐，以此来保全自己的生命和名声。近来，皇权帝位并不强固，皇位的继承人竟然向外面征求，可以说已经非常危险了。而且四方之境又不安宁，盗贼伺机而动，恒山、勃海及碣石山一带，有很多奸贼和盗寇，可能会发生如楚国人胁迫君王让位和周朝尹氏拥立王子朝一样的政变。应该依照古代的礼制，设置皇室诸子的官学，征召王公贵族们的爱子、皇室宗族的贤良人才，对外推崇训解教导的道理，对内遏制贪图势利的人心，精选出品性善良和有能力的人，根据工作情况来加官晋爵。这才是促使主干强大、分支减弱的真理！”

武并不能用[①]。州郡数命，植皆不就。建宁中，征为博士，乃始起焉。熹平四年，九江蛮反，四府选植才兼文武，拜九江太守，蛮寇宾服[②]。以疾去官。作《尚书章句》、《三礼解诂》[③]。时，始立太学《石经》，以正《五经》文字，植乃上书曰：臣少从通儒故南郡太守马融受古学，颇知今之《礼记》特多回冗[④]。臣前以《周礼》诸经，发起秕谬，敢率愚浅，为之解诂，而家乏，无力供缮写上。[⑤]愿得将能书生二人，共诣东观，就官财粮，专心研精，合《尚书》章句，考《礼记》失得，庶裁定圣典，刊正碑文。古文科斗，近于为实，而厌抑流俗，降在小学。[⑥]中兴以来，通儒达士班固、贾逵、郑兴父子，并敦悦之。[⑦]今《毛诗》、《左氏》、《周礼》各有传记，其与《春秋》共相表里，[⑧]宜置博士，为立学官，以助后来，以广圣意。

注释

①并：一并，全部。

②宾服：服从或者是佩服。

③诂：事，是说解释其事理的含义。

④回冗：犹迂曲，即曲解原义。

⑤秕 bǐ：没有成熟的粟米。这里比喻经义的乖戾生僻。缮：缮写。指因家中贫寒无力缮写进献给皇上。

⑥古文：指鲁恭王时发现的孔宅壁中经籍。其文字形似蝌蚪。小学：古时指文字学。

⑦ 郑兴：郑众的父亲。敦悦：尊崇并爱好。

⑧ 传：为经书进行注解的文体形式。记：这里也指对经文作解的文体格式。共相表里：义理相互呼应或补充。

译文

窦武不予采用。州郡多次传诏下命，卢植都不去应征就职。建宁年间，他被征选为博士，才开始入官为职。熹平四年（公元 175 年），九江蛮造反，朝廷四府一致推荐有才学并且文武双全的卢植，任命他为九江太守，蛮寇也很佩服他。事后，他因病辞去官职。他著写了《尚书章句》和《三礼解诂》。恰逢朝廷开始在太学树立《石经》，用来校正《五经》的文字。他便上书进言："臣下年少时师从已故去的通儒南郡太守马融学习经学的古学，所以颇知现在流传的《礼记》有极多纡曲错误之处，我曾用《周礼》等各部经书来校订它的乖戾和谬误，我敢于坦陈我愚笨的浅陋之见，为它解释和训诂，然而家庭贫穷，没有能力再供应缮写经费。我希望能够带领两名能干的书生，一同前往东观，依靠公家的财力和粮食物品，专心致志地进行深入研究，结合《尚书》的章句，考订《礼记》的得失，希望能够裁定圣人的经典，刊正石碑上的经文。古文经学的文字形似蝌蚪，它接近经典的真实，但因世俗贬压而降位于'小学'行列。汉室中兴以来，通儒贤达如班固、贾逵、郑兴父子，都推崇古文。现今《毛诗》《左传》《周礼》等各有传和记，它们与《春秋》共同相合而成。朝廷应设置博士官，开设学官，有助于后来的学人，也为推广大圣人的道义。”

会南夷反叛，以植尝在九江有恩信，拜为庐江太守。植深达政宜，务存清静，弘大体而已。①岁余，复征拜议郎，与谏议大夫马日磾、议郎蔡邕、杨彪、韩说等并在东观，校中书《五经》记传，补续《汉记》。②帝以非急务，转为侍中，迁尚书。光和元年，有日食之异，植上封事谏曰：臣闻《五行传》“日晦而月见谓之朓，王侯其舒”。③此谓君政舒缓，故日食晦也。《春秋传》曰“天子避位移时”，言其相掩不过移时。④而间者日食自巳过午，既食之后，云雾晻暧。⑤比年地震，彗孛互见。臣闻汉以火德，化当宽明。⑥近色信谗，忌之甚者，如火畏水故也。案今年之变，皆阳失阴侵，消御灾凶，宜有其道。谨略陈八事：一曰用良，二曰原禁，三曰御疠，四曰备寇，五曰修礼，六曰遵尧，七曰御下，八曰散利。⑦用良者，宜使州郡核举贤良，随方委用，责求选举。原禁者，凡诸党锢，多非其罪，可加赦恕，申宥回枉⑧。御疠者，宋后家属，并以无辜委骸横尸⑨，不得收葬，疫疠之来，皆由于此。宜敕收拾，以安游魂。备寇者，侯王之家，赋税减削，愁穷思乱，必致非常，宜使给足，以防未然。修礼者，应征有道之人，若郑玄之徒，陈明《洪范》，攘服灾咎⑩。遵尧者⑪，今郡守刺史一月数迁，宜依黜陟，以章能否，纵不九载，可满三岁。御下者，请谒希爵[12]，一宜禁塞，迁举之事，责成主者。散利者，天子之体，理无私积，宜弘大务，蠲略细微。帝不省。

注释

①达：通达、通明。弘：弘扬，推广，引申为顾全。

②中书：朝廷里的藏书，用“中书”命名，为了区别于外而已。《汉记》：指《东观汉记》，是东汉本朝官修的纪传体史书，初无定名，后传称“汉记”，《隋书·经籍志》中称“《东观汉记》”。

③光和元年：公元178年。《五行传》：刘向所著，主要讲关于木、火、土、金和水五行相互作用以及与天象人事关系的书。朓tiǎo：这里指农历月底月亮出现在西方。朓本义也指快速的意思。古人认为月亮的速度比太阳快，所以提早出现，称之为“早见（现）”。刘向以为君王舒缓，但是臣下骄慢，所以才会出现日行迟缓而月行极速的现象。

④天子避位移时：《左传·鲁昭公十七年》记载：“日过分未至三辰有灾，于是乎君不举，避移时。”杜预注解：“避正寝，过日食时也。”分，指昏。避，避开。掩：遮蔽。移时：顷刻之间。

⑤既食：日全食。晻暧：昏暗不明。

⑥彗孛：彗星。互见：指彗星交相出现。古代以木火土金水五行相生之道演绎历代王朝的交替更变，汉朝帝王受命属于火运，故称作“火德”。化：政治教化。宽明：宽容和清明。

⑦原禁：遵循并恪守原来禁止的条令行规。御疠：防

御病疫恶疾。疠，恶疾。

⑧申宥 yòu：申请宽恕。回枉：冤枉、冤屈。

⑨委：抛弃、丢弃。骸：骸骨，代指死尸。

⑩禳：通“禳”，祈祷以求平安。服：通“覆”，遮蔽，掩盖，这里可以引申为去除。灾咎：祸殃之类。

⑪遵尧：指遵守尧帝时代官员的升迁法则，三年一次考核，进行三次考察，共九年，来决定官员是升迁还是黜退。

⑫请谒：私下委托或告求。希：求。

译文

正值南夷起事造反，因为卢植居九江时在民众心中树立了恩威和信誉，于是被拜赐为庐江太守。他深明政务事宜，办事理政力求清平安宁，顾全大局。一年多后，他再次被征聘为议郎官，与谏议大夫马日磾、议郎蔡邕、杨彪、韩说等人同在东观，对朝廷收藏的《五经》的记和传进行校订，并续写《汉记》。汉灵帝以为这并非当务之急，把他转调为侍中官职，随后迁升为尚书。光和元年（公元 178 年），发生了日食的异象，他立刻秘密上书进谏：臣下听说《五行传》中讲“太阳隐晦而月亮疾驰早现叫作朓，昭示出君王施政舒缓而臣下骄慢”。这说明君王政策施行缓迟，所以才出现日食隐晦的奇特景象。《春秋传》说“天子避位移时”，是说日月相互掩藏而日食不过是移动时位而已。然而近来日食的现象从巳时经过午时，日全食之后，云雾层层，昏暗不明。近年来，频频地震、彗星孛星交替互现。我听闻汉朝应承火德，政治教化应当宽和清明。亲近女色、听信谗言，这是非常忌讳的，如火畏惧水一样。根据今年的灾变来观察，都是由于阳气失去阴气侵袭的缘故，消除和抵御灾患和凶险，应施行相应的对策。简略地陈述八条建议：一是用良，二是原禁，三是御疠，四是备寇，五是修礼，六是遵尧，七是御下，八是散利。用良的意思是，让州郡实事求是地推荐贤良人才，根据具体情况来进行任用，负责求贤，精选推举。原禁的意思是，但凡属于党锢之人，大多并没有罪刑，可加恩给予赦免，申诉冤枉委屈。御疠的意思是，宋皇后以及其家属，无辜地被抛尸街头，不能收尸安葬。瘟疫恶疾，都因此而来。应下令予以收葬，以便安慰枉死者的冤魂。备寇的意思是，诸侯王应当削减赋税，（否则）百姓忧愁困苦就会生发动乱，一定会导致造反的举动，应当防患于未然。修礼的意思是，应该启用征召有道德的人，如郑玄那样的学者，阐明《洪范》的大义，祭祀祈福以求平息灾患并驱除祸殃。遵尧的意思是，现今的郡守刺史一个月之内多次升迁，应按三年一考、三考升降的规制来办事，纵使不能九年，至少也得任期满三年。御下的意思是，私下搞关系希望求得高官爵位的现象，应予禁止，但凡升迁举荐，应全权由主管机构完成。散利的意思是，天子的礼法，不该聚敛私家财富，应该弘扬国家政要，废除细枝末节。汉灵帝对这次上书不予理睬。

中平元年[1]，黄巾贼起[2]，四府举植[3]，拜北中郎将，持节[4]，以护乌桓中郎将宗员副，将北军五校士，发天下诸郡兵征之。连战破贼帅张角[5]，斩获万余人。角等走保广宗[6]，植筑围凿堑，造作云梯，垂当拔之。[7]帝遣小黄门左丰诣军观贼形势，或劝植以赂送丰，植不肯。丰还言于帝曰："广宗贼易破耳。卢中郎固垒息军,以待天诛。[8]"帝怒,遂槛车征植[9]，减死罪一等。及车骑将军皇甫嵩讨平黄巾，盛称植行师方略，嵩皆资用规谋，济成其功。[10]以其年复为尚书。帝崩，大将军何进谋诛中官，乃召并州牧董卓，以惧太后。[11]植知卓凶悍难制，必生后患，固止之。进不从。及卓至，果陵虐朝廷[12]，乃大会百官于朝堂，议欲废立。群僚无敢言，植独抗议不同。卓怒罢会，将诛植，语在《卓传》。植素善蔡邕，邕前徙朔方，植独上书请之。邕时见亲于卓，故往请植事。又议郎彭伯谏卓曰："卢尚书海内大儒,人之望也。今先害之，天下震怖。[13]"卓乃止，但免植官而已。

注释

①中平元年：公元 184 年。中平是东汉汉灵帝刘宏的年号，公元 184—189 年。

②黄巾贼：指黄巾军，贼是汉军对敌人的蔑称。黄巾军以头裹黄巾为标志，是一支由张角等发起的农民起义军。

③四府：指丞相、御史大夫、车骑将军和前将军四府。

④持节：秉持符节。
⑤张角：钜鹿人（今河北省境内），东汉末年黄巾起义军的领袖，自称“天公将军”。与其弟张梁、张宝通过传教形式发动起义，史称黄巾起义。
⑥走保：一边逃跑一边自保。
⑦筑围凿堑：筑成围攻之势，开凿地壕土坑。造作：建造。云梯：古代军事器械，用来登上城池。垂：即将、快要。拔：攻占，攻取。
⑧固垒：坚固堡垒。息军：使军队休战歇息。天诛：上天诛杀，这里代指自然灭亡。
⑨槛车：用栅栏封闭的车，用于押运囚犯。
⑩皇甫嵩：字义真，东汉末年的军事家，是名将皇甫规的侄子，安定（今甘肃省境内）人。行师方略：行军作战的方案和策略。资用：利用。规谋：规划与谋略。济成：相助促成。
⑪何进：字遂高，南阳宛（今河南省南阳市）人，是东汉末年的大将军。中官：宦官，指张让等十常侍。董卓：字仲颖，陇西临洮（今甘肃省境内）人，东汉末年的权臣和军阀。惧：威慑。
⑫陵虐：欺凌和虐待。
⑬海内：国内。望：敬仰。震怖：感到震惊并心生恐怖。

译文

汉灵帝中平元年（公元184年），黄巾贼军反叛，朝廷四府举荐卢植，拜为北中郎将，持节，任用护乌桓中郎将宗员作为副手，统帅北军五校士，调发天下各郡的兵马征讨黄巾贼军。连续作战都击败贼将帅张角，斩杀和俘获敌军一万多人，张角等一边逃亡一边退保于广宗，他筑建围墙，深挖壕沟，制作云梯，即将攻下城池。皇帝派小黄门左丰来到军营观察具体情况，有人奉劝他送礼贿赂左丰，他不情愿。左丰回京对皇帝说："广宗敌军容易攻破，卢中郎坚固战垒停止进军，等待上天去灭亡诛杀他们。"皇帝听后勃然大怒，特遣槛车召回他，以减免死罪一等论处。等车骑将军皇甫嵩征讨并平定黄巾贼军的时候，大力夸赞他的行兵作战策略，采用他的设计方案与谋划，（这些谋略）帮助（皇甫嵩）成就了功业。就在当年恢复他的尚书官。汉灵帝驾崩，大将军何进筹谋诛杀宦官，随即召来并州牧董卓，借以威慑太后。他知道董卓凶残强悍难以驾驭，必定会生出后患，坚决抵制（这样的做法）。何进没有听从. 等到董卓来到，果然欺凌虐待朝廷，广泛召集百官来到朝堂，议论废立皇帝的事。百官无人敢发言，只有他独自抗争，坚决不赞同。董卓发怒并就此休会，想要杀他。《董卓传》中有记载。他平时与蔡邕关系友善，蔡邕曾经被贬谪流放到朔方，他独自上书为蔡邕求情。当时蔡邕受到董卓的青睐，前去为他求情。议郎彭伯也向董卓进谏："卢尚书是国内大儒，受人们敬仰。现在杀他，天下会震惊并感到恐怖。"董卓就此作罢，只是罢免了他的官而已。

植以老病求归，惧不免祸，乃诡道从轘辕出①。卓果使人追之，到怀，不及。遂隐于上谷，不交人事。冀州牧袁绍请为军师②。初平三年卒③。临困④，敕其子俭葬于土穴，不用棺椁，附体单帛而已。所著碑、诔、表、记凡六篇。建安中⑤，曹操北讨柳城⑥，过涿郡，告守令曰："故北中郎将卢植，名著海内，学为儒宗，士之楷模，国之桢干也。⑦昔武王入殷，封商容之闾；⑧郑丧子产，仲尼陨涕。⑨孤到此州，嘉其余风。⑩《春秋》之义，贤者之后，宜有殊礼⑪。亟遣丞掾除其坟墓，存其子孙，并致薄醊，以彰厥德。⑫"子毓，知名。

注释

① 诡道：间道，捷径，此指绕道。诡，诈。轘 huán 辕：即轘辕道，驿道的名称，在洛州缑氏县（今河南省洛阳市境内）东南。

② 袁绍：字本初，汝南（今河南省周口市境内）人，初平元年被推举为驱逐董卓军队的联军盟主，也是东汉末年的士族豪强。

③ 初平：东汉汉献帝的年号，即公元 190—192 年。初平三年，就是公元 192 年。

④ 临困：喻指人将死亡。

⑤ 建安：汉献帝的年号，即公元 196—220 年。

⑥ 曹操：字孟德，沛国谯（安徽亳州）人，三国时期曹魏政权的建立者。讨柳城：指建安十二年（公元 207 年）曹操北征乌桓，讨伐柳城而登上白狼山一事。

⑦ 儒宗：儒学人士的宗师。楷模：学习的榜样。桢干：

骨干，精英人才。

⑧武王：周武王姬发，征讨商纣王，建立周朝。商容：殷商末期的乐官，被商纣王贬职。闾：里巷之门。

⑨子产：郑子产，即公孙侨，春秋时期的郑国人。陨涕：落泪。根据《左传·鲁昭公二十年》的记载，孔子听到郑子产死亡的讯息，伤心落泪地说："古之遗爱也。"

⑩孤：古时诸侯对自己的谦称。嘉：嘉奖，称赞。余风：这里指卢植的精神风范。

⑪殊礼：特殊的礼遇。

⑫亟：急。除：清除，清扫。存：抚慰和体恤。醊zhuì：祭酹，将酒洒在地上表示祭奠。

译文

卢植以年老有病请求回归老家，害怕不能免于灾祸，就绕道从轘辕道离开京城。董卓果然派人来追杀，追到怀县，终究没能追上。从此以后，他在上谷隐居起来，不与外面的人事接触。冀州牧袁绍恳请他来担任军师。他在初平三年（公元192年）去世。临死前，他嘱咐儿子将他节俭地安葬在土穴中，不用棺椁，包裹身体用单层帛布就可以。他写的碑、诔、表和记，总共六篇。建安年间，曹操北伐柳城，经过涿郡，吩咐守令说："已经故去的北中郎将卢植，闻名天下，他的学识为儒学人士推崇，是士人学习的榜样，国家的骨干。当年周武王进抵殷商，为商容晋封门闾；郑国丧失了子产，孔子落下伤心的眼泪。我来到此地，倾慕卢植遗留下的风采。

《春秋》的大义，对贤者的后代，应该保有特殊的礼遇。赶快派吏员打扫他的墓地，慰问他子孙后代，并行使薄酒祭祀礼，来彰显他的美德。”他的儿子卢毓，当时也有一定的知名度。

论曰：风霜以别草木之性[①]，危乱而见贞良之节[②]，则卢公之心可知矣。夫蜂虿起怀[③]，雷霆骇耳，虽贲、育、荆、诸之伦[④]，未有不冘豫夺常者也[⑤]。当植抽白刃严阁之下，追帝河津之间，排戈刃，赴戕折，岂先计哉？君子之于忠义，造次必于是，颠沛必于是也[⑥]。

注释

①风霜以别草木之性：这句话的意思与《论语·子罕》所言的“岁寒然后知松柏之后凋也”意思相近。

②危乱而见贞良之节：这句话的意思与《老子》所言的“国家昏乱，有忠臣”意思相近。

③蜂虿 chài 起怀：比喻祸害侵身。蜂虿，蜂和虿都是有毒刺的螫虫。

④贲：孟贲，古代的大力士。育：夏育，猛士。荆：荆轲，豪杰侠士。诸：专诸。伦：类，徒。

⑤冘 yóu 豫：同“犹豫”，不能自定。夺常：易其常分者也。

⑥造次：仓促、匆忙。颠沛：困顿挫折。

译文

论说：风霜可以判别草木的性情，危难和动乱可以晓见忠贞贤良的节操，卢公的真心不言而喻。祸害来临，侵扰身心，雷霆强震，惊骇人的耳目，即使是孟贲、夏育、荆轲、专诸这样的人，也不得不犹豫不定而改变常态。然而卢植在威严的高阁之下仍然能够亮出兵刃，追随皇帝奔驰于河津两地之间，力挡兵戈剑刃，前赴危难险境，岂是事先料想到的？君子的忠心和义举，在危急之中方能如此，困顿受挫之时也会如此！

陈蕃传

题解

陈蕃自小就树立有“当扫除天下”的高远志向，虽然对他有“一屋不扫，何以扫天下”的后世讥讽，但这丝毫不减陈蕃的个人风采。他尊敬周璆，是因为景仰志气高洁的贤士；他识破赵宣的伪善似孝的丑恶嘴脸，又是因为对欺世盗名的邪念歪风疾恶如仇；他不畏强权，刚正不阿，受到贬黜，依然忧国忧民，心系朝政大局；他为忠心拳拳臣僚的冤屈而直言力谏，为坚持皇帝选择皇后当从家世观念的原则上疏极谏；他受到窦皇后丰厚赏赐的恩宠，却始终不忘为臣根本，拒绝封赐，戒慎“得”之贪念；他参与密谋铲除宦官小人的行动，结局以失败告终，自己也因此遭到杀害。陈蕃为国为民，鞠躬尽瘁，免不了死于小人之手，但他的忠贞正气和仁义心怀，不仅能在东汉一代树立起精神长存的丰碑，更足以激荡后世的无数仁人义士！本篇为节选。

陈蕃字仲举，汝南平舆人也。祖河东太守。蕃年十五，尝闲处一室[①]，而庭宇芜秽[②]。父友同郡薛勤来候之[③]，谓蕃曰：“孺子何不洒埽以待宾客[④]？”蕃曰：“大丈夫处世[⑤]，当扫除天下，安事一室乎！”勤知其有清世志[⑥]，甚奇之。初仕郡，举孝廉，除郎中[7]。遭母忧，弃官行丧。[8]服阕，刺史周景辟别驾从事，以谏争不合，投传而去。[9]后公府辟举方正，皆不就[10]。

注释

①闲处：闲居。

②庭宇：房舍。芜秽：杂乱又污秽。

③候：伺望、探望。

④孺子：这里指儿童，即小孩子。

⑤处世：生活在人世间。

⑥清：清化，指清明地教化。

⑦除：担任。

⑧忧：居丧，多指为父母居丧。行丧：举办丧事。

⑨服阕：守丧期满除去丧服。阕，终了。辟：召见并授予官职。别驾从事：刺史的属吏，因为跟从刺史出巡时要另备专车，故称“别驾”。谏争：即谏诤，直言进谏。投传 zhuàn ：投弃符信。这里借指辞官。

⑩公府：三公官府，指太尉府、司空府以及司徒府。方正：即方正贤良文学，科考项目之一。就：接受，同意。

译文

陈蕃，字仲举，汝南郡平舆县人。他的祖父是河东太守。他十五岁时，曾独自居住在一个房间，然而他的房间里杂乱不干净。他父亲的同郡朋友薛勤来看望他们，对陈蕃说："小孩子家为什么不把房间打扫干净来接待宾朋？"陈蕃回答："大丈夫活在这世上，应当扫荡天下，怎么能做打扫一间房子的小事！"薛勤知道他怀有清明地教化天下的志向，感到非常惊奇。起初，他在郡中入仕为官，被举荐为孝廉，担任郎中。恰逢母亲去世，他辞去官职去行孝服丧。服丧期满，刺史周景召见他并派遣他出任别驾从事。他直言进谏，与官员不和，便投弃印符辞职离去。后来公府征召举荐他为方正，他没有答应。

太尉李固表荐[①]，征拜议郎，再迁为乐安太守。时，李膺为青州刺史，名有威政，属城闻风[②]，皆自引去，蕃独以清绩留。[③]郡人周璆，高洁之士。前后郡守招命莫肯至，唯蕃能致焉[④]。字而不名，特为置一榻，去则县之。[⑤]璆字孟玉，临济人，有美名。民有赵宣葬亲而不闭埏隧[⑥]，因居其中，行服二十余年[⑦]，乡邑称孝，州郡数礼请之。郡内以荐蕃，蕃与相见，问及妻子，而宣五子皆服中所生。蕃大怒曰："圣人制礼[⑧]，贤者俯就，不肖企及。且祭不欲数，以其易黩故也[⑨]。况乃寝宿冢藏，而孕育其中，诳时惑众，诬污鬼神乎？[⑩]"遂致其罪。

注释

① 表荐：上表推荐。

② 属城：李膺管辖范围内的下属地方官员。闻风：指

听说李膺来临。

③引去：引退离开。清绩：清廉的政绩。

④致：招致、招来。

⑤榻：狭长偏矮的床，也可泛指床。县：同“悬”，悬挂。

⑥埏 yán 隧：墓道。

⑦行服：身穿孝服居丧。

⑧圣人制礼：这里指三年之丧的礼仪。李贤注曰：“《礼记》：‘三年之丧，可复父母之恩也。贤者俯而就之，不肖者企而及之。’”俯而就之，降格相从，这里指遵守。企而及之，踮起脚尖来才能够得着，这里指努力做到或勉力从事。

⑨黩 dú：轻慢不恭敬。

⑩寝宿：住宿。冢藏：墓室。诳时惑众：欺骗善良的人并迷惑大家。诬污鬼神：诬蔑和玷污神灵。

译文

太尉李固上表举荐，征召任命他为议郎，又调任他作乐安太守。当时李膺作为青州刺史，因为威严的治政而出名，他的下属地方官员听说他要到来，自动引退离去，只有陈蕃因为政绩清明留了下来。同郡人周璆，是位高尚纯洁的人，先后几任郡守征召他，不肯应召，只有陈蕃能把他请来。陈蕃称呼他的字，并不直呼其名，特地为他安置了一张床榻，等到他走之后就悬挂起来。周璆，字孟玉，是临济人，有美好的声名。民众中有一个叫赵宣的人，他安葬父母却没有封闭墓道，住在墓室中，服丧二十多年，乡里人夸赞他孝顺，州郡官府多次以礼相请。郡中有人因此把他推荐给陈蕃，陈蕃跟他见了面，问到他的妻子儿女时，才知道赵宣的五个孩子全都是在服丧期间出生的。陈蕃大怒说："圣人制定'三年之丧'的礼仪，贤良的人遵从它，不孝顺的人努力按它的要求去做。而且祭祀的次数不应该太多，因为次数频繁容易使人轻慢不恭敬。更何况你在墓室中寄住，还在里面生育孩子，蒙骗世人，迷惑大家，不是诬蔑并玷污了神灵吗？"陈蕃于是治了他的罪。

大将军梁冀威震天下，时遣书诣蕃，有所请托，不得通，使者诈求谒，蕃怒，笞杀之，坐左转修武令[①]。稍迁，拜尚书。时，零陵、桂阳山贼为害，公卿议遣讨之，又诏下州郡，一切皆得举孝廉、茂才。蕃上疏驳之曰："昔高祖创业，万邦息肩[②]，抚养百姓，同之赤子。今二郡之民，亦陛下赤子也。致令赤子为害，岂非所在贪虐，使其然乎？宜严敕三府，隐核牧守令长[③]，其有在政失和，侵暴百姓者，即便举奏，更选清贤奉公之人，能班宣法令情在爱惠者[④]，可不劳王师，而群贼弭息矣。又三署郎吏二千余人，三府掾属过限未除，但当择善而授之，简恶而去之。岂烦一切之诏，以长请属之路乎[⑤]！"以此忤左右[⑥]，故出为豫章太守。性方峻，不接宾客，士民亦畏其高。征为尚书令，送者不出郭门。

注释

①左转：降官，贬职。

②万邦：指全国。息肩：免除劳役，减轻负担。

③隐核：暗中考察。

④班宣：颁布和宣扬（法令）。班，通“颁”。

⑤长 zhǎng：扩大。请属之路：请托做官的门径。

⑥忤 wǔ：冒犯、触犯。左右：代指皇帝身边的宦官。

译文

大将军梁冀的声威大震于天下，当时派人给陈蕃送书信，请求他办事，不能得到通告，使者诈谋请求进见，陈蕃发怒，将其鞭打致死，陈蕃因此获罪被降职转任修武县令。事后又渐渐提升，拜为尚书。当时零陵、桂阳山中贼人祸害百姓，公卿商议派兵对他们进行讨伐，又下达诏令给各州郡，各地全都得推荐孝廉、茂才。陈蕃上疏驳斥说：“以前汉高祖创立基业，国内人民得以减轻负担，国家安抚和养育百姓，视同养自己的孩子。现在零陵、桂阳两郡的百姓，也是皇上的子民。导致皇上的子民被祸害，难道不是当地的官吏贪婪淫虐，才发生这样的事吗？皇上应该严肃地颁布命令通告三府，暗中考察州牧、郡守、县令和县长，对他们当中执政丧失与民为和原则，侵犯并施暴于百姓的，就立刻举报并启奏，改选清廉贤良奉公守法的人，能够颁布和宣传法规及律令，情系百姓并厚爱施惠于百姓的人，就可以不必劳师动众，而群聚的贼寇便安定止息了。此外，三署中郎官多达两千多人，三府中掾属官员超过了期限还没有委任，只需选择优秀的人授予官职，挑出拙劣的人并将其罢黜。哪里用得着颁发所有州郡都要举荐人才的诏命，以此来扩大请托做官的途径？”陈蕃因此得罪了皇帝身边的人，被流放出京城，去豫章做太守。他本性方正清峻，不接待贵宾和客人，士人和百姓也畏惧他的高傲。他被征召出任尚书令，连为他送行的人都没能走到外城的城门。

迁大鸿胪。会白马令李云抗疏谏[①]，桓帝怒，当伏(重)诛[②]。蕃上书救云,坐免归田里。复征拜议郎，数日迁光禄勋。时，封赏逾制[③]，内宠猥盛[④]，蕃乃上疏谏。帝颇纳其言，为出宫女五百余人，但赐俊爵关内侯，而万世南乡侯。延熹六年[⑤]，车驾幸广成校猎。蕃上疏谏。书奏不纳。自蕃为光禄勋，与五官中郎将黄琬共典选举，不偏权富，而为势家郎所谮诉，坐免归。[⑥]顷之，征为尚书仆射，转太中大夫。八年，代杨秉为太尉。蕃让曰：“‘不愆不忘，率由旧章[⑦]’，臣不如太常胡广。齐七政[⑧]，训五典[⑨]，臣不如议郎王畅。聪明亮达[⑩]，文武兼姿[⑪]，臣不如弛刑徒李膺。”帝不许。

注释

①抗：呈上。

②当伏（重）诛：“重”疑似衍字。指李云屈服认罪，应当被诛杀。伏，屈服。

③逾制：超过规制。

④猥 wěi 盛：众多。

⑤延熹 xī：汉桓帝刘志的第六个年号，公元 158—167 年。

⑥典：主管。偏：偏袒。权富：权贵富豪。势家郎：权贵人家的子弟。谮 zèn 诉：诬陷、中伤。

⑦不愆不忘，率由旧章：语出《诗经·大雅·假乐》。愆，过错。忘，遗忘、遗漏。率由，遵循、遵照。旧章，以前的典章制度。

⑧齐：整治。七政：语出《尚书·尧典》，古代的天文术语，主要有三种说法：其一为日、月和金木水火土五星；其二为北斗七星；其三为天、地、人和春夏秋冬四时。

⑨训：训释、解读。五典：据孔安国《尚书序》，指少昊、颛顼、高辛、唐尧、虞舜时代的书籍，这里代指圣贤之书。

⑩亮：光明磊落。达：旷达。

⑪姿：资质。

译文

他随后升官出任大鸿胪。恰逢白马县令李云直言上书进谏，令桓帝动怒，李云应当被判死刑。陈蕃上书救李云，获罪免官回家。随后他再次被征召担任议郎，几天后又升迁为光禄勋。当时封爵赏赐的现象越过了礼仪制度，内侍宠臣人员众多并权势强盛，陈蕃便上疏劝谏。皇帝采纳了他很多建议，为此放出的宫女多达五百余人，只封赐黄俊关内侯爵位，而封邓万世为南乡侯。延熹六年，皇上驾临广成狩猎。陈蕃上疏进谏。奏书上呈后，他的意见没被采纳。自从他担任光禄勋之后，跟五官中郎将黄琬共同主管选举官员，不偏袒权贵豪门，因而被权贵子弟诬陷唾斥，获罪还乡。不久，他被征召出任尚书仆射，随后转任太中大夫。延熹八年，他接替杨秉出任太尉。陈蕃谦让说："不出差错，不遗漏忘事，一切遵照旧有典章制度，这方面臣子比不上太常胡广。整治七政，训解五典，这方面臣子比不上议郎王畅。耳聪目明，心亮豁达，文采武功俱佳，这方面臣子比不上能给囚犯减刑的李膺。"皇帝没有答应。

中常侍苏康、管霸等复被任用，遂排陷忠良[1]，共相阿媚[2]。大司农刘祐、廷尉冯绲、河南尹李膺，皆以忤旨[3]，为之抵罪。蕃因朝会，固理膺等，请加原宥[4]，升之爵任。言及反复，诚辞恳切。帝不听，因流涕而起。时，小黄门赵津、南阳大猾张氾等，奉事中官，乘势犯法，二郡太守刘瓆、成瑨考案其罪，虽经赦令，而并竟考杀之。宦官怨恚，有司承旨，遂奏瓆、瑨罪当弃市。又山阳太守翟超，没入中常侍侯览财产，东海相黄浮，诛杀下邳令徐宣，超、浮并坐髡钳[5]，输作左校。蕃与司徒刘矩、司空刘茂共谏请瓆、瑨、超、浮等，帝不悦。有司劾奏之，矩、茂不敢复言。蕃乃独上疏。

注释

①排陷：排挤和陷害。

②阿媚：阿谀奉承、谄媚讨好。

③忤：违背。

④原宥 yòu：宽大处理。

⑤髡 kūn：古代的一种刑罚，剃掉头发，用铁圈将人的颈部束缚住。

译文

中常侍苏康、管霸等人再次被任命起用，便排斥并陷害忠臣良士，共同阿谀谄媚。大司农刘祐、廷尉冯绲、河南尹李膺，都因为违背他们的旨意，为此抵偿罪过。陈蕃乘着朝会的时机，固执己见地坚决为李膺等人争辩，请求宽宏大量给予饶恕，提升他们任官的爵位。陈蕃反复申诉，言辞真诚恳切。皇上不理会，陈蕃因此痛哭流涕并起身退朝。当时小黄门赵津、南阳大恶霸张汜等人，侍奉宦官，倚仗权势违犯法令，太原和南阳两郡的太守刘瓆、成瑨拷问审查他们的罪行，虽然已经有了赦免的命令，但还是将他们拷打致死。宦官们心怀怨恨和怒气，主管官员秉承他们的旨意，马上上报刘瓆、成瑨的罪行，罪当斩首示众。此外，山阳太守翟超，没收了中常侍侯览的家产，东海国相黄浮，诛杀了下邳县令徐宣，翟超、黄浮都被判罪并受到髡钳的刑罚，被押往左校服劳役。陈蕃与司徒刘矩、司空刘茂共同进谏，为刘瓆、成瑨、翟超、黄浮等人求情，皇上感到不快。主管官员上奏弹劾他们，刘矩、刘茂不敢再多说。陈蕃便独自一人上疏谏说。

帝得奏愈怒，竟无所纳，朝廷众庶莫不怨之[①]。宦官由此疾蕃弥甚，选举奏议，辄以中诏谴却[②]，长史已下多至抵罪。犹以蕃名臣，不敢加害。瑱字文理，高唐人。瑨字幼平，陕人。并有经术称，处位敢直言[③]，多所搏击[④]，知名当时，皆死于狱中。

注释

① 众庶：代指众多官员。

② 谴却：谴责并拒绝受理。

③ 处位：居处官位。

④ 搏击：打击作奸犯科之人。

译文

皇帝看到奏书越发愤怒，最终也没有采纳他的建议。朝廷群官没有一个不对他心生怨恨的。宦官从此更加痛恨他，他举荐官员的奏章议折，经常被假借皇上的诏命予以驳回，长史以下的官吏大都遭到治罪。由于陈蕃身为著名大臣，他们还不敢加以迫害。刘瑱，字文理，高唐县人。成瑨，字幼平，陕地人。二人都以经术著称，居官正直敢言，打击了不少奸佞之人，闻名于当时，却都死在监狱中。

九年，李膺等以党事下狱考实[①]。蕃因上疏极谏。帝讳其言切，托以蕃辟召非其人，遂策免之。永康元年，帝崩。窦后临朝[②]，诏曰："夫民生树君，使司牧之，必须良佐，以固王业。前太尉陈蕃，忠清直亮。其以蕃为太傅，录尚书事。"时，新遭大丧，国嗣未立，诸尚书胃惧权官，托病不朝。蕃以书责之曰："古人立节，事亡如存。今帝祚未立，政事日蹙，诸君奈何委荼蓼之苦，息偃在床？[③]于义不足，焉得仁乎！"诸尚书惶怖，皆起视事。灵帝即位，窦太后复优诏蕃曰："盖褒功以劝善，表义以厉俗，无德不报，《大雅》所叹[④]。太傅陈蕃，辅弼先帝，出内累年。忠孝之美，德冠本朝；謇愕之操，华首弥固[⑤]。今封蕃高阳乡侯，食邑三百户。"蕃上疏让。窦太后不许，蕃复固让，章前后十上，竟不受封[⑥]。

注释

①考实：考核实情。

②临朝：古时指后妃（皇后、皇太后或太皇太后）代理皇帝行使国家最高权力。

③帝祚：犹皇位。蹙 cù：急迫、窘迫。委：舍弃、离弃。荼蓼 túliǎo：荼味苦，蓼味辛，以喻艰苦。

④大雅：《诗经》的一部分，共三十一篇，所收诗歌多为西周时期的作品。

⑤謇 jiǎn 愕之操：正直敢言的节操。华首：白首，指年纪大。

⑥竟：最终。

译文

延熹九年，李膺等人因为党锢事件被关进牢狱进行盘查和拷问。陈蕃因此上疏极力劝谏。皇帝忌讳他直切的言辞，推托陈蕃征召举荐的人选不得当，便传下策书把他给罢免了。永康元年，汉桓帝驾崩。窦太后临朝执政，下达诏书说："万民生在这世上，我们就必须树立君王，让他来管治，一定要有贤良的辅佐大臣，来巩固帝王的基业。前任太尉陈蕃，忠贞廉洁，耿直豁达。任命陈蕃为太傅，总管尚书事务。"当时刚刚遭遇国家的大丧（皇帝去世），皇位继承人还没确定，各位尚书畏惧权贵势大的官员，都借口生病不去上朝。陈蕃写信斥责他们说："古人立定节操，恪尽职守，侍奉身亡的君王就如同他在世的时候一样。如今国家继承人还没确立，政治事务日趋窘迫，各位君子怎么能推辞国家的苦差事，而躺卧床上休息呢？连君子之义都还做不到，哪里谈得上仁！"各位尚书感到惶恐，全都行动起来办理事务。汉灵帝登基即位，窦太后再次下诏书优厚地奖掖陈蕃说："褒奖功劳是为了劝勉人们行善，表彰道义是为了激励风俗，没有什么功德是得不到回报的，这就是《大雅》所兴叹的。太傅陈蕃，辅佐先帝，传达圣旨多年。忠孝的美德，让他的德行高居本朝官员之首；正直劝谏的节操，年岁越大越坚定。现拜封陈蕃为高阳乡侯，食邑三百户。"陈蕃上疏推辞。窦太后不允许，陈蕃反复辞让，前后十次上书，到底还是没有接受封赏。

初，桓帝欲立所幸田贵人为皇后[①]。蕃以田氏卑微，窦族良家，争之甚固。帝不得已，乃立窦后。及后临朝，故委用于蕃[②]。蕃与后父大将军窦武，同心尽力，征用名贤，共参政事，天下之士，莫不延颈想望太平。而帝乳母赵娆，旦夕在太后侧，中常侍曹节、王甫等与共交构，谄事太后。[③]太后信之，数出诏命，有所封拜，及其支类，多行贪虐。[④]蕃常疾之，志诛中官[⑤]，会窦武亦有谋。蕃自以既从人望而德于太后，必谓其志可申，[⑥]乃先上疏。太后不纳，朝廷闻者莫不震恐[⑦]。蕃因与窦武谋之，语在《武传》。

注释

① 幸：宠幸、宠爱。
② 委用：任用。
③ 交构：勾结。谄事：谄媚伺候主子。
④ 支类：分支同类。贪虐：贪婪暴虐。
⑤ 中官：宦官。
⑥ 人望：为众人所敬仰的人，或指有声望。申：表明。
⑦ 震恐：震惊并恐惧。

译文

起初，汉桓帝想要册立他宠爱着的田贵人做皇后。陈蕃以为田氏出身卑贱低微，窦氏出身于很好的家族，争立窦氏的想法很坚决。皇帝没有办法，才册立窦氏为皇后。等到窦太后摄政称制，便对陈蕃委以重用。陈蕃跟窦太后的父亲大将军窦武，同心尽力，征召并任用名士贤才，共同参议国家政事，天下的人士，没有一个不伸长脖子企望太平的。然而皇帝的乳母赵娆，早晚陪在太后身旁，中常侍曹节、王甫等人与她交相勾结，谄媚伺候太后。太后相信他们，多次发出诏令，给他们封赏赐官，惠及他们的分支同类，而这些人大都行事贪虐。陈蕃常常对他们痛心疾首，志在诛杀这些宦官，恰逢窦武也有相似的谋算。陈蕃自认为顺从众人的期望，而且对太后又有恩德，认定自己的意愿必将达成，便率先上疏劝谏。太后没有采纳。朝廷中听说此事的人，没有一个不感到震惊和惶惧。陈蕃便与窦武共同筹谋铲除宦官，事迹记载在《窦武传》中。

及事泄，曹节等矫诏诛武等①。蕃时年七十余，闻难作，将官属诸生八十余人②。并拔刃突入承明门，攘臂呼曰："大将军忠以卫国，黄门反逆，何云窦氏不道邪？"王甫时出，与蕃相迕③，适闻其言，而让蕃曰："先帝新弃天下，山陵未成④，窦武何功，兄弟父子，一门三侯⑤？又多取掖庭宫人，作乐饮讌，旬月之间，赀财亿计。⑥大臣若此，是为道邪？公为栋梁，枉桡阿党，复焉求贼⑦！"遂令收蕃。蕃拔剑叱甫，甫兵不敢近，乃益人围之数十重，遂执蕃送黄门北寺狱。黄门从官驺蹋踧蕃曰⑧："死老魅⑨！复能损我曹员数，夺我曹禀假不？"即日害之。徙其家属于比景，宗族、门生、故吏皆斥免禁锢。

注释

①泄：泄露。矫：假托或诈称。

②将：率领。官属：部下。

③迕 wǔ：相逢、相遇。

④山陵：这里指陵墓。

⑤一门三侯：一个家族中出现三位侯爵级别的人。

⑥掖 yè 庭：宫中房舍，宫女居住的地方。讌 yàn：通"宴"，饮宴。赀 zī：通"资"，钱财。

⑦枉桡 náo：违法曲断，偏袒不公。阿 ē 党：结党营私。

⑧驺 zōu：骑士。蹴 cù：踢。

⑨死老魅：俗语，类似今天的口语"死老鬼"。

译文

后来等到事情泄露，曹节等人假造诏书诛杀了窦武等人。陈蕃当时七十多岁，听说祸乱发生，率领属下和学生八十多人，一起拔刀冲进承明门，振臂高呼："大将军忠心保卫国家，黄门宦官造反谋逆，为什么说窦氏不讲道义呢？"王甫当时从宫门中出来，与陈蕃迎面相遇，刚好听到他们的话，就斥责陈蕃说："先帝刚刚离开天下黎民百姓，他的陵墓还没完全建成，窦武有什么功劳，兄弟父子，家族里有三人封获侯爵？此外，他还带走很多后宫女子，寻欢作乐，饮酒宴客，不足一月间，聚敛的财物数以亿计。像这样的大臣，能算是讲道义吗？您是国家的栋梁，却徇私枉法并结党营私，还到哪里去抓捕贼寇！”便下达命令拘捕陈蕃。陈蕃拔出剑大声叱呵王甫，王甫的兵将都不敢靠近，便增加兵士，把他围了几十层，最终抓获陈蕃并将其送往黄门北寺的牢狱。黄门的随从骑兵用脚踢陈蕃说：“死老鬼！还能再减少我们人员数目，夺走我们的俸禄和借贷款吗？”（那骑兵）当天就把他杀了。他的家属流放到比景，宗族成员、学生、旧部全部遭到贬斥、罢免或是禁锢。

论曰：桓、灵之世①，若陈蕃之徒，咸能树立风声②，抗论惛俗③。而驱驰崄厄之中④，与刑人腐夫同朝争衡⑤。终取灭亡之祸者，彼非不能洁情志，违埃雾也⑥。愍夫世士以离俗为高⑦，而人伦莫相恤也。以遁世为非义⑧，故屡退而不去；以仁心为己任，虽道远而弥厉⑨。及遭际会，协策窦武，⑩自谓万世一遇也。懔懔乎伊、望之业矣⑪！功虽不终，然其信义足以携持民心⑫。汉世乱而不亡，百余年间，数公之力也。

注释

①桓、灵之世：汉桓帝、汉灵帝时期。

②风声：风气。

③抗论：立意高深的言论，这里指正直的言论。抗，同“亢”，高。惛 hūn 俗：昏乱的流俗。

④崄 xiǎn 厄：同“险厄”，指艰险困苦，比喻形势严峻。

⑤刑人腐夫：宦官。争衡：竞争。

⑥违：逃避。埃雾：即尘埃，比喻世俗。

⑦愍 mǐn：哀怜。夫：那些。

⑧遁 dùn 世：避世隐居。

⑨厉：猛烈、严肃，这里当指心志坚定。

⑩际会：时机、机会。协策：协助。

⑪懔 lǐn 懔：严正或刚烈貌。

⑫携持：扶持。

译文

评论说：汉桓帝、灵帝之际，像陈蕃这样的人，全都能树立良好的社会风气和个人名声，以正直言论抵抗庸鄙昏沉的风俗。然而在艰难险阻中奔跑驱驰，与宦官同在朝廷争斗高下。最终招致自取灭亡的灾祸，并不是因为不能够洁身自好，保养自己的情操和志向，躲避世俗。担忧世人把远离世俗视为孤高，而对于人伦道德，人们却没有顾及。他们把逃离世俗视为不够仁义，所以多次被贬退而不肯离去；把仁爱视为自己内心的责任，即使道路遥远但意志更为坚强。遇到适当时机，协同窦武筹谋，自己认为是万代一遇的机会。他凛然有风采，(自认为)就像伊尹、吕望那样能够建立大业！事情虽然没有成功，但他的忠信仁义足够扶持起人心。汉朝动乱却没有灭亡，长达百年，正是因为有像陈蕃这样的数位大臣的力量啊。

李膺传

题解

李膺是东汉末年无人不知无人不晓的贤良名士，以威严的盛名著称，不仅让朝廷内阿谀奉承的宦官们诚惶诚恐，而且令滋扰边境的外敌都对他心生惧色。他抵制行贿的歪风，抨击腐败现象，遭奸猾小人诬蔑，成为党锢祸患的受害者。然而，他临危不惧，依旧保持高洁之志和刚正不阿的风采，宁死也不避隐，鞠躬尽瘁，与国难共生同亡！最后，年满六十的他在监狱中被拷打致死，但他身陷危亡之中所焕发出的坚毅的大无畏精神及道德情操，可谓一代名士的至高典范！

李膺字元礼，颍川襄城人也[①]。祖父脩，安帝时为太尉。父益，赵国相。膺性简亢[②]，无所交接[③]，唯以同郡荀淑、陈寔为师友[④]。初举孝廉，为司徒胡广所辟，举高第[⑤]，再迁青州刺史。守令畏威明，多望风弃官。复征，再迁渔阳太守。寻转蜀郡太守，以母老乞不之官。转护乌桓校尉。鲜卑数犯塞，膺常蒙矢石[⑥]，每破走之，虏甚惮慑[⑦]。以公事免官，还居纶氏[⑧]，教授常千人。南阳樊陵求为门徒，膺谢不受。陵后以阿附宦官，致位太尉，为节志者所羞。荀爽尝就谒膺，因为其御，既还，喜曰："今日乃得御李君矣。”其见慕如此。永寿二年，鲜卑寇云中，桓帝闻膺能，乃复征为度辽将军。先是，羌虏及疏勒、龟兹数出攻抄张掖、酒泉、云中诸郡，百姓屡被其害。自膺到边，皆望风惧服，先所掠男女，悉送还塞下。自是之后，声振远域。延熹二年征，再迁河南尹。时宛陵大姓羊元群罢北海郡，臧罪狼籍，郡舍溷轩有奇巧，⑨乃载之以归。膺表欲按其罪，元群行赂宦竖，膺反坐输作左校⑩。

注释

①襄城：今河南省许昌市襄城县一带。

②简亢：孤敖、清高。亢，高。

③交接：交往。

④师友：可以相互学习、请教学问的良师益友。

⑤高第：这里指官员经考核后成绩列为优等。

⑥矢石：箭和垒石。

⑦虏：对北方游牧民族的贬称。

⑧纶 lún 氏：汉代的县名，属颍川郡故城，在今河南省登封市西南一带。

⑨臧罪：贪污受贿的罪行。溷 hùn 轩：厕所。

⑩输作：因犯罪而被罚为劳役。

译文

李膺，字元礼，颍川襄城人。他的祖父是李脩，汉安帝时曾任太尉。他的父亲李益，是赵国的国相。他本性清高孤傲，也不与什么人交往，仅仅是与同郡的荀淑、陈寔相互请教学习。当初，他被举荐为孝廉，随即又被司徒胡广征召，在经过一番考核后成绩位列优等，调升为青州刺史。当地的郡守和令长等官员都畏惧他威严神明，大多闻风丧胆地弃官而去。他被皇上征召，调迁为渔阳太守。不久他转任蜀郡太守，因为母亲年事已高，请求不到任上为官。他被转为护乌桓校尉。鲜卑族多次侵犯边塞，李膺常常冒着箭和垒石，每次都把侵犯的敌军打败，令他们落荒逃走，这些北方外族入侵者很是忌惮。后来，他因为公事被罢免官职，回家居住在纶氏，教授的学生常有近千人。南阳樊陵请求做他的学生，他婉言谢绝。樊陵因为奉承巴结宦官，才得到太尉的官位，被有志向和贞洁的人所耻笑。荀爽曾经拜见李膺，乘机给他驾车，返回的时候，高兴地说："今天终于可以为李先生驾车了。"由此可见李膺当时被钦慕的地步。永寿二年，鲜卑族侵犯云中，汉桓帝听说李膺很有才能，于是再次征召他为度辽将军。开始时羌族和疏勒、龟兹多次攻击包抄张掖、酒泉和云中各郡县，那里的老百姓也屡屡被杀害。自从李膺的军队到边境，这些入侵者一听到风声就惊恐诚服，把先前抢掠的男男女女全都送还。从那以后，李膺的威名传播到很远的地方。延熹二年（公元159年）他被征召，再度迁升为河南尹。当时宛郡的大户人家羊元群从北海郡罢官回家，有贪污受贿之罪，而且名声很差，把郡州房舍和厕所里的奇珍怪宝都装在车里拉回家。李膺上表启奏，想要指明他的罪行，羊元群赶紧向宦官们行贿，李膺反而因此被贬去做左校官。

初，膺与廷尉冯绲、大司农刘祐等共同心志，纠罚奸倖[①]，绲、祐时亦得罪输作。司隶校尉应奉上疏理膺等曰[②]："昔秦人观宝于楚，昭奚恤莅以群贤[③]；梁惠王玮其照乘之珠[④]，齐威王答以四臣。夫忠贤武将，国之心膂[⑤]。窃见左校弛刑徒前廷尉冯绲、大司农刘祐、河南尹李膺等，执法不挠，诛举邪臣，肆之以法，众庶称宜。昔季孙行父亲逆君命，逐出莒仆，于舜之功二十之一。[⑥]今膺等投身强御，毕力致罪，陛下既不听察，而猥受谮诉，遂令忠臣同愆元恶。[⑦]自春迄冬，不蒙降恕，遐迩观听，为之叹息。夫立政之要，记功忘失，是以武帝舍安国于徒中[⑧]，宣帝征张敞于亡命。绲前讨蛮荆，均吉甫之功。祐数临督司，有不吐茹之节[⑨]。膺著威幽、并，遗爱度辽。今三垂蠢动，王旅未振。《易》称'雷雨作解，君子以赦过宥罪'。[⑩]乞原膺等，以备不虞[⑪]。"书奏，乃悉免其刑。

注释

① 奸倖：奸邪并得宠的人。

② 理：申辩。

③ 昭奚恤莅以群贤：这个故事出自于刘向编撰的《新序》。莅，本义是走近观看。这里指展示给别人看。

④ 玮 wěi：美。照乘之珠：这个故事出自于《史记》。但原文记载的是魏惠王，以为自己国家有直径一

寸那么大的美珠，珠子的光亮可以照射到前后十二辆马车的距离。

⑤心膂 lǚ：心和脊骨。

⑥季孙行父亲逆君命：这个故事出自于《左传·鲁文公十八年》。季孙行父信奉“孝敬忠信为吉德，盗贼藏奸为凶德”的原则，将杀害纪公的纪太子莒仆驱除出鲁国，自视堪比舜的二十大功劳之一。

⑦听察：即审查。猥 wěi：同“委”，随、从的意思。谮 zèn：说别人的坏话，诬陷、诬告。

⑧这里不当是汉武帝时的故事，应是汉景帝时期的历史。舍：释放。徒：囚牢。

⑨吐茹：《诗经·大雅·烝民》有“柔亦不茹，刚亦不吐，不侮鳏寡，不畏强御”的话语，这里化用诗句的意思，含有刚正不阿、不欺软怕硬之意。遗爱：指遗留仁爱，这里指留下被人追怀的德行和美名。

⑩雷雨作解，君子以赦过宥罪：“雷雨作解”语出《易经·解卦》，“君子以赦过宥罪”是该卦的象辞。该卦是坎下震上，坎表示危险，是水。水象征着雨。震是震动，表示雷。雷雨交加，万物得到滋润而生长，土地也因万物生长而有所松动。君子看见这样的松动景象，效法大自然的规律，释放有罪的囚徒，赦免他们的罪过。

⑪不虞：出乎意料的事情。

译文

当初，李膺与廷尉冯绲、大司农刘祐等人怀有共同的心愿和志向，纠正和惩罚奸猾得宠的官员，冯绲、刘祐当时也获罪而被罚作劳役。司隶校尉应奉上书启奏为李膺等人辩解说："以前秦国人在楚国观赏宝贝，昭奚恤就向秦国人展示楚国众多贤良的臣子；梁惠王称赞自己照亮车子的珠宝，齐威王用国家的四位贤臣来回应。忠心贤良的武将，就像是国家的心脏和脊梁骨。臣下亲眼看见解除了镣铐和枷锁在左校劳役的囚犯前任廷尉冯绲、大司农刘祐、河南尹李膺等人，他们执行法令不屈服权贵，诛罚并揭发检举奸邪的官僚，将其绳之以法并陈列奸人的罪行，大家都称赞这非常恰当。以前季孙行父自己违背国君鲁宣公的命令，将莒仆赶出境内，但是等同于舜的功绩的二十分之一。如今李膺等人奋身投入惩治豪强的工作中，他们尽心尽力却招致罪祸，陛下不但不审查，反而听信诬陷的谗言，让忠心的大臣罪同元凶。从年初到年终，他们都没有得到陛下的宽恕，远近关心此事的臣民，都为此叹息。建立政权的关键，在于记下功劳忘却过失，汉景帝敕令将韩安国从囚牢中释放，汉宣帝把流亡在外的张敞征召入职。冯绲曾经征讨荆蛮，功劳与尹吉甫等同。刘祐多次审理案件，有正直不阿的气节。李膺的声名威震幽、并两州，作为度辽将军留下盛名。现今国家边陲三面的敌人蠢蠢欲动，皇家军队并不强大。《易》称：'雷雨化解，君王要赦免有罪过的人。'臣下乞求原谅李膺等人，以防不测。"奏折呈上后，（皇上批复同意）于是李膺等人全都免罪。

再迁，复拜司隶校尉。时，张让弟朔为野王令，贪残无道，至乃杀孕妇，闻膺厉威严[1]，惧罪逃还京师，因匿兄让第舍，藏于合柱中[2]。膺知其状，率将吏卒破柱取朔[3]，付洛阳狱。受辞毕，即杀之。让诉冤于帝，诏膺入殿，御亲临轩[4]，诘以不先请便加诛辟之意。膺对曰："昔晋文公执卫成公归于京师[5]，《春秋》是焉。《礼》云公族有罪[6]，虽曰宥之，有司执宪不从。昔仲尼为鲁司寇，七日而诛少正卯。[7]今臣到官已积一旬，私惧以稽留为愆[8]，不意获速疾之罪。诚自知衅责，死不旋踵，特乞留五日，克殄元恶，退就鼎镬，始生之愿也[9]。"帝无复言，顾谓让曰："此汝弟之罪，司隶何愆？"乃遣出之。自此诸黄门常侍皆鞠躬屏气[10]，休沐不敢复出宫省。帝怪问其故，并叩头泣曰："畏李校尉。"

注释

①厉：治政严肃。

②合柱：数根木头组合而成的空心柱子。

③率：急速、迅速。将：率领、带领。取：捉拿、缉拿。

④轩：宫殿的前檐处。

⑤晋文公执卫成公归于京师：这个故事出自于《春秋公羊传》。

⑥公族有罪：语出《礼记·文王世子》。公族，君王或诸侯的同族。

⑦仲尼：即孔子（公元前551—前479年）。七日而诛少正卯：这则故事见于《史记·孔子世家》。少正卯，春秋时期鲁国能言善辩之士。

⑧稽留：停滞、迁延。

⑨衅xìn责：罪责。旋踵：掉转脚跟，形容时间迅速或短促。克殄tiǎn：除灭。元恶：即首恶，大恶人。退就鼎镬huò：回来接受用鼎和镬烹煮的酷刑。鼎镬，古时的两种烹器。这里代指古时的酷刑。始：只、仅。

⑩鞠躬：恭敬谨慎貌。

译文

（李膺）再次得到升迁，又被任命为司隶校尉。当时张让的弟弟张朔担任野王县的县令，贪婪残暴没有仁道，甚至杀死孕妇。听说李膺治政严肃，特别威严，张朔畏罪潜逃返回了京城，躲藏在哥哥张让的家中，隐藏在多根木头合成的空心柱子里。李膺知道了这一情况，马上径直率领官吏和兵士破开空心柱子捉拿张朔，交付给洛阳的监狱。记录完口供之后，（监狱官）立刻杀了他。张让向皇帝申诉冤情，皇帝下诏命李膺进殿，在殿堂前，质问他不事先请命就杀掉犯人的用意。李膺回答说："以前晋文公捉拿卫成公回到京城，《春秋》如是记载。《礼》说公族犯罪，即使国君宽恕他，执法官吏也依法执行，不当听从国君的同情话语。以前孔子担任鲁国的司寇官，短短七天就杀掉了少正卯。今天距离臣下到任已达十天，我私自害怕会因为办事迁延而受到指责，却没想到会因此获得办案迅速之罪。臣下自知有罪，死期将至，特请宽留五天，彻底铲除罪魁祸首，便回来接受用鼎和镬烹煮我的酷刑，这就是臣下的意愿。”皇帝没再多说，回头告诉张让：“这是你弟弟的罪责，司隶官有什么过失？”皇帝便让李膺退朝出去了。从此以后，各位黄门常侍全部都毕恭毕敬，非常谨慎，甚至屏住呼吸，不敢喘出粗气，休息时和沐浴后也不敢离开宫廷。皇帝感到惊讶，问他们原因，他们全都磕头并流着眼泪说：“我们害怕李校尉。”

是时，朝廷日乱，纲纪颓阤，膺独持风裁，以声名自高。①士有被其容接者，名为登龙门。②及遭党事，当考实膺等。案经三府，太尉陈蕃却之③；曰：“今所考案，皆海内人誉，忧国忠公之臣。此等犹将十世宥也，岂有罪名不章而致收掠者乎？④”不肯平署⑤。帝愈怒，遂下膺等于黄门北寺狱。膺等颇引宦官子弟⑥，宦官多惧，请帝以天时宜赦，于是大赦天下。膺免归乡里，居阳城山中，天下士大夫皆高尚其道，而污秽朝廷。⑦

注释

① 颓阤 tuíyǐ：崩溃。这里指朝政颓败和纲纪松弛。风裁：风纪，指作风和纪律。自高：自当高尚。

② 容接：接纳并结交。登龙门：这里比喻能够与有名望的人结识而自身价值得以提升。

③却：不审理、不受理。

④宥：宽恕。章：昭彰，指清楚或明白。收掠：收押拷问。

⑤平署：连署，亦即联名签署。

⑥引：牵连、牵引。

⑦高：推崇，敬仰。尚：崇尚。污秽朝廷：以朝廷为污秽。

译文

当时朝廷日渐混乱，纲常颓败且法纪松弛，李膺独自持有自己的行事作风并遵守纪律，以声望和名誉自重自高。士人中能够受到他接纳并结交的，被称作登龙门。等到发生党锢之乱时，要考察核实李膺等人。案件经过三公府，太尉陈蕃不受理。陈蕃说："今天要考核的案子（所牵涉的人），都是天底下享有美誉的人，都是心忧国家、忠诚奉公的大臣。这样的人就算是他们的后世十代也应该得到宽恕，哪里有罪名不清就致使他们收押拷问的道理啊？"（陈蕃）不情愿跟别人一起签名。皇帝越发动怒，便把李膺等人关入黄门北寺牢狱。李膺等人牵引出不少宦官子弟，宦官们感到害怕，请求皇帝根据天时赦免罪行，（皇帝）随即大赦天下（的囚徒）。李膺被罢免回到老家，居住在阳城山中。天下的士大夫都推崇他高尚的道德，而视朝廷为昏庸污浊之地。

及陈蕃免太尉，朝野属意于膺[①]，荀爽恐其名高致祸，欲令屈节以全乱世[②]，为书贻曰："久废过庭[③]，不闻善诱，陟岵瞻望[④]，惟日为岁。知以直道不容于时，悦山乐水，家于阳城。道近路夷[⑤]，当即聘问，无状婴疾[⑥]，阙于所仰[⑦]。顷闻上帝震怒，贬黜鼎臣，人鬼同谋，以为天子当贞观二五，[⑧]利见大人[⑨]，不谓夷之初旦[⑩]，明而未融，虹蜺扬辉[⑪]，弃和取同。方今天地气闭，大人休否，[⑫]智者见险，投以远害。虽匮人望[⑬]，内合私愿。想甚欣然，不为恨也。愿怡神无事，偃息衡门[⑭]，任其飞沉，与时抑扬。[⑮]"顷之，帝崩。陈蕃为太傅，与大将军窦武共秉朝政，连谋诛诸宦官，故引用天下名士，乃以膺为长乐少府。及陈、窦之败，膺等复废。

注释

①属 zhǔ 意：着意、留意、关注。

②屈节：降低自己的身份相从。

③过庭：这是一个典故，语出《论语·季氏》，孔子教儿子孔鲤要懂得学诗和学礼的重要性。这里比喻前辈的教训。

④陟岵 hù 瞻望：语出《诗经·魏风·陟岵》。陟，升、登。岵，生长有草木的山。

⑤夷：平。

⑥无状：无奈。婴疾：生病。

⑦阙：缺。

⑧人鬼同谋：语出《易经·系辞》。做事之前，人要

有谋划，还应进行占卜以便得到神灵的应验。贞观：语出《易经·系辞》。贞，即正。观，昭示。二五：特指《易经》中乾卦的第二爻“九二”和第五爻“九五”。

⑨利见大人：语出《易经·乾卦》。

⑩夷：光明或明亮。初旦：天刚亮，即拂晓。

⑪虹蜺 ní：即虹霞。

⑫天地气闭，大人休否：此句化用《易经·坤卦》。意思是，天地闭塞，贤人隐退，大人遭遇离弃。休，离弃。否，闭塞。

⑬匮：匮乏、缺乏。

⑭偃息：睡卧休息。衡门：语出《诗经·陈风·衡门》，借指隐士的居所。

⑮飞沉：升降。抑扬：进退浮沉。

译文

等到陈蕃被罢免了太尉官职，朝廷执政当权的人和在野人士对李膺很留意，荀爽害怕他名望过高会招致祸患，想让他降格屈从以求在乱世中保全自身，写信赠言相劝：“当年孔子对孔鲤‘过庭’的长辈式教训已经废弃很久了，不能听到循循善诱的教诲，登上高山眺望，度日如年。我知道您因为正直的仁义之道而不能被时俗所接纳，乐于游山玩水，在阳城安家居住。道路不远而且路途平坦，我本该立即去拜会您，无奈身患疾病，不能拜访自己敬仰的先生。不久前我听说皇上动了怒气，贬退并罢黜了朝廷重臣陈蕃，人和鬼共同谋划，认为天子应当好好察看《易经》中的九二和九五两卦，都说见到大人会有利，不料天初开亮却出现伤害之象，天开亮然而却并不明朗，霓虹发出辉光，（这些现象预示着天子）离弃正人君子而认同并任用小人。现在正好是天地之气闭塞的时候，大人（贤君）被休废而遭到阻塞，有智慧的人发觉了险境，置身事外来躲避灾祸。即使这样有负众望，内在却符合自己的意愿。想要非常的欢欣，就不要为自己而感到遗憾。但愿您怡养精气神相安无事，关闭家门休养生息，任凭政事浮沉变化，与时代共进退。”不久，皇帝驾崩逝世。陈蕃出任太傅，与大将军窦武共同秉持朝廷政事，接连谋算诛杀了很多宦官，所以引荐任用天下有名的人士，于是让李膺担任长乐少府。等到陈蕃、窦武败落后，李膺等人再次被废除官职。

后张俭事起，收捕钩党[①]，乡人谓膺曰：“可去矣”。对曰：“事不辞难，罪不逃刑，臣之节也。吾年已六十，死生有命，去将安之？”乃诣诏狱。考死，妻子徙边，门生、故吏及其父兄，[②]并被禁锢。时，侍御史蜀郡景毅子顾为膺门徒，而未有录牒，故不及于谴。[③]毅乃慨然曰：“本谓膺贤，遣子师之，岂可以漏夺名籍，苟安而已！”遂自表免归，时人义之[④]。膺子瓒，位至东平相。初，曹操微时[⑤]，瓒异其才，将没[⑥]，谓子宣等曰：“时将乱矣，天下英雄无过曹操。张孟卓与吾善，袁本初汝外亲，虽尔勿依，必归曹氏。”诸子从之，并免于乱世。

注释

①钩：通“勾”，指勾结。

②考死：拷打致死。徙边：被流放到边疆。门生：门徒，指学生。故吏：古时某官员的属吏，也指以前的部下。

③录：记录。牒：谱牒之类，这里指花名册。谴：刑罚处置。

④义：以之为义。

⑤微：身份卑微。

⑥没：死亡。

译文

后来张俭的事件发生，朝廷收集逮捕与他相勾结的党徒，乡里人告诉李膺说：“您可以离去了。”李膺回答说：“国事当头不可远避危难，犯有罪过不可逃避刑责，这是做臣子的贞节。我已年满六十，生和死命中注定，离开这里又能去哪儿呢？”他于是前往诏令下传的监狱。他被拷打致死，妻子儿女被流放到边疆，学生、以前部下以及父亲和兄弟，一并被禁锢起来。当时侍御史蜀郡人景毅的儿子景顾作为李膺的学生，没有被记录在花名册中，所以没有受到牵连。景毅便感慨地说：“我本以为李膺是贤人，才送儿子拜他为师，怎么能够因为名字被漏在名单外，就苟且偷生呢！”他便上表辞官回家，当时的人觉得他很有道义。李膺的儿子李瓒，官做到东平相之职。起初，曹操身份卑微的时候，李瓒惊异他的才华，临死时，告诉儿子李宣等人说："时局马上就要乱了，天下的英雄没有超得过曹操的。张孟卓与我很友好，袁本初是你们的外家亲戚，即使这样，你们也不要依靠，一定要投靠曹操。"儿子李宣等人听从了他的遗训，在动乱的年代幸免于难。

杜密传

题解

杜密为人沉稳，立志改善世俗民风，是一个有气魄的官员。他赏识贤达才俊，乐于举荐，比如他发现了奇才郑玄并予以提携；对于奸邪恶人，他严惩不贷；对于丧失仁义贞节之徒，他能够纠正其弊害。这种惩恶扬善的精神和唯贤是举的气度，常常为后人津津乐道！

杜密字周甫，颍川阳城人也。为人沉质，少有厉俗志。[①]为司徒胡广所辟，稍迁代郡太守。征，三迁太山太守、北海相。其宦官子弟为令长有奸恶者，辄捕案之。[②]行春到高密县，见郑玄为乡佐，知其异器[③]，即召署郡职，遂遣就学。后密去官还家，每谒守令，多所陈托[④]。同郡刘胜，亦自蜀郡告归乡里，闭门埽轨，无所干及。[⑤]太守王昱谓密曰："刘季陵清高士[⑥]，公卿多举之者。"密知昱激己[⑦]，对曰："刘胜位为大夫，见礼上宾，而知善不荐，闻恶无言，隐情惜己，自同寒蝉，此罪人也。今志义力行之贤而密达之，违道失节之士而密纠之，使明府赏刑得中，令问休扬，不亦万分之一乎？[⑧]"昱惭服[⑨]，待之弥厚。后桓帝征拜尚书令，迁河南尹，转太仆。党事既起，免归本郡，与李膺俱坐，而名行相次，[⑩]故时人亦称

"李杜"焉。后太傅陈蕃辅政，复为太仆。明年，坐党事被征[11]，自杀。

注释

①沉质：沉稳质朴。厉俗：激励世俗风气并促其醇厚。

②奸恶：奸邪为恶。捕案：捕捉和查办。

③异器：奇异的才干，特指奇才。

④谒：拜访。陈托：陈请、请托。

⑤轨：车子驶过留下的痕迹。无所干及：不与别人交往，谢绝人事。

⑥清高：心灵清纯和高尚，不慕名利。

⑦激：刺激或激发。

⑧达：荐举。明府：这里指太守。令问休扬：让美名远扬。问，通"闻"，指声望、名声。休，善、美。

⑨惭服：心中羞愧并转而心悦诚服。

⑩坐：获罪。次：近、接近。

⑪征：通"惩"，指惩罚、惩治。

译文

杜密，字周甫，颍川阳城人。他为人沉稳质朴，从小立有激励世俗并使之醇厚淳朴的志向。被司徒胡广征召任职，不久调任代郡太守。他受到征召，三次升迁后被调任太山太守、北海相，对那些宦官子弟中担任县令长吏而有奸邪恶行的人，立即拘捕审判。他春天出巡到高密县，见到担任乡佐的郑玄，发现是奇才，就征召到郡府中任职，接着派往太学修学。后来杜密离职回家，每次拜见太守县令，常常有人陈说请托之事。同郡人刘胜，也从蜀郡辞官回到家乡，关起家门扫净道路，不跟任何人来往。太守王昱对杜密说：“刘季陵是一个纯洁高尚、不慕名利的人，公卿大臣们很多人都举荐他。”杜密知道王昱是在刺激自己，对答说：“刘胜位居大夫的职位，接受上等贵宾的礼遇，然而知晓贤良却不懂得举荐，听说了恶人坏事也不发言检举，隐瞒真实情况来珍爱自己，自身仿佛受到惊吓的寒蝉一般，这是有罪过的人呐。现今（如果）有志于仁义并努力践行善道的人，我荐举他，有违背仁义道德丧失了贞节的人，我纠正他，让太守懂得奖赏和惩罚应该适当，让美名远扬，不也是贡献万分之一的力量吗？”王昱内心感到惭愧并顿生心悦诚服之意，对待杜密更加优厚。后来汉桓帝征召杜密并任命他为尚书令，再调任他做河南尹，后转调为太仆。党锢事件发生后，他被罢免官职回到老家，并同李膺一块获罪，而且他们的名气与品行相近，所以当时人称他们为“李杜”。后来太傅陈蕃辅佐国政，杜密再次出任太仆。第二年，他因为党锢事件而被惩治，自杀了。

郭太传

题解

郭太出身于一个世代贫寒的家庭，早年丧父，却不因这些而自卑。他聪颖好学，能言善辩，谈吐不凡，器宇轩昂，深谙知人之道。他具有独立的人格精神，又兼备高洁的道德品质，怀抱隐逸的情怀，追求心灵静谧之美，但并不与世隔绝。他广招门徒，授业解惑，常常奖掖后进学人。他容貌俊伟，仁善与德行兼备，连蔡邕都不得不为之叹服。蔡邕感言，在为他人所写的碑赞中，只有郭太的碑文颂赞名副其实，无愧于天地良心。本篇为节选。

郭太字林宗，太原界休人也。家世贫贱①。早孤，母欲使给事县廷。林宗曰："大丈夫焉能处斗筲之役乎②？"遂辞。就成皋屈伯彦学，三年业毕，博通坟籍。善谈论，美音制③。乃游于洛阳。始见河南尹李膺，膺大奇之，遂相友善，于是名震京师。后归乡里，衣冠诸儒送至河上，车数千两。林宗唯与李膺同舟共济④，众宾望之，以为神仙焉。

注释

① 家世贫贱：世代贫穷且身份低微。

②斗筲 shāo 之役：指报酬少而地位卑微的差事。
③音制：语音有节奏感，听起来很美。
④同舟共济：共同乘舟渡河。

译文

郭太，字林宗，太原界休人。他家世代贫困，地位低微。他自小就丧父，母亲想让他到县衙当差。他说：“大丈夫怎么能去做这样低贱的工作？”他便辞别母亲。他投到成皋屈伯彦门下学习，三年完成学业，博览古籍并能通识大义。他善于言辞和辩论，说话时的语言（让人感觉）有美好的声音和节奏。他到洛阳游学，初次见到了河南尹李膺，李膺对他大感惊奇，便与他结成朋友，二人关系很好。因为这层关系，他在京师的名声大振。后来他回到家乡，乡绅和儒生们送他到黄河边上，车子有数千辆。他只跟李膺同坐一条船渡河，众多宾客远望目送，觉得他们俨如神仙。

司徒黄琼辟，太常赵典举有道[①]。或劝林宗仕进者，对曰：“吾夜观乾象，昼察人事，天之所废，不可支也。”遂并不应。性明知人，好奖训士类[②]。身长八尺，容貌魁伟，褒衣博带，周游郡国。尝于陈梁间行遇雨，巾一角垫[③]，时人乃故折巾一角，以为“林宗巾”。其见慕皆如此。或问汝南范滂曰：“郭林宗何如人？”滂曰：“隐不违亲，贞不绝俗，天子不得臣，诸侯不得友，吾不知其它。”后遭母忧，有至孝称。林宗虽善人伦，而不为危言覈论[4]，故宦官擅政而不能伤也。及党事起，知名之士多被其害，唯林宗及汝南袁闳得免焉。遂闭门教授，弟子以千数。

注释

① 有道：汉代的选举科目之一。
② 奖训：奖励、勉励并训导教育。
③ 垫：折叠。
④ 覈 hé 论：深刻的评论。

译文

司徒黄琼征聘他，太常赵典推举他有道。有人劝他做官，他回答说："我夜里观察天象，白天观察人事，上天所要废弃的，不可以继续做下去。"他便对诏命一概不应召。他天性聪明，善于知人，喜爱奖励和训导他人。他身高有八尺，容貌俊美，身材魁梧，穿着宽袍，缠束大带，在州郡列国到处游历。他曾在途经陈梁一带时遭遇下雨，便折叠起头巾的一角来避雨，当时的人竟然故意将头巾的一角折叠起来，叫作"林宗巾"。可见他是何等地受到人们倾慕。有人问汝南人范滂："郭林宗是怎样的人啊？"范滂回答说："他隐居却不远离亲人，节操忠贞而不与世隔绝，天子不能获得他作为臣子，诸侯不能与他成为友朋，其他的我就不知道了。"后来他遭逢母亲的丧事，又有大孝的美称。他精于人伦道德，从而不会发表直切激烈的言论，所以宦官当权时也不能迫害他。等到党锢之祸发生时，有名望的人士多被迫害，只有林宗和汝南袁闳能够幸免于难。后来他就关起家门来教书授学，有数以千计的学生。

建宁元年，太傅陈蕃、大将军窦武为阉人所害，[①]林宗哭之于野，恸。既而叹曰："'人之云亡，邦国殄瘁[②]'。'瞻乌爰止，不知于谁之屋[③]'耳。"明年春，卒于家，时年四十二。四方之士千余人，皆来会葬。同志者乃共刻石立碑，蔡邕为其文，既而谓涿郡卢植曰："吾为碑铭多矣，皆有惭德，唯郭有道无愧色耳。"其奖拔士人，皆如所鉴。[④]后之好事，或附益增张，故多华辞不经，[⑤]又类卜相之书。今录其章章效于事者[⑥]，著之篇末。

注释

①建宁：东汉汉灵帝的第二个年号，公元168—171年。阉人：指宦官。

②人之云亡，邦国殄瘁：语出《诗经·大雅·瞻仰》。

③瞻乌爰止，不知于谁之屋：语出《诗经·小雅·正月》，原句为："瞻乌爰止，于谁之屋？"。

④奖拔：奖励并选举。鉴：鉴别、鉴定。

⑤附益：增益、增加。华辞：华而不实之辞。

⑥章章：犹"彰彰"，指显著或清楚之义。章，同"彰"，昭彰。

译文

建宁元年（公元168年），太傅陈蕃、大将军窦武被宦官迫害致死，林宗到郊外哭泣，十分悲痛。不久，他感叹说：“‘贤人说要逃亡，国家就会陷入困境’。‘眼看乌鸦停留在这里，不知落在谁家的屋顶上’啊。”第二年春天，他死在家里，享年四十二岁。有一千多来自各地的士人来参加他的葬礼，与他志同道合的人于是一起为他雕刻石块树立丰碑。蔡邕为他撰写碑文，随后告诉涿郡卢植说：“我写过很多的碑文、铭文，都有些令人感到羞愧，杜撰出来的（关于）德行的事迹不实，只有郭有道无愧于我在碑文里的称颂。”他夸奖推荐的士人，都如他慧眼明鉴的一样。后来有些好事之人，对他的描述华而不实，荒诞不经，有些像占卜观相之类的书中人物。现今记录下他那些特征显著并能应验于事实的故事，（把它）写在本篇的末尾。

许劭传

题解

许邵是东汉末年一张品藻人物的“名嘴”。他与郭太两人在当时可以算得上选拔贤士的知名导师。他以清峻高洁的气节闻名于当时，作为官吏，能够感染周边的同僚“改操饰行”；他慧眼识人，别有章法，对当时的名士陈寔、陈蕃持保留意见，在曹操的威逼胁迫下给出论断——“君清平之奸贼，乱世之英雄”，与堂兄许靖有“月旦评”的美誉，在逃难之际曾受到陶谦的礼遇厚待却仍能识破其势利狡黠。许邵深明大义，能犀利地洞悉复杂的性格和心理，实属难能可贵。这也开启了“魏晋风流”中品评人物的先河。

许劭字子将，汝南平舆人也。少峻名节①，好人伦，多所赏识。若樊子昭、和阳士者，并显名于世。故天下言拔士者，咸称许、郭。初为郡功曹，太守徐璆甚敬之。府中闻子将为吏，莫不改操饰行②。同郡袁绍，公族豪侠，去濮阳令归，车徒甚盛，将入郡界，乃谢遣宾客，曰：“吾舆服岂可使许子将见。”遂以单车归家。

注释

① 峻：清峻。

② 改操饰行：改变节操，掩饰行为。

译文

许劭字子将，汝南平舆人。在年少时，他的名望就很高，喜爱品评人物，许多人受到他的欣赏和鉴别。和樊子昭、和阳士等人一样，在当时都有显赫的名声。所以天下人说到选拔贤士，都会称说许劭、郭太。最初，他担任郡功曹，太守徐璆很尊敬他。府衙里的人听说他到此做官，没有不改变自己的操守和掩饰自己行为的。同郡人袁绍，是贵族中的豪杰和侠客，辞去濮阳县县令的官职回乡，车马和侍从很多，将要进入郡县的边界时，辞别为他送行的宾客，说："我的车乘和服饰不敢让许邵看见。"随后，他单乘一辆车回家。

劭尝到颍川，多长者之游，唯不候陈寔[①]。又陈蕃丧妻还葬，乡人毕至，而邵独不往。或问其故，劭曰："太丘道广[②]，广则难周；仲举性峻，峻则少通。故不造也[③]。"其多所裁量若此。曹操微时，常卑辞厚礼，求为己目。劭鄙其人而不肯对，操乃伺隙胁劭[④]，劭不得已，曰："君清平之奸贼，乱世之英雄。"操大悦而去。

注释

①候：拜会。

②道广：门道广多。

③造：造访。

④伺隙：等待机会。

译文

许劭曾到过颍川，多与德高望重的人交游，唯独不去拜访陈寔。又有一次，陈蕃死了妻子回家乡去安葬，乡里的人全部去了，只有许劭不去。有人问他原因，他说："陈寔的门道广多，门道广多就会难以周全；陈蕃个性清峻，个性清峻就会少有通达。因此我就不去了。"他对人物的评判和裁定大多是像这样的。曹操在身份低微的时候，对人常常加以谦卑的言辞并准备厚重的礼物，求许邵给自己做个评价。许劭鄙视他的为人而不愿答应，曹操竟然瞅准机会胁迫许劭，许劭没有办法，就说："你是清平时代的奸猾的盗贼，混乱时世的英雄。"曹操非常欢喜地离去。

劭从祖敬[①]，敬子训，训子相，并为三公，相以能谄事宦官，故自致台司封侯，数遣请劭。劭恶其薄行，终不候之。劭邑人李逵，壮直有高气，劭初善之，而后为隙[②]，又与从兄靖不睦，时议以此少之。初，劭与靖俱有高名，好共覈论乡党人物[③]，每月辄更其品题，故汝南俗有"月旦评"焉。

注释

①从祖：祖父的兄弟。

②隙：隔阂。

③覈论：品评议论。

译文

许劭祖父的兄弟叫许敬，许敬的儿子叫许训，许训的儿子叫许相，他们都位居三公。许相因为能够谄媚地侍奉宦官，致使自己位居三公并且被封为侯爵，他多次派人来请许劭，许劭憎恶他的不良品行，最终也不去见他。许劭的同邑人李逵，勇猛正直并有高尚的节操，许劭起初和他关系很好，然而后来也有了隔阂；又与堂兄许靖不和睦，当时的舆论因此对他有所贬低。当初，许劭和许靖都有很高的名望，喜好一块深入品评家乡的人物，每个月更换一次品评的主题，所以汝南俗语有“月旦评”的说法。

司空杨彪辟，举方正、敦朴，征，皆不就。或劝劭仕，对曰：“方今小人道长，王室将乱，吾欲避地淮海，以全老幼。”乃南到广陵。徐州刺史陶谦礼之甚厚。劭不自安，告其徒曰：“陶恭祖外慕声名，内非真正①。待吾虽厚，其埶必薄②。不如去之。”遂复投扬州刺史刘繇于曲阿。其后陶谦果捕诸寓士。及孙策平吴，劭与繇南奔豫章而卒。时年四十六。

注释

①真正：真心实意。

②執：通“势”。

译文

司空杨彪征召许邵，举荐他出仕方正、敦朴科，但对于征召，他都不去应征。有人劝他做官，他回答说：“当今小人当道，王室将会动乱，我想要躲避到淮海去，以此来保全全家老小的性命。”于是南下到了广陵。徐州刺史陶谦礼待他，非常优厚。许劭内心感到不安宁，告诉他的学生说：“陶恭祖表面上仰慕我的声望和名气，心里并没有真心这样想。虽然对待我的礼数很丰厚，但接下来一定会淡薄的。不如趁早离开。”他于是又到曲阿去投靠扬州刺史刘繇。再后来，陶谦果然捕拿那些在徐州寄居的士人。等到孙策平定吴地，许劭与刘繇向南逃奔到豫章，后逝世，终年才四十六岁。

尹敏传

题解

从《尹敏传》到《许慎传》，归于《后汉书·儒林传》，其体例与《史记》的《列传》性质相同，属于刻画人物的文章撰写范畴，延续《史记》《汉书》之《儒林传》风格。这里节选几个经学家来说明东汉经学发展的状况以及他们经以致用的范例，再通过《儒林传》的《赞》与《论》来阐述东汉经学的历史状况、存在意义以及现实价值。尹敏先修今文经学，后治古文经学，能通晓今古文经学的义理。他治学信念坚定，不重谶纬，认为其并非圣人之道，且行文有俗鄙和错别字。面对君王传下校订图谶的指令，他直言谶纬图籍的痼疾，表现出学人不卑不亢的傲人气骨和严谨的治学风范。

尹敏字幼季，南阳堵阳人也。少为诸生。初习《欧阳尚书》，后受《古文》，兼善《毛诗》、《穀梁》、《左氏春秋》。建武二年，上疏陈《洪范》消灾之术。时，世祖方草创天下，未遑其事①，命敏待诏公车，拜郎中，辟大司空府。帝以敏博通经记，令校图谶，使蠲去崔发所为王莽著录次比。②敏对曰："谶书非圣人所作，其中多近鄙别字，颇类世俗之辞，恐疑误后生。[3]”帝不纳。敏因其阙文增之曰：“君无口，为汉辅。”帝见而怪之，召敏问其故。敏对曰：“臣见前人增损图书，敢不自量，窃幸万一。[4]”帝深非之，虽竟不罪，而亦以此沈滞[5]。与班彪亲善，每相遇，辄日旰忘食，夜分不寝，自以为钟期伯牙、庄周惠施之相得也。[6]后三迁长陵令。永平五年，诏书捕男子周虑。虑素有名称，而善于敏，敏坐系免官。[7]及出，叹曰：“喑聋之徒，真世之有道者也。何谓察察而遇斯患乎？”[8]十一年，除郎中，迁谏议大夫。卒于家。

注释

①未遑：没有闲暇去顾及。

②经记：经书的解释。这里的记是指一种疏解、解释经学典籍的文体。蠲 juān 去：删除。著录：记录。

③近鄙：俚俗。别字：用其他的字代替原来的字，造成错别字的现象。疑：疑惑。误：误解。后生：后代。

④敢：怎敢。窃：谦词，私自、私下。幸：侥幸，偶然有所得益。万一：万分之一，形容极其微小。

⑤沈滞：即“沉滞”，这里指官员仕途不得升迁。

⑥亲善：关系亲密和友好。辄：总是。日旰 gàn：天色晚了。夜分：半夜。钟期伯牙：钟子期和伯牙。伯牙弹琴弹得很好，钟子期深知伯牙琴曲的精妙和志向，两人互为知音。

⑦名称：名声。坐系：获罪入狱。

⑧喑 yīn 聋：聋哑。察察：明辨，心里清楚。

译文

尹敏，字幼季，南阳堵阳人。他年轻时为生员。最初学习《欧阳尚书》，然后修《古文尚书》，并擅长《毛诗》《穀梁传》和《左氏春秋》。建武二年（公元26年），尹敏上书述说《洪范》消除灾异的经术。那时光武帝刚开始创建自己的天下，没时间顾及这件事，命令他在公车府等候诏命，任命他为郎中，后来又得到大司空府的征召。光武帝因为尹敏博学并能够贯通各经书的疏解，让他校订图谶，命他删除崔发为王莽编入书目所比附的图谶。尹敏回答："谶书不是圣人的著作，谶书中有很多俚俗语言和错别字，非常类似世俗的言辞，我担心会让后人感到疑惑并产生误解。"光武帝不接受他的说法。后来尹敏因为图谶中缺文少字，自己添加了一句"君无口，为汉辅"。皇帝发现后感到奇怪，召他来询问其中的缘故。他对答："臣看到前人在图谶中有增字和减字的现象，怎敢不自量力，只是侥幸地希望得到极其微小的益处。"皇帝严肃地责备了他，尽管不加以治罪，但也因此不给他加官晋爵。他与班彪关系亲密，每次相遇，（互相交流）直到天色晚了，（竟然）忘记了吃饭，半夜也顾不上就寝休息，自己认为和班彪的关系就像钟子期和伯牙、庄周和惠施那样投缘。后来他三次调迁官任长陵令。永平五年（公元62年），皇帝下达诏书抓捕周虑。周虑素有名声，与他关系友好，他因此获罪入狱并被罢免官职。等出狱后，他感慨地说："聋哑之类的人，确实是世上拥有大道的人，（他们）为什么（对事理）辨别得清楚却遭受到像我这样的灾祸呢？”永平十一年（公元 68 年），他被任命为郎中，后来调升为谏议大夫。最终他在家去世。

周防传

题解

周防，年纪轻轻就踏入仕途，具备经学的功底，能够背诵和吟读经文。他接受《古文尚书》的教育，通明经义，官居太守，最终因为犯罪被罢免。一个习读一本经书的官员，即使拥有很强的记忆力，也著书立说（仅是《杂说》），但触犯了人的道德底线和法律的界限，这都归因于人格的缺失以及学识、学养境界之不足。

周防字伟公，汝南汝阳人也。父扬，少孤微，常修逆旅，[①]以供过客，而不受其报。防年十六，仕郡小吏。世祖巡狩汝南，召掾史试经，防尤能诵读[②]，拜为守丞。防以未冠，谒去。[③]师事徐州刺史盖豫，受《古文尚书》。经明，举孝廉，拜郎中。撰《尚书杂记》三十二篇，四十万言。太尉张禹荐补博士[④]，稍迁陈留太守，坐法免。年七十八，卒于家。子举，自有传。

注释

① 孤微：低微和贫贱。逆旅：客舍。

② 诵读：背诵和熟读。

③ 未冠：古时指未满二十岁。按照古礼，男子年满

二十岁行加冠礼。谒：请。

④荐补：推荐并增补。

译文

周防，字伟公，汝南汝阳人。他父亲叫周扬，年轻时出身低微贫贱，常修建客舍，供给过客居住，但不接受过客的回报。周防十六岁时，在郡里做官担任小吏。光武帝到汝南巡行视察，召掾吏来考查他们的经学水平，他特别能背诵经文和熟读经书，被授予守丞。因为年纪不满二十周岁，他请求皇帝撤去授职的命令。他师从徐州刺史盖豫，习修《古文尚书》学。通明经义后，被举荐为孝廉，授予郎中一职。他撰写了三十二篇《尚书杂记》，共计四十万字。太尉张禹举荐他增补为博士，稍后升迁为陈留太守，因犯罪被罢免官职。他在家中逝世，享年七十八岁。周防的儿子周举，自己写有传记。

孔僖传

题解

孔僖，字仲和，鲁国鲁（今山东南部，也涉及河南、安徽及江苏部分地区）人。他继承治求古文经学的孔氏家学，修习《古文尚书》和《毛诗》，后来在太学里学习《春秋》。他评说吴王夫差的历史事件，却被同学用来映射汉武帝并对他进行诬蔑。他诚心诚意向肃宗表明自己的史学立场以及对待先王的客观评价态度后，得到肃宗的宽容，而且由此成了兰台令史。可见一个人只要学习态度端正，道德立场正确，在面对人事的纷争时，即使有小人故意诋毁和诽谤，也会平安无事。他面对皇帝圣驾光临孔氏家族的褒赞时，宠辱不惊，机智敏锐，体现出沉稳和极富学养的品格。他不信占卜的吉凶之言，认为做官在人，不在占卜之类的封建迷信思想中，这体现他以人为本和实事求是的作风和气派。

孔僖字仲和，鲁国鲁人也。自安国以下，世传《古文尚书》、《毛诗》。曾祖父子建，少游长安，与崔篆友善。及篆仕王莽为建新大尹[①]，尝劝子建仕。对曰："吾有布衣之心，子有衮冕之志，各从所好，不亦善乎！道既乖矣，请从此辞。[②]"遂归，终于家。僖与崔篆孙骃复相友善，同游太学[③]，习《春秋》。因读吴王夫差时事，僖废书叹曰[4]：“若是，所谓画龙不成反为狗者。”骃曰：“然。昔孝武皇帝始为天子，年方十八，崇信圣道，师则先王[5]，五六年间，号胜文、景。及后恣己，忘其前之为善。[6]”僖曰：“书传若此多矣！”邻房生梁郁儳和之曰[7]：“如此，武帝亦是狗邪？”僖、骃默然不对。郁怒恨之，阴上书告骃、僖诽谤先帝[8]，刺讥当世。事下有司，骃诣吏受讯。僖以吏捕方至，恐诛，乃上书肃宗自讼曰[9]：“臣之愚意，以为凡言诽谤者，谓实无此事而虚加诬之也。至如孝武皇帝，政之美恶，显在汉史，坦如日月[10]。是为直说书传实事，非虚谤也。夫帝者为善，则天下之善咸归焉；其不善，则天下之恶亦萃焉[11]。斯皆有以致之，故不可以诛于人也[12]。且陛下即位以来，政教未过[13]，而德泽有加，天下所具也，臣等独何讥刺哉？假使所非实是，则固应悛改；倘其不当，亦宜含容，又何罪焉？[14]陛下不推原大数[15]，深自为计，徒肆私忿，以快其意。臣等受戮，死即死耳，顾天下之人[16]，必回视易虑，以此事窥陛下心。自今以后，苟见不可之事，终莫复言者矣。臣之所以不爱其死，犹敢极言者，诚为陛下深惜此大业。[17]陛下若不自惜，则臣何赖焉？齐桓公亲扬其先君之恶，以唱管仲，[18]然后群臣得尽其心。今陛下乃欲以十世之武帝，远讳实事，岂不与桓公异哉？臣恐有司卒然见构，衔恨蒙枉，不得自叙，使后世论者，擅以陛下有所方比，宁可复使子孙追掩之乎？[19]谨诣阙伏待重诛[20]。”

注释

①建新：王莽改国号为建信，后来又改成建新。大尹：对郡守的另一种称呼。

②布衣之心：平民老百姓的心态。衮冕：本指皇帝或大臣的礼服和礼冠，这里代指从政为官。乖：违背，这里指不相同。从此：从此地，从这里。

③游：游学。

④废书：放下书，也指中止阅读。

⑤师则：效仿、效法。先王：古代的帝王，应该指尧、舜、禹、商汤、周文王及周武王等贤明君王。

⑥恣己：恣意妄为、专利为己。忘其前之为善：暗指汉武帝末年喜好神仙祭祀之类的事，征战讨伐四夷，连续发生兵战三十多年，而且笃信巫蛊之术，导致天下的人口锐减了一半，竟然发生人食人的现象，所以不及汉武帝前期的盛治善政。

⑦儳 chán 和：插言附和。

⑧阴：暗地里、暗中。先帝：指汉武帝。

⑨自讼：自我责备和讼辩。

⑩坦：没有隐藏，指光明。

⑪萃：汇聚、集中。

⑫诛：批评，指责。

⑬未过：没有过失。

⑭悛 quān 改：悔改。含容：包容。

⑮推原：从本原上推究。

⑯顾：连词，但、只是。

⑰爱：吝啬。极言：竭尽全力地陈说。

⑱扬：显示，可以引申为表明。唱：赞扬、称颂。

⑲卒然：忽然、突然。构：设计陷害。方比：对比、比较。宁可：反问语气词，难道、岂可。追掩：追加遮掩，掩饰。

⑳重诛：极刑。

译文

孔僖，字仲和，鲁国鲁县人。自孔安国以来，孔氏代代相传《古文尚书》和《毛诗》学。孔僖的曾祖父叫孔子建，年轻时在长安游学，与崔篆是很好的朋友。等崔篆为官出任王莽时代的建新大尹时，曾劝说孔子建从政。孔子建回答说："我只有平民百姓的想法，您怀有从政为官的志向。各自遵从自己的喜好，不也挺好吗？选择的路已经不相同了，请从这里拜别。"他于是回家，最后在家逝世。孔僖与崔篆的孙子崔骃也互相友好，一起在太学里游学，习读《春秋》学。当读到吴王夫差那段历史时，孔僖放下书叹息说："如果是这样，真是所说的画不成龙反而画成狗了。"崔骃说："确实这样。从前孝武皇帝刚成为天子时，年纪正好十八岁，他尊崇和信奉圣人的正道，效仿以前的君王。在五、六年的时间里，已经胜过汉文帝和汉景帝的时代。等到后来，肆意妄为、专利为己，遗忘了他以前师法先王的善政。"孔僖说："书和传中类似这样的情况很多！"隔壁房间的学生梁郁插言附和说："照这么说，汉武帝也是被画成的狗吗？"孔僖和崔骃沉默下来，不予理睬。梁郁怀恨在心，暗地里上书状告崔骃、孔僖诽谤汉武帝，讽刺讥笑当今政事。皇帝把这件事下放给专管官员，崔骃前往专管官吏那里接受审问。孔僖因为捕抓他的官员快要到来，担心被诛杀，便上书给汉肃宗对自己进行辩护：“臣下愚拙，认为说臣下进行诽谤的人，是妄加说辞诬陷臣下。至于像孝武皇帝，政事的好或坏，都彰显在汉朝的史书中，如同日月的光辉一样光明。是直接论说书和传中史实的做法，不是虚构出来的诋毁。皇帝施行善政，天下所有的善事都归向和顺从皇帝；皇帝施行不善的政事，天下所有恶名也都聚集到皇帝的身上。这些都有原因，所以不可责怪他人。况且，陛下登基帝位以来，政治教化没有过错，而且对百姓倍施恩泽，天下都共同享有（皇帝的恩泽），为什么只有臣等要讥笑和讽刺陛下呢？假如臣等议论的事件是事实，那么原本应该自我悔改；倘若不妥当，也应该宽容，又有什么罪过呢？陛下不从本原上去推求国家大计，对其进行深入考虑，而只是肆意发泄私自的怨愤，来满足自己的意愿。臣等遭受杀害，死也就死了，只怕天下人一定回看（这件事）再改变心里的想法，通过这件事来窥探陛下的心意。从今以后，如果看见不可以做也做了的事情，终究是没有人再发言了。臣下之所以不吝啬自己将死的生命，仍然敢全力陈说，实在为陛下考虑，而深深地爱惜国家大业。如果陛下自己不爱惜，那么臣子又有何依赖呢？齐桓公亲自陈明他父亲的不足，来称赞管仲，然后众位大臣才能够尽吐各自的心声。如今陛下竟然因为十代前的汉武帝，隔代遥远地避讳事情的真相，难道不与齐桓公有不同吗？臣下恐怕专管官员设计陷害，使臣下深含遗恨，蒙受冤屈，自己不能够陈述事实，使后代评论的人，擅自用陛下这件事来进行对比，难道能够再一次让后代的子孙追溯历史去进行掩饰吗？臣下小心谨慎地来到宫殿叩首，等候重罪极刑。”

帝始亦无罪僖等意，及书奏，立诏勿问①，拜僖兰台令史。元和二年春，帝东巡狩，还过鲁，幸阙里，以太牢祠孔子及七十二弟子，作六代之乐②，大会孔氏男子二十以上者六十三人，命儒者讲《论语》。僖因自陈谢。帝曰：“今日之会，宁于卿宗有光荣乎？”对曰：“臣闻明王圣主，莫不尊师贵道。今陛下亲屈万乘，辱临敝里，③此乃崇礼先师，增辉圣德。至于光荣，非所敢承。”帝大笑曰：“非圣者子孙，焉有斯言乎！”遂拜僖郎中，赐褒成侯损及孔氏男女钱帛，诏僖从还京师，使校书东观。

注释

①问：问罪、治罪。

②六代之乐：指黄帝时期的《云门》，尧时代的《咸池》，舜时期的《大韶》，禹时代的《大夏》，商汤时期的《大濩》，周武王时的《大武》。

③亲屈：对尊者亲自来临的敬称。万乘：这里代指皇帝、天子。辱临：对尊者大驾光临的敬称。敝里：对自己家或所处地方的谦称。

译文

皇帝原本也没有给孔僖等人定罪的意思，等到奏折上奏后，马上下诏令叫不予治罪，授命孔僖为兰台令史。元和二年（公元85年）初春，皇帝东行巡察，返回的路上经过鲁国，到了阙里，用太牢祭拜孔子和他的七十二位高徒，演奏了六代（黄帝、尧、舜、禹、商汤及周武王）的音乐，盛大地召见了孔氏家族年满二十岁以上的六十三名男士，传令让儒学的学者讲解《论语》。孔僖乘机陈说感谢的意思。皇帝说："今天的相会，对你们的宗室有荣誉吗？"孔僖回答说："臣下听说光明正大和圣贤的君王，没有不是尊敬老师以正义仁道为贵的。今天陛下亲自光临，降下您尊贵的姿态来到我们这简陋的家族，这正是推崇礼仪尊敬先师，是增大了圣上的德行光芒。至于说是我们的宗族荣耀，不是我们承受得起的。"皇帝大声笑着说："如果不是圣人的子孙后代，怎么能说出这番话！"皇帝便任命孔僖为郎中，封赐孔损为褒成侯，赐给孔氏家族的男女老少很多钱财和丝帛，下诏令孔僖随驾返回京师，到东观校正图书。

冬，拜临晋令，崔骃以《家林》筮之[1]，谓为不吉，止僖曰："子盍辞乎？"僖曰："学不为人，仕不择官，凶吉由己，而由卜乎？"在县三年，卒官，遗令即葬。二子：长彦、季彦，并十余岁。蒲坂令许君然劝令反鲁。对曰："今载柩而归，则违父令；舍墓而去，心所不忍。"遂留华阴。长彦好章句学，季彦守其家业，门徒数百人。[2]延光元年，河西大雨雹，大者如斗。安帝诏有道术之士极陈变眚[3]，乃召季彦见于德阳殿，帝亲问其故。对曰："此皆阴乘阳之征也[4]。今贵臣擅权，母后党盛，陛下宜修圣德，虑此二者。"帝默然，左右皆恶之。举孝廉，不就。三年，年四十七，终于家。初，平帝时王莽秉政，乃封孔子后孔均为褒成侯，追谥孔子为褒成宣尼。及莽败，失国。建武十三年，世祖复封均子志为褒成侯。志卒，子损嗣。永元四年，徙封褒亭侯。损卒，子曜嗣。曜卒，子完嗣。世世相传，至献帝初，国绝[5]。

注释

①《家林》：指崔篆所作的《易林》。

②家业：指孔氏家族的家学。门徒：指学生。

③变眚 shěng：灾异变化。

④乘：凌驾、战胜。这里应该指阴气比阳气强盛。

⑤国绝：封国消亡。

译文

到了冬天，他被授命担任临晋令，崔骃用《家林》为他占卜，认为这件事不吉利，便劝止孔僖说："您为什么不推辞这份差事？"孔僖回答："学习不是为别人学习，从政不能自选官位，凶险或吉祥全凭自己，能凭借占卜吗？"他在县里任职三年，最后在任上逝世，留下遗言让家人在他死后要就地安葬。孔僖的两个儿子，孔长彦和孔季彦，都才十几岁。蒲坂令许君然劝说他们返回鲁国。他们对答说："如果今天推着灵车返回的话，就违背了父亲的遗嘱；舍弃父亲的墓离开，我们实在不忍心这样。"他们便留居在华阴。孔长彦喜好章句学，孔季彦恪守他们家族的学业，他们的学生都有数百人。延光元年（公元122年），河西下起了瓢泼大雨和冰雹，大的冰雹有斗那样大。汉安帝下诏书传令让有道术的人尽力陈说并预测即将发生灾异的变化，于是便在德阳殿召见孔季彦，皇帝亲自询问灾异的缘故。他对答："这件事表现出阴气比阳气强盛的征兆，现今地位显贵的大臣擅自专权，太后派系的势力强大，陛下应该修行圣人的德行，深思这两个方面。"皇帝沉默不语，皇帝身边的侍臣都厌恶他。后来他被推荐为孝廉，不应召。延光三年（公元124年），孔季彦在家里去世，享年四十七岁。当初，汉平帝时，王莽把持政权，便封赐孔子的后代孔均为褒成侯，为孔子追加谥号封为褒成宣尼。等王莽事败，封国也随即消亡。建武十三年（公元37年），世祖光武帝再次封孔均的儿子孔志为褒成侯。孔志去世后，他的儿子孔损继承侯爵。永元四年（公元92年），孔损被改封作褒亭侯。孔损逝世，他的儿子孔曜继承侯爵。孔曜去世，他的儿子孔完继承爵位。孔氏的侯爵地位世世代代相传，一直到汉献帝初年，封国才消亡。

包咸传

题解

包咸，作为一个品格高尚的读书人，具备临危不惧的经学化气质和精神。他刻苦为学、日夜诵经的举动，以及镇定自若的表现，让拘捕他的赤眉军也不得不为之叹服。他精研《论语》，尽管现今的《论语》版本难见包咸解说的全貌，但在《论语》学史上，他的阐释之功不容忽视。包氏《论语》能够教授帝王，也足见《论语》的政教价值和他对经义解说的高明精微。他的儿子也同样以《论语》教授皇帝，这又反映出包氏《论语》学的家学传统。

包咸字子良，会稽曲阿人也[①]。少为诸生，受业长安，师事博士右师细君，[②]习《鲁诗》、《论语》。王莽末，去归乡里，于东海界为赤眉贼所得，遂见拘执。十余日，咸晨夜诵经自若，贼异而遣之。因住东海，立精舍讲授。光武即位，乃归乡里。太守黄说署户曹史[③]，欲召咸入授其子。咸曰："礼有来学，而无往教[④]。"说遂遣子师之。举孝廉，除郎中。建武中，入授皇太子《论语》，又为其章句[⑤]。拜谏议大夫、侍中、右中郎将[⑥]。永平五年，迁大鸿胪。每进见，锡以几杖，入屏不趋，赞事不名。经传有疑，辄遣小黄门就舍即问[⑦]。显宗以咸有师傅恩，而素清苦，常特赏赐珍玩束帛，奉禄增于诸卿，咸皆散与诸生之贫者。病笃、帝亲辇驾临视。八年，年七十二，卒于官。子福，拜郎中，亦以《论语》入授和帝。

注释

① 曲阿：古时润州县，今江苏省丹阳县一带。

② 诸生：古代通过科举考试并被录取，从而能进入中央、府、州、县各级学校，包括太学学习的生员。右师细君：姓右师，名细君。

③ 署：暂任官职、代理。户曹：汉代诸郡设有户曹，还设有掾和史。户曹主民户，掌管户籍、赋税征收等。

④ 语出《礼记·曲礼》："礼闻来学，不闻往教。"

⑤ 章句：古代对经文的剖章析句，即经学家解说经义的一种方式，给书籍做注释。

⑥ 谏议大夫：官名。秦代设置谏议大夫的官职，专掌议论等事宜，为郎中令的属官。汉初没有再置。元狩五年（公元前118年）又重新开始设置，属光禄勋（原郎中令的改称）。东汉时期改称谏议大夫，仍属光禄勋，俸禄有六百石。

⑦ 小黄门：汉代比黄门侍郎低一级的宦官。后泛指宦官。

译文

包咸，字子良，会稽曲阿人。他少时在长安求学，师从右师细君博士，学习《鲁诗》和《论语》。王莽新政末年，他回到乡里，在返回东海边界的时候被赤眉军抓获，随即被拘押监禁起来。在关押的十多天里，他清晨和晚间都朗诵学习经文，镇定自若，赤眉军感到非常诧异，便把他放了。他也借机在东海境内定居，并建房舍授课讲学。等光武帝登基即位时，他才返回故乡。太守黄说请他代理户曹史一职，想召他过来给自己的儿子授课。他回答说："按礼义的规矩，学生应该去老师处学习，没有老师前往学生那里教学的。"黄说随即让儿子到他那里拜师学习。后来，他被举荐为孝廉，担任郎中。建武中期，他进入皇宫给皇太子讲说《论语》，又给《论语》一书做章句。随后，他被授予谏议大夫、侍中、右中郎将诸职。永平五年，升迁为大鸿胪。他每次觐见皇上，都被赐予几案和手杖，以表敬意，进入屏风不用趋步上前，司仪赞礼时也不用点他的名字。皇帝一旦在经传阅读中遇到疑难，就派小黄门去他住处询问。显宗因为包咸对自己有授学传道的师恩，又加上他一直以来清峻寒苦，常常特地赏赐奇珍异宝、古玩、束带和丝帛，把他的俸禄也提高到与公卿大臣一样的待遇，而他却把这些赏赐物分发给自己学生中比较贫穷的人。后来他病得很重，皇帝亲自探望。永平八年，他正好七十二岁，在任上去世。他的儿子包福，被授予郎中一职，也凭借《论语》给和帝讲学。

卫宏传

题解

卫宏，对《毛诗》和《古文尚书》颇有研究，也使得当时的学风转向古文经学发展。史传所记载的卫宏作《毛诗序》之说法，引起了古今《诗经》学人对毛诗学传授源流演变的广泛争议。

卫宏字敬仲，东海人也。少与河南郑兴俱好古学[①]。初，九江谢曼卿善《毛诗》，乃为其训。宏从曼卿受学，因作《毛诗序》，善得《风雅》之旨，于今传于世。后从大司空杜林更受《古文尚书》，为作《训旨》。时济南徐巡师事宏，后从林受学，亦以儒显，由是古学大兴。光武以为议郎。宏作《汉旧仪》四篇，以载西京杂事[②]；又著赋、颂、诔七首[③]，皆传于世。中兴后，郑众、贾逵传《毛诗》，后马融作《毛诗传》，郑玄作《毛诗笺》。

注释

① 古学：指古文经学。

② 西京：西汉。

③ 诔 lěi：记叙死者生平及事迹的文体，表示哀悼之情。

译文

卫宏，字敬仲，东海人。他小的时候和河南郡的郑兴都喜欢古人的学问。当初，九江人谢曼卿善治《毛诗》，给《毛诗》做解释。卫宏师从谢曼卿学习，便作了一篇《毛诗序》，很好地写出了《诗经》中“风”和“雅”的宗旨，一直流传到今天。后来他师从大司空杜林改学《古文尚书》，为《古文尚书》做了《训旨》。当时济南人徐巡师从卫宏学习，后来跟随杜林学习，也因为儒学而名声显赫，所以古文经学大为兴盛。光武帝任命卫宏为议郎。卫宏作《汉旧仪》四篇，记载西汉的各种事情；又创作赋、颂和诔，共七篇，这些现今也都在流传。中兴以后，郑众、贾逵传授《毛诗》学，后来马融写有《毛诗传》，郑玄写有《毛诗笺》。

何休传

题解

何休，本性淳朴敦厚，不善言辞，却很善于思考，对六经研究很精深。他的《春秋公羊解诂》为阐释公羊学说的义理之法立下汗马功劳，提出孔子为后王立法的春秋大义理论，对公羊学说的发展影响至深。他坚守《春秋》公羊学说，对古文经学派的《春秋左氏传》和今文经学的《穀梁传》均有批判。入朝从政的他以《春秋》经公羊学说的义理来参政议政，也表现出一个经师能够经以致用的风采。

何休字邵公，任城樊人也[①]。父豹，少府[②]。休为人质朴讷口，而雅有心思[③]，精研《六经》，世儒无及者。以列卿子诏拜郎中，非其好也，辞疾而去。不仕州郡。进退必以礼。太傅陈蕃辟之，与参政事。蕃败，休坐废锢，乃作《春秋公羊解诂》，覃思不窥门，十有七年。又注训《孝经》、《论语》、风角七分，皆经纬典谟[④]，不与守文同说。又以《春秋》驳汉事六百余条，妙得《公羊》本意。休善历算，与其师博士羊弼，追述李育意以难二传，[⑤]作《公羊墨守》、《左氏膏肓》、《穀梁废疾》。党禁解，又辟司徒。群公表休道术深明，宜侍帷幄[⑥]，倖臣不悦之，乃拜议郎，屡陈忠言。再迁谏议大夫，年五十四，光和五年卒。

注释

①樊：汉代县名，今山东省兖州市境内。

②少府，官名，始于战国，秦汉一直沿用，到东汉时期，仍属于九卿之一，掌管宫中奇珍异宝及御膳等。

③雅：程度副词，相当于“很”“非常”。

④典谟：《尚书》中《尧典》《舜典》和《大禹谟》《皋陶谟》等篇的合称。《书序》曰：“典谟训诰誓命之文凡百篇，所以恢弘至道，示人主以轨范也。”这里代指《尚书》。

⑤历算：历数。推算时日及节候的专门之学。二传：指除了《公羊春秋》以外的另外两部《春秋》学著作，《穀梁传》和《左氏春秋》。

⑥帷幄：天子居处必设帷幄，故有此称。这里代指天子近侧或朝廷。

译文

何休，字邵公，任城樊县人。他的父亲何豹，曾任少府。何休做人淳朴老实，不善言辞，却非常有思想，深入研究了《六经》，当世的儒生不能与他相比。因为他是列卿的儿子，被诏命任为郎中，但这不是他所喜欢的，他借口生病将这份差事推辞掉了。他没有在州郡官府里任职，他的进退举止一定按照礼节来做。太傅陈蕃征召他为官，并同他一道参与政事讨论。陈蕃受害后，他也因此遭到禁锢，便开始著写《春秋公羊解诂》，潜心思索，闭门不出，长达十七年之久。然后他开始注解训释《孝经》《论语》和风角七分，这些都是像《尚书》一样的经典或者是关于经学的纬书之类，与墨守旧学之说不一样。他又拿《春秋》经文校正汉代的史事达六百多条目，精妙地领悟到《公羊》今文经学的本来意义。他擅长历数算术，和他的老师羊弼博士一起追述李育的学说，以此辩难《春秋》经的另外两传，创作了《公羊墨守》《左氏膏肓》和《穀梁废疾》。等党锢解禁，他又被征召为司徒。百官上书举荐他的经术既精深又能使人明晓，非常适合在皇帝身边做官，但受宠的宦官不喜欢，于是授予议郎的官职给他，因为他多次进呈忠心耿耿的谏言，调迁为谏议大夫。何休活到五十四岁，在光和五年逝世。

服虔传

题解

服虔，自小不以贫贱为耻，反而在清寒困苦的生活中磨砺了意志。他不屈不挠的精神，在他的经学学问中体现出来，立足古文经学的《左传》，直接回击何休的公羊学说。当时的经学通儒郑玄在听说了服氏对《左传》注解的想法后，也非常认同，并把自己的注解交付给他。可见服虔的《春秋左氏传解》的学问功力相当深厚，发扬了《左传》学说及其精神。

服虔字子慎，初名重，又名祇，后改为虔，河南荥阳人也。少以清苦建志，入太学受业。有雅才，善著文论，作《春秋左氏传解》，行之至今①。又以《左传》驳何休之所驳汉事六十条。举孝廉，稍迁，中平末，拜九江太守。免，遭乱行客，病卒。所著赋、碑、诔、书记、《连珠》、《九愤》，凡十余篇②。

注释

① 行：流通、传递，这里当指流传。

② 诔 lěi：悼词。书记："书"和"记"都是文体的名称。书，指书信。记，笺记，也属于书信的一种，汉代把公府上书称作"奏笺"，对军将上书称作"奏记"。

译文

服虔，字子慎，起初名重，又改名祇，后来又改成虔，河南郡荥阳人。他年少时生活特别清贫艰苦，却立下雄心壮志，进入到太学接受教育。他非常有才华，擅长写作文章和论文，著有《春秋左氏传解》一书，一直流传到今天。他又拿《左传》学说去校正被何休校正过的汉代史事达六十个条目。他被推荐去做孝廉，随后得到迁升，在中平末年，又被授予九江太守。（不久）他被罢免，遭遇战乱，客居他乡，最后因病离世。他创作的作品有赋、碑文、诔文、书记、《连珠》、《九愤》，共计十多篇。

许慎传

题解

许慎，字叔重，汝南召陵（今河南省漯河市境内）人。他本性笃厚淳朴，博通五经学说，在当时的经学领域，鲜有匹敌，古文经学大师马融对他也十分敬重。他开始分出五经的今古学界限，著写《五经异义》来分说五经的不同义理，郑玄有《驳五经异义》，与之争辩。他的传世代表作《说文解字》，堪称文字学的不朽巨作，是当今学人解读今古文经学典籍必不可缺的文字训诂之作和入门书。

许慎字叔重，汝南召陵人也①。性淳笃，少博学经籍，马融常推敬之，时人为之语曰："《五经》无双许叔重②。"为郡功曹，举孝廉，再迁除洨长③。卒于家。初，慎以《五经》传说臧否不同④，于是撰为《五经异义》，又作《说文解字》十四篇，皆传于世。

注释

① 召陵：今河南省漯河市境内。

② 五经：包括《易经》《尚书》《诗经》《礼记》和《春秋》。

③ 洨 xiáo：县名，故城在今河北省洨水一带。

④ 传 zhuàn：古时解释经书的著述文体。说：言论。臧否：褒贬评说。

译文

许慎，字叔重，汝南召陵人。本性淳朴敦厚，少年时就已广泛地学习了经典书籍，马融也经常推崇他并表示尊敬，当时的人评价他说："谈论《五经》的没有一个可以与许叔重相比。"他曾担任汝南郡的功曹官，随后被举荐为孝廉。经过两次升调，他出任洨县的长官。最终他在家中去世。起初，许慎认为前人对《五经》的注解和阐释褒贬不一，便撰写《五经异义》，又写了《说文解字》十四篇，这些都流传于后世。

《儒林传》论与赞

题解

这是对东汉时期专事经学研究的儒学士人的评点。自光武帝刘秀夺得天下后，当时的政治环境稍稍安定，于是经学研究又开始出现新气象。但是也出现了新的问题，习经的儒士遍布全国各地，经师也广授门徒，呈现出经学派系分门别户且互相竞争的局面。经学门派各自为阵，各是其所是，各非其所非，对经义的具体阐述没有一个统一的标准和价值取向，导致经学学术的发展趋向繁杂和琐碎。经学的各家学说都围绕着关乎国家命运的核心主题进行讨论，所以在经以致用的道义观方面，它们总归还是为当时的国家政治制度建设作出了一定的贡献，对稳定政局和钳制豪强的反叛思想也发挥了一定的作用。可见，东汉时期的经学对当时的国家建设和发展起到一定程度的积极作用。尽管自汉桓帝、灵帝之后，东汉政权已经出现颓势，但经学所显示出来的作用仍不容忽略。正因为东汉时期儒学士人对经学的研究趋于细琐和繁碎，所以他们对经典大义的发扬与圣人传道的理念相去甚远。由此，这种难定是非和正误的经学解读和阐释，对经学义理的传承与发展存在或多或少的负面影响。

论曰：自光武中年以后，干戈稍戢[①]，专事经学，自是其风世笃焉。其服儒衣，称先王，游庠序，聚横塾者，盖布之于邦域矣。[②]若乃经生所处[③]，不远万里之路，精庐暂建[④]，赢粮动有千百[⑤]，其耆名高义开门受徒者，编牒不下万人，皆专相传祖，莫或讹杂。至有分争王庭，树朋私里，繁其章条，穿求崖穴，以合一家之说。故杨雄曰："今之学者，非独为之华藻，又从而绣其鞶帨[⑥]。"夫书理无二，义归有宗，而硕学之徒，莫之或徙，故通人鄙其固焉，又雄所谓"诿诿之学，各习其师"也[⑦]。且观成名高第，终能远至者，盖亦寡焉，而迂滞若是矣。然所谈者仁义，所传者圣法也。故人识君臣父子之纲，家知违邪归正之路。自桓、灵之间，君道秕僻，朝纲日陵，[⑧]国隙屡启，自中智以下，靡不审其崩离；而权强之臣，息其窥盗之谋[⑨]，豪俊之夫，屈于鄙生之议者[⑩]，人诵先王言也，下畏逆顺埶也[⑪]。至如张温、皇甫嵩之徒，功定天下之半，声驰四海之表，俯仰顾眄[⑫]，则天业可移，犹鞠躬昏主之下，狼狈折札之命，散成兵，就绳约，而无悔心，暨乎剥桡自极，人神数尽，然后群英乘其运，世德终其祚。[⑬]迹衰敝之所由致[⑭]，而能多历年所者，斯岂非学之效乎？故先师垂典文，褒励学者之功，笃矣切矣。不循《春秋》，至乃比于杀逆，其将有意乎！赞曰：斯文未陵，亦各有承。涂方流别，专门并兴。精疏殊会，通阂相征。千载不作，渊原谁澄？

注释

①干戈：古时原指盾和矛，后引申为战事。戢 jí：停歇、停止。

②儒衣：指戴着类似商代的一种帽子和穿着大袖禅衣的装扮。庠序：古代学校的代称。塾：私塾，古时由私人建立而用来教学的地方。

③若乃：句首语，表示另起一事，相当于“至于”。经生：经学博士。

④精庐：学舍，即读书讲学的地方。

⑤赢：担负。

⑥鞶帨 pánshuì：革带与佩巾。

⑦诶 náo 诶：争辩的样子，喧嚣状。

⑧秕僻：指政事和教化出现衰败的迹象。秕，谷物不成熟，这里比喻政治形势开始恶化。陵：陵迟。这里是衰败之义。

⑨息其窥盗之谋：这是指当时阎忠奉劝皇甫嵩推翻汉朝自立为王，但是皇甫嵩不予理睬。

⑩屈：听从。鄙生：谦词，经生的意思。

⑪埶：通“势”，指位势。这里指：政事教化虽然出现衰坏，但是朝廷很久没有被推翻，就是因为经书的仁义之道畅行，地位低下的人害怕悖逆历史潮流。

⑫顾眄：环视。

⑬昏主：指汉献帝。札：简牍。绳约：拘制。这里指的是张温和皇甫嵩一起被征召却受到拘制。剥桡 náo：衰亡。桡，折。极：终。祚 zuò：福运，也指帝位。

⑭迹：寻，推究。

译文

论说：光武帝中年以后，对战事稍稍有所停止，专心致力于经学，从此研究经学的风气开始浓厚起来。身穿儒者衣服，称道古圣先王，在学校游学和集聚的人，差不多遍布国内各地。经学博士所在的地方，人们不因为万里的路途遥远而自愿去求学，学舍也临时被搭建，担负粮食前来求学的成百上千，那些德高望重开课授徒的先生，被编入名册的就不低于万人，他们各自继承祖师的学说，没有错误和杂乱的现象。这样一来就导致各家学说在朝廷上争辩不休，（各自）树立自己的门派和私党，将经文的每一章每一条阐释繁多，在一些小问题上穿凿附会，以便符合自己的一家之言。所以扬雄就说："今天的学者，不仅把经文解释得虚华藻饰，而且也搞得烦琐和支离破碎。"经典书籍的道理是专一的，义理也都有一个宗旨，然而这些博学之徒，不知变通，所以博通的学人就鄙夷他们的固执和呆板，扬雄又有句话说得好："喧吵争论的学说，都只是在各自墨守自己老师的旧说。"姑且看看名声显赫成就突出，最终能够达到高远境界的人，恐怕是太少了，可见他们的迂腐刻板。但是他们探讨的话题是围绕仁义展开的，传授的也是圣人的法典。所以人人都能知道君臣和父子的纲常伦理，家家都明白远离邪恶走向正义的道路。从汉桓帝、汉灵帝开始，君王理政和教化有所败坏，朝廷的纲纪一天一天衰微，国家的法律漏洞也不断出现，从中等人以下的人来看，他们没有一个不希望国家崩溃和分离的，而那些拥有强大权势的大臣们，打消了盗夺国家皇权的念头，豪杰俊才之人，也听从清贫经生的意见，人人都记诵先王的圣贤之论，位卑低下的人害怕深陷悖逆的境地。像张温和皇甫嵩等人，他们的功劳可是平定了一半的天下，他们的美誉驰名全国，俯瞰仰视，四处环顾，就可以更改君王的帝业，但是他们依然鞠躬尽瘁地在昏庸的君主手下任劳任怨，为昏主的命令劳碌奔波，将自己的军队解散，受到拘制，却无怨无悔。到了东汉命运衰亡的时候，人和神的气数也已终尽，然后群贤英雄乘着这个机会取代汉朝的君王，终止东汉的命运。推究东汉之所以衰败却还能维持多年的原因，难道不是经学的效用吗？所以先师留下经典书籍，褒扬经学者的功劳，既实在又中肯啊。不去问询《春秋》的义理，甚至等同杀人犯和谋逆者，《春秋》这部经典是蕴含微言大义之作，是有意图在里面啊！赞说：经文没有衰亡，只是学者各自有所继承。学问的路数不同而导致分成不同的流派，专治一门并大兴自己的学说。说经的学者各有主张，有的精密，有的疏浅，有的贯通大义，有的断章取义，远离圣人的时代很久远了，没人定得下谁是谁非。如果千百年来没有一个圣人再现，经说解读就像泉水的源头一般浑浊，谁能澄清呢？

《独行传》序

题解

《后汉书·独行传》是继承《史记》《汉书》纪传体体例而新创的人物传记，主要讲述了一系列发扬道义精神并特立独行的历史人物的经典事例。从《张武传》到《戴就传》，均属于此系列。他们的言行不尽符合中国传统意义上的中庸之道，但依然表现出高尚的人格和坚贞的节操。他们不媚世俗，不逢迎权贵，骨气傲然！他们能够被载入史册，有着令后人缅怀且永为传唱的道德精神风貌和卓绝坚毅的品格。这里选取的几个典型人物，重在表现他们的仁德道义观及其具体的践行方式。

孔子曰："与其不得中庸，必也狂狷乎！"又云："狂者进取，狷者有所不为也。①"此盖失于周全之道，而取诸偏至之端者也。然则有所不为，亦将有所必为者矣；既云进取，亦将有所不取者矣。如此，性尚分流，为否异适矣。②中世偏行一介之夫，能成名立方者，③盖亦众也。或志刚金石，而剋扞于强御④。或意严冬霜，而甘心于小谅⑤。亦有结朋协好，幽明共心；蹈义陵险，死生等节。⑥虽事非通圆，良其风轨有足怀者。⑦而情迹殊杂，难为条品；片辞特趣，不足区别。⑧措之则事或有遗，载之则贯序无统。⑨

以其名体虽殊，而操行俱绝[⑩]，故总为《独行篇》焉。庶备诸阙文，纪志漏脱云尔[⑪]。

注释

①《论语·子路》："子曰：'不得中行而与之，必也狂狷乎！狂者进取，狷者有所不为也。'"何晏《集解》引包咸曰："中行，行能得其中者，言不得中行则欲得狂狷者。狂者，进取于善道。狷者，守节无为。欲得此二人者，以时多进退，取其恒一。"《后汉书》里用"中庸"，但大意相近。庸，常。狂，在这里是褒义词，指积极进取并一心向善。狷，褒义词，指坚守美好的节操并有所不为。

②性：人之所好。为否：为或者不为。适：归向，倾向。

③偏行：独特的操守。介：耿介。方：端正的品行。

④剋：克制。扞 hàn：触犯。强御：豪强，有权有势之人。

⑤小谅：小事情的信誉。

⑥幽明：昏暗和光明。蹈义：遵循仁义之道。陵险：面临险境。等：等同、相同。

⑦通圆：圆满。风轨：风范。

⑧情迹：情况和形迹。条品：区分和品评。特趣：特别的兴趣。

⑨措：放置。遗：遗漏。载：记载。统：关联。

⑩绝：超绝、独特。

⑪云尔：语气助词，相当于"如此而已"或"这样罢了"。

译文

孔子说："不能与中庸者交友，就一定要结交狂狷之人！"又说："狂者，积极进取；狷者，坚守节操有所不为。"这可能会对周全之道有损失，是采取了偏执并走向极端的方法。既然这样，有些事不去做，就一定会去做另一些事；某一方面进取，也就有不会进取的方面。这样，人的好尚不同，或者去做或者不去做，各自的倾向有差别。中古时期特立独行、耿介之人，能够成就名望、树立良好品德的人，恐怕有很多。有的人志向坚毅似金石，却被豪强战胜制服；有的人意志像冬霜一样严酷，然而醉心于小事情的信用。有的人结交良友和谐美好，同心同德；有的人遵循道义，面临危险，在生死问题上保持同样的节操。虽然事情并不完美，但他们的风范值得怀念。他们的情貌事迹纷杂有别，很难做出条目一一品评；片言只语和特殊的逸闻趣事，又不足以将他们区分开来。把故事放置文中，有些事情就会遗漏，如实记述，又没有一以贯之的逻辑顺序。虽然他们的名号和事体不同，但他们的节操和行为都绝无仅有，所以综合成为《独行篇》。希望能补充缺失的文献，弥补《本纪》与《志》的脱漏。

张武传

题解

张武，吴郡（今浙江省境内）人。他的孝心孝行感天动地，从未见过父亲，但对父亲勇抗顽敌至死的精神感念不已，常常祭拜父亲，伤心落泪；因为母亲的离世，他过度悲恸，伤身而亡。这里描述了一个孝子，强调的是孝道。应该诚心感恩，更要真心地表现在自己的身上。

张武者，吴郡由拳人也[①]。父业，郡门下掾，送太守妻、子还乡里，至河内亭，盗夜劫之，业与贼战死，遂亡失尸骸。武时年幼，不及识父。后之太学受业，每节[②]，常持父遗剑，至亡处祭醊[③]，泣而还。太守第五伦嘉其行，举孝廉。遭母丧过毁，伤父魂灵不返，因哀恸绝命。[④]

注释

① 由拳：县名，今浙江省嘉兴市以南。

② 每节：每次逢年过节。

③ 祭醊 zhuì：祭祀。

④ 过毁：过度伤心，毁伤身体。哀恸 tòng：悲哀和伤痛到了极点。

译文

张武，吴郡由拳人。他的父亲叫张业，在郡府做门下掾的小官，送太守的妻子和孩子回家乡，到了河内亭，盗贼晚上来打劫，张业与强盗搏战，被贼寇害死，连尸骨也丢失了。张武当时年纪很小，还不能记住父亲的样貌。后来，他到太学学习，每逢过节，他常常佩持父亲留下来的宝剑，到父亲被害死的地方行祭祀礼，哭泣而回。太守第五伦嘉奖他的孝行，举荐他为孝廉。后来，他遭受母丧，因过度伤心，有伤于自身，加上伤悼父亲的亡灵不能回乡（尸骨弃毁，没法收殓安葬在家乡），因此哀伤悲痛至极，绝命而亡。

陆续传

题解

陆续，身为官员，心系百姓，对受灾的人员一一铭记在心，不是做官摆样子，是为百姓而为官的自然表现。面对严刑拷问，即使被打得肌肉糜烂，也拒不招认，这种非比寻常的意志和桀骜不驯的性格，反映的是铁血男儿的本色。这也正是陆续的独行精神和传世价值：非我所为，纵使有千刀万剐的刁难，我也宁死不屈！同时，他又有感怀母爱和展现孝心的柔情一面。

陆续字智初，会稽吴人也。世为族姓。祖父闳，字子春，建武中为尚书令。美姿貌，喜著越布单衣[①]，光武见而好之，自是常敕会稽郡献越布。续幼孤，仕郡户曹史。时岁荒民饥，太守尹兴使续于都亭赋民饘粥[②]。续悉简阅其民[③]，讯以名氏。事毕，兴问所食几何？续因口说六百余人，皆分别姓字，无有差谬。[④]兴异之。刺史行部，见续，辟为别驾从事。以病去，还为郡门下掾。是时，楚王英谋反，阴疏天下善士[⑤]。及楚事觉，显宗得其录，有尹兴名，乃征兴诣廷尉狱。续与主簿梁宏、功曹史驷勋及掾史五百余人诣洛阳诏狱就考[⑥]，诸吏不堪痛楚，死者大半。唯续、宏、勋掠考五毒，肌肉消烂，终无异辞。[⑦]

续母远至京师，觇候消息，狱事特急，无缘与续相闻，母但作馈食，付门卒以进之，续虽见考苦毒，而辞色慷慨，未尝易容，唯对食悲泣，不能自胜。[8]使者怪而问其故。续曰："母来，不得相见，故泣耳。"使者大怒，以为门卒通传意气[9]，召将案之。续曰："因食饷羹[10]，识母所自调和，故知来耳。非人告也。"使者问："何以知母所作乎？"续曰："母尝截肉[11]，未尝不方，断葱以寸为度，是以知之。"使者问诸谒舍[12]，续母果来，于是阴嘉之，上书说续行状。帝即赦兴等事，还乡里，禁锢终身。续以老病卒。长子稠，广陵太守，有理名。中子逢，乐安太守。少子褒，力行好学，不慕荣名，连征不就。褒子康，已见前传。

注释

①著：穿。单衣：本指单层没有里子的衣服，这里应该指官服，早朝所穿的朝服。

②都亭：都邑中的传舍（古时供人们休息的宿处）。赋民：给民众分发食物。赋，通"敷"，分布，这里指分发。饘 zhān 粥：指稀饭。

③简阅：检查和审阅。讯：咨询。

④姓字：姓氏和名字。差谬：差错，错误。

⑤疏：搜寻网罗。

⑥诏狱：指九卿、郡守一级的高官犯罪，皇帝亲自定罪，并将他们系狱入牢。就考：接受拷问。

⑦掠考：拷打。五毒：形容各种严酷的用刑。消烂：糜烂、腐烂。异辞：指供认罪行。

⑧觇 chān 候：探听、侦察。特急：紧急，指严重。缘：机缘、机会。馈食：熟食，泛指食物。自胜：自我克制情绪。

⑨通传意气：通报传达讯息。

⑩饷：食物。羹：五味调和的肉汤汁。

⑪截肉：切肉。

⑫谒舍：客舍。

译文

陆续，字智初，会稽吴县人。世代为名门望族和大户人家。陆续的祖父叫陆闳，字子春，建武中期曾任尚书令。陆闳的相貌姿态潇洒，喜欢穿着越地布料制成的单衣，光武帝看见后也非常喜欢，自此以后，光武帝经常下令让会稽郡进献越地布匹。陆续从小是孤儿，后来在郡府做户曹史。当时年岁荒饥，老百姓忍饥挨饿，太守尹兴派他在城邑的都亭中给百姓分发稀饭。他察看了这里的民众，询问他们姓名。做完事情后，尹兴问他能够吃到稀饭的百姓有多少，他不假思索张口就说出有六百多号人，分别说出他们的姓氏和名字，没有差错。尹兴觉得他非比寻常。刺史巡视本部，召见陆续，征用他为别驾从事。他因生病辞掉了官职，还是在郡府做门下掾。当时，楚王英谋逆造反，暗地里网罗天下才士，等到楚王英的事情被察觉，汉显宗得到了记录名册，上面有尹兴的大名，就传令让尹兴去廷尉的监狱。陆续与主簿梁宏、功曹史驷勋和佐吏五百多人到洛阳诏狱接受拷问，各位官员忍受不了痛苦，大半已经成为死人，唯独陆续、梁宏、驷勋受到各种酷刑拷打，甚至肌肉已经腐烂，终究没有供认服罪。他的母亲从遥远的家乡赶到京师，探听他的音讯，但罪案非常严重，没有机会相互通信。他的母亲只能做好食物，托付守门的士卒代为送进监狱。他虽然被拷打，受到酷刑，但他说话时情绪激昂，面不改色，只有面对食物而悲哀落泪，不能控制情绪。使者感到奇怪，就问他其中的原因。他回答："因为母亲来了，但却不能见面，所以落泪。"使者大为震怒，认为守门的士卒通风报信，召来守门人将要定罪。陆续说："我是因为吃了这食物和喝了肉羹，知道这是出自母亲之手，所以知道母亲来了京城，并没有旁人告诉我。"使者问道："你怎么知道是你母亲亲自做的？"他说："母亲切的肉从来都是方形的，切断的葱以一寸为准度，我因为这个而知道。"使者向客舍询问，得知他的母亲果然来到京城，心中暗自赞赏，上书陈说他的故事。皇帝随即赦免尹兴等人，让他们返回故乡，终身拘禁。后来，他因年老有病而离开人世。他的大儿子陆稠，在广陵担任太守，治理政务有好的名声。第二个儿子陆逢，在乐安做太守。小儿子陆褒，努力践行，爱好学习，不贪慕荣华富贵和虚名，连续受到朝廷征召，都不去应命。陆褒的儿子陆康，在前面的列传中可见。

李充传

题解

李充，陈留（今河南开封境内）人。他严守孝母大义和家族恩义，在家里清贫最苦的时段，休妻以示母兄。对于盗窃母亲墓室的人，他奋起杀之。与大将军谈论义士，他畅所欲言，丝毫不顾及将军的威严。他重视自己认为正确的言行，不考虑他人的干扰因素。

李充字大逊，陈留人也。家贫，兄弟六人同食递衣①。妻窃谓充曰："今贫居如此，难以久安。妾有私财，愿思分异。"充伪酬之曰："如欲别居，当酝酒具会，②请呼乡里内外，共议其事。"妇从充置酒晏客。充于坐中前跪白母曰："此妇无状，而教充离间母兄，罪合遣斥。③"便呵叱其妇，逐令出门，妇衔涕而去④。坐中惊肃，因遂罢散。充后遭母丧，行服墓次，人有盗其墓树者，充手自杀之。服阕，立精舍讲授。⑤太守鲁平请署功曹，不就。平怒，乃援充以捐沟中⑥，因谪署县都亭长。不得已，起亲职役⑦。后和帝公车征，不行。延平中，诏公卿、中二千石各举隐士大儒，务取高行，以劝后进，特征充为博士。时鲁平亦为博士，每与集会，常叹服焉。

注释

①同食递衣：指同在一个屋檐下生活。递衣，轮流传递衣服穿。

②酬：应对、回答。酝酒：酿酒。具会：聚会。

③状：善状，好样子。离间：偏义词，指分家离居。离，离开。间，间隔。合：应当，应该。遣斥：谴责。

④衔涕：含泪流涕。

⑤服阕：丧服期满。精舍：传经学舍。

⑥援：持、执，这里指抓捕。捐：舍弃，抛弃。

⑦职役：比较低贱的职务。

译文

李充，字大逊，是陈留人。他家境贫寒，兄弟六个人同在一个屋檐下生活。他的妻子私下里对李充说："现在我们生活贫困，共同居住在一起，这样很困难，所以很难长久安心生活，我存有私人的钱财，但愿你考虑分家别居。"李充假装应对说："如果想分家另处，你应该酿酒准备，让家人聚会，邀请乡亲父老，共同商量这件事。"妻子听从他的吩咐，备置酒宴请来客人。李充席间跪到母亲面前倾诉说："这妇人不好，居然教唆我离开母亲和兄弟们，她的罪过理应受到谴责。"随即，他训斥呵责妻子，将她赶出家门，妻子眼含泪水离家而去。席上的人很惊讶，气氛很严肃，大家便离席散去。后来，李充遭遇了母亲去世之痛，他在墓旁安住行服丧的孝礼，有人去偷他母亲坟地旁边的树，他亲手将小偷杀掉。服丧期满以后，他建立经学学舍讲课授学。太守鲁平请他代任功曹，他不应召。鲁平发怒，就抓捕了他，把他扔进水沟，借机把他贬谪到县里代理都亭长。他没有办法，担任了低贱的职务。后来，汉和帝下令公车府征召他，他不去。延平年间，天子下诏要公卿和中二千石的官员各自推举隐居的义士和有学问的儒家，务必要选择有高尚德行的人，来劝勉后辈，特别征召他任博士。那时，鲁平也是博士，每次与他聚会，经常赞叹他并表示钦佩。

充迁侍中。大将军邓骘贵戚倾时，无所下借，[1]以充高节，每卑敬之。尝置酒请充，宾客满堂，酒酣，骘跪曰："幸托椒房[2]，位列上将。幕府初开，欲辟天下奇伟，以匡不逮，[3]惟诸君博求其器。"充乃为陈海内隐居怀道之士，颇有不合，骘欲绝其说，以肉啖之[4]。充抵肉于地，曰："说士犹甘于肉！"[5]遂出，径去。骘甚望之[6]。同坐汝南张孟举往让充曰："一日闻足下与邓将军说士未究，激刺面折，不由中和，出言之责，非所以光祚子孙者也。"[7]充曰："大丈夫居世[8]，贵行其意，何能远为子孙计哉！"由是见非于贵戚。迁左中郎将，年八十八，为国三老[9]。安帝常特进见，赐以几杖[10]。卒于家。

注释

①贵戚：外戚。倾时：权倾一时。下jiǎ借：假借、凭借。

②椒房：本指后妃居住的宫室，这里代指后妃。

③ 奇伟：奇才和俊杰。匡：匡正、改正。不逮：过错、不足之处。

④ 啖 dàn：给人吃。

⑤ 抵：掷，扔。说士：陈说、评点才士。

⑥ 望：怨、怨恨。

⑦ 同坐：同席而坐。究：尽、完结。光祚：延福、赐福。

⑧ 居世：人生在世。

⑨ 国三老：退休的三公官位，多命八十以上德高望重的人担任。

⑩ 几杖：坐几和手杖，古时尊敬老者的象征物。

译文

李充升迁为侍中。大将军邓骘身为皇后的亲族外戚，权倾一时，不需要仰仗谁，但因为李充有高尚的节操，邓骘每次对他的态度既谦卑又恭敬。邓骘曾经设下酒宴款待邀请他，贵宾和客人齐聚一堂，酒喝到酣畅尽兴时，邓骘单膝下跪说："我有幸承托后妃的洪福，位居大将军，将军府刚刚开设，想追求天下奇才和俊杰，来矫正不足之处，希望各位广泛寻求这样的人才。"于是他为邓骘讲述了天下身怀大道的隐居义士，与邓骘所期望的标准不合。邓骘递了块肉给他吃，想阻止他继续说下去。他把肉掷到地上，说："评论义士远比吃块肥肉好得多！"随即夺门而出，径直离去。邓骘对他心生怨意。当时席间在座的汝南人张孟举去指责他说："昨天，我听说您与邓将军评论义士没完没了，还当面进行激辩指责，这不符合中和之道，出言不逊的责罚，可不是在为后世子孙造福啊。”他说：“大丈夫人生在世，贵在任由自己的心志行事，怎么能够为子孙考虑得那么长远呢！”因此，他受到权贵和外戚的非议。后来，他升任左中郎将，已年满八十八岁，又做了国三老。安帝经常特地接见他，赐给他几案和手杖。最终，他在家中离世。

缪彤传

题解

缪彤，字豫公，汝南召陵（今河南省漯河市境内）人。他遵行圣人的做法，以此平息家族争夺财产的纠纷。他的独行意义在于揭示了人必须通过自己的修身谨行才可感化身边的亲友的道理。为求冤狱真相，他惨遭毒刑苦难，历时四年终于将案件查实，使受诬的县令得到昭雪。赏识并任用他的太守死于任上，他为太守守丧、送丧，并历尽艰险将太守的尸首安葬于故里。

缪彤字豫公，汝南召陵人也。少孤，兄弟四人，皆同财业①。及各娶妻，诸妇遂求分异，又数有斗争之言②。彤深怀愤叹，乃掩户自挝曰③："缪彤，汝修身谨行，学圣人之法，将以齐整风俗，奈何不能正其家乎！"弟及诸妇闻之，悉叩头谢罪，遂更为敦睦之行。仕县为主簿。时县令被章见考，吏皆畏惧自诬，④而彤独证据其事。掠考苦毒，至乃体生虫蛆，因复传换五狱，逾涉四年，令卒以自免。太守陇西梁湛召为决曹史。安帝初，湛病卒官，彤送丧还陇西。始葬，会西羌反叛，湛妻子悉避乱它郡，彤独留不去，为起坟冢。乃潜穿井旁以为窟室，昼则隐窜，⑤夜则负土，及贼平而坟已立。其妻、子意彤已死，还见大惊。关西咸称传之，共给车马衣资[6]，彤不受而归乡里。辟公府，举尤异[7]，迁中牟令。县近京师，多权豪。彤到，诛诸奸吏及托名贵戚宾客者百有余人，威名遂行[8]。卒于官。

注释

①财业：财产和家业。

②斗争：家庭妇女之间的争吵。

③掩户：关门。自挝 zhuā：自我反省。

④被章：被人上奏章告发。见考：被审查拷问。自诬：自己被逼承认莫须有罪名。

⑤潜穿：深到地下凿穿。窟室：地下室。隐窜：隐伏躲藏。

⑥共给 jǐ：共赠。

⑦尤异：特别优异。

⑧行：流行、流传。

译文

缪彤，字豫公，是汝南召陵人。他从小已成孤儿，有兄弟四人，共同享有钱财和家业。等到他们各自娶了妻子，他们的媳妇便要求分家别居，而且多次发生争执吵闹。他深感愤怨并叹息，便关起门来自我反省："缪彤啊，你修身养性谨慎行事，学习圣人的做法，将要整治世俗人情，怎么却不能够矫正家风呢！"兄弟们和他们的妻子听了后，都向他叩首表示谢罪，于是缪家从以前的争吵转变成敦厚和睦。他到县里做官，担任主簿。当时的县令被人参奏告发，接受审核拷问，其他官吏都感到害怕和恐惧，各自互相诬陷，然而他独自一人去证明事实的真相，遭到严刑拷打和各种刑具的折磨，以至于全身受伤并生起了蛆虫，（朝廷）因此下令给他更换了五次监狱，整个事件历时四年之久，最后县令因为缪肜得以免罪。太守陇西人梁湛征召他为决曹史。汉安帝初年，梁湛因为生病死在任上，他为梁湛送丧一直送到陇西老家。刚刚开始安葬，恰逢西羌人起事造反，梁湛的妻子和孩子都为了躲避战乱逃往别的郡县，只有他留下来，要为梁湛修建坟墓。于是他深入到地下凿穿井的旁侧来作为地下室，白天隐伏躲藏，晚上身背泥土出井，等到贼军被平定时，梁湛的坟茔已经建好。梁湛的妻子和孩子都以为缪肜已经命丧于战乱，见到他时大为惊讶。关西的人都称赞他并广为传颂他的事迹，供给车马衣服和物资，他不愿意接受馈赠，而是回到了自己的家乡。后来，他被公府召用，因为表现特别突出被推举，升任中牟令。中牟县靠近京师，县里有很多有权势的豪强，他一到，诛杀了一百多个作奸犯科的官吏和谎称外戚宾客的人，他的威严盛名便流传开来。最终，他在任上去世。

陈重传

题解

陈重，字景公，豫章宜春（今江西宜春）人。他接受今文经学的教育思想，深明谦卑礼让的大义。他不与朋友争官，替同僚还债，被人误解偷裤子后买新裤子奉上，见朋友免官后辞官同行。最后，他官至侍御史。他的独行方式告诫人们：与朋友交，贵在信奉仁义，不要锱铢必较，敢于承担责任，与他人共患难。

陈重字景公，豫章宜春人也。少与同郡雷义为友，俱学《鲁诗》、《颜氏春秋》。太守张云举重孝廉，重以让义，前后十余通记[①]，云不听。义明年举孝廉，重与俱在郎署。有同署郎负息钱数十万，责主日至，诡求无已，[②]重乃密以钱代还。郎后觉知而厚辞谢之[③]。重曰："非我之为，将有同姓名者。"终不言惠。又同舍郎有告归宁者，误持邻舍郎绔以去。[④]主疑重所取，重不自申说，而市绔以偿之。后宁丧者归，以绔还主，其事乃显。重后与义俱拜尚书郎，义代同时人受罪，以此黜退。重见义去，亦以病免。后举茂才，除细阳令。政有异化，举尤异，当迁为会稽太守，遭姊忧去官。[⑤]后为司徒所辟，拜侍御史，卒。

注释

①通：这里用作量词，指用于文书之类。记：书信。

②负息钱：欠钱。责主：债主。日至：每日都到。诡：责。

③厚辞：真诚的言辞。

④归宁：回家治办丧事。绔 kù：同“裤”，指裤子。

⑤异化：优异的政绩。忧：这里是指陈重的姐姐死亡一事。

译文

陈重，字景公，是豫章宜春人。他小时候就与同郡的雷义成为好朋友，一起学习《鲁诗》和《颜氏春秋》。太守张云举荐他为孝廉，他让给雷义，前后给张云写了十多封书信，张云没有听从。第二年，雷义被推荐为孝廉，与他都在郎署供职。有位同在郎署的郎官欠债多达数十万，债主每天都来追讨，催债没有间断过，陈重便暗自帮他还了钱。那位郎官后来知道了，诚心表示感谢。他说：“不是我做的，可能有相同姓名的人。”他始终不说是自己施舍的恩惠。又有一次，同屋住的一位郎官告假回家置办丧事，误拿了隔壁屋一位郎官的裤子回家。裤子的主人怀疑是他拿了，他并没有为自己申述辩解，反而买了条新裤子作为补偿。后来丧假休完的郎官回来，把裤子完璧归赵，这件事才真相大白。后来，他和雷义一起被封为尚书郎，雷义代替同时的人承担罪过，因此被罢免辞退，他看到雷义离开，也托病辞官离去。

后来，他被举荐为茂才，担任细阳县令。他因为政绩特别优异而被推举，应当升迁为会稽太守，遭逢姐姐之丧于是辞官。再后来，他被征用为司徒，担任侍御史，直到最后去世。

雷义传

题解

雷义，字仲公，豫章鄱阳（今江西省境内）人。他与陈重的友谊，远甚胶漆的坚固。为官从政，他推荐贤人不矜功自伐，显露出君子风范。他救济死犯，不受黄金的报答，尽显君子气派。代同僚受罪，他又有意气风发时的高风亮节之义。

雷义字仲公，豫章鄱阳人也。初为郡功曹，尝擢举善人，不伐其功。[①]义尝济人死罪，罪者后以金二斤谢之，义不受。金主伺义不在，默投金于承尘上[②]。后葺理屋宇[③]，乃得之。金主已死，无所复还，义乃以付县曹。后举孝廉，拜尚书侍郎，有同时郎坐事当居刑作[④]。义默自表取其罪，以此论司寇。[⑤]同台郎觉之，委位自上[⑥]，乞赎义罪。顺帝诏皆除刑。义归，举茂才，让于陈重，刺史不听，义遂阳狂被发走[⑦]，不应命。乡里为之语曰："胶漆自谓坚，不如雷与陈。"三府同时俱辟二人。义遂为守灌谒者[⑧]。使持节督郡国行风俗，太守令长坐者凡七十人。[⑨]旋拜侍御史，除南顿令，卒官。子授，官至苍梧太守。

注释

①擢举：提拔和推荐。伐：自夸。

②承尘：指天花板。

③葺 qì：本义是用茅草盖房顶，这里是修理的意思。

④坐事：因为犯事获罪。

⑤表：上书、上奏。论：论定、定罪。

⑥委位自上：辞官上书。

⑦阳狂：假装痴狂疯癫。被发：披发，指披头散发。

⑧灌谒：谒（掌管晋见的近侍官）有三十五人，郎中官满了年限，称作给事；没有任满年限的官员，就叫“灌谒”。

⑨行：巡行、巡视。坐：犯罪。

译文

雷义，字仲公，是豫章鄱阳人。当初，他在郡府做官任功曹，提拔和推荐贤良，也不炫耀自己的功劳。他曾经救济过一个犯有死罪的人，犯有死罪的人后来用二斤黄金来感谢他，他不愿意接受，金子的主人乘他不在家的时候，偷偷地把金子投放到天花板上。他后来修理房顶，才得到了这些金子，但送金子的主人已死，没法再送还回去，于是把金子交给县里的官员。后来，他被推荐为孝廉，被封为尚书侍郎，有位同为郎官的人因为犯罪应当受到刑责处罚，他暗自上奏承担罪过，因此被司寇论定罪行。同台的郎官发现了，辞官上书，乞求为他赎罪。汉顺帝下诏免去所有罪罚。他回到家里，被举荐为茂才，他推让给陈重，刺史不遵从，他就假装疯癫披头散发奔走，不应召任命。乡里的人针对这件事说："胶和漆自以为坚固，却也比不上雷义和陈重的情谊。"三公府同时征召两位。他便出任灌谒官。朝廷派他手拿天子的符节监督郡国和巡视当地的世俗风情，（结果发现）太守、令、长犯罪的共计七十人。不久，他被封为侍御史，担任南顿令，在任上逝世。他的儿子叫雷授，官至苍梧太守。

范冉传

题解

范冉，字史云，陈留外黄（今河南省境内）人。他师从古文经学家马融，通晓经义的大意。他有超凡脱俗的气质，行事背离世俗。即使是在颠沛流离的生活中，他也淡定自若。这等豁达的胸襟和磅礴的气度品格，值得人们借鉴和学习。

范冉字史云，陈留外黄人也。少为县小吏，年十八，奉檄迎督邮，冉耻之，乃遁去。到南阳，受业于樊英。又游三辅，就马融通经，历年乃还。冉好违时绝俗，为激诡之行。[①]常慕梁伯鸾、闵仲叔之为人。与汉中李固、河内王奂亲善[②]，而鄙贾伟节、郭林宗焉。奂后为考城令，境接外黄，屡遣书请冉，冉不至。及奂迁汉阳太守，将行，冉乃与弟协步赍麦酒，于道侧设坛以待之。[③]冉见奂车徒骆驿，遂不自闻，惟与弟共辩论于路。奂识其声，即下车与相揖对。奂曰："行路仓卒，非陈契阔之所，可共到前亭宿息，以叙分隔。[④]"冉曰："子前在考城，思欲相从，以贱质自绝豪友耳[⑤]。今子远适千里，会面无期，故轻行相候，以展诀别。[⑥]如其相追，将有慕贵之讥矣[⑦]。"便起告违[⑧]，拂衣而去。奂瞻望弗及，冉长逝不顾。

注释

①违时绝俗：异于世俗常情，与众不同。激诡：矫情立异。

②王奂：字子昌，河内武德人。他通明五经，耻交势利，迁升为汉阳太守，被封为议郎。

③斋 jī：同“赍”，携带。待：等待，等候。

④仓卒 cù：即仓猝，仓促。陈：陈说，讲述。契阔：离别，久别。分隔：这里指离别。

⑤贱质：地位低下卑贱。

⑥远适：远行，远往。轻行相候：轻装疾行地在此等候。诀别：告别，饯行。

⑦慕贵之讥：被人讥讽为专好倾慕权贵人物。

⑧违：离别。

译文

范冉，字史云，是陈留外黄人。他年轻时是县里的小吏，到了十八岁，奉命迎接督邮，却以此为耻，便悄悄离开。后来，他到了南阳，拜樊英做老师。他游历京城，向马融学习经学，通晓经义，这样经过了一年才回家。他喜欢与时俗常情背道而驰，超凡脱俗，标新立异。他常钦羡梁伯鸾、闵仲叔的做人之道。他与汉中人李固、河内人王奂来往密切，而看不上贾伟节、郭林宗。王奂后来做了考城令，考城和外黄很近，王奂多次写信邀请他，他没有理睬。等王奂升调为汉阳太守，将要起程上路，他和弟弟范协才携带麦子酒步行前来送别，在路边设坛，等候王奂。他看见了王奂的车乘和络绎不绝的送行人，便不向王奂通报了，只和弟弟在路边进行辩论。王奂听出是范冉，下车与他作揖行礼。王奂说："匆忙上路，这里不是畅叙阔别的地方，可以到前面的亭子休息，来叙说相别的离情。"范冉说："您以前在考城为官时，我想要跟着您，但因为我身份鄙贱，自己弃绝与豪迈的朋友交往。如今您远行千里之外，见面的机会没有约期了，所以就轻装简行在此等候，表示道别。如果我追随您走，将会被讥笑为倾慕权贵之人了。"随即，他起身告辞，挥衣离去。王奂远望他离开直到看不见为止，然而他远走离去，头也不回。

桓帝时，以冉为莱芜长，遭母忧，不到官。后辟太尉府，以狷急不能从俗，常佩韦于朝。①议者欲以为侍御史，因遁身逃命于梁沛之间，徒行敝服，卖卜于市。②遭党人禁锢，遂推鹿车，载妻子，捃拾自资。③或寓息客庐④，或依宿树荫。如此十余年，乃结草室而居焉。所止单陋，有时粮粒尽，穷居自若，言貌无改。闾里歌之曰："甑中生尘范史云，釜中生鱼范莱芜。⑤"及党禁解，为三府所辟，乃应司空命。是时西羌反叛，黄巾作难，制诸府掾属，不得妄有去就。冉首自劾退，诏书特原不理罪。又辟太尉府，以疾不行。

注释

①狷急：急躁。佩韦：韦指熟牛皮，性柔软。性子急的人佩戴熟牛皮，警醒自己不要急躁。

②遁身：隐身。敝服：破衣服。卖卜：做占卜的买卖来生活。

③鹿车：古时的独轮小车。捃 jùn 拾：拾取。

④寓息：寄住。

⑤甑 zèng 中生尘范史云，釜中生鱼范莱芜：这句话是在形容范冉家中的生活十分贫穷。甑，古时蒸食物的器皿。釜，古时类似锅的器皿。甑里面全是灰尘，釜中积水可以养鱼，都是形容没有吃食的惨景。

译文

汉桓帝时期，范冉被任命为莱芜长，遭遇母亲丧故，没能赴任。后来，他被征召前往太尉府，因为性格耿介急躁，不能顺从世俗，所以他经常佩带韦皮上朝。有人提议想要让他出任侍御史，他借机逃避躲藏，跑到梁国、沛国一带来逃避任命。他徒步行走，身穿破衣，在闹市给人占卜算命。他遭遇党人禁锢之事，于是推着小的人力车，装载着自己的妻子和孩子，拾遗麦穗自给自足维持生活，有时寄住客店，有时在树荫下面过夜。这样熬过了十多年，才搭建了草房居住。他住的处所简单破陋，有时粮食用尽，生活穷苦，但神态自若，言谈和形貌没有改变，乡闾间歌唱说："甑里生尘的是范史云，釜中长鱼的又是范莱芜。"等到党锢解禁后，他被三公府同时征召，便接受了司空府的授命。恰逢西羌造反，黄巾作乱，天子下令各府的官吏不得离守。范冉首先自我弹劾而辞退官位，天子下诏书特别宽恕他，不理会他的逃罪。后来他又被太尉府征召，他借口生病不去上任。

中平二年，年七十四，卒于家。临命遗令敕其子曰[①]："吾生于昏暗之世，值乎淫侈之俗，生不得匡世济时，死何忍自同于世！气绝便敛，敛以时服，衣足蔽形，棺足周身，敛毕便穿，穿毕便埋。[②]其明堂之奠[③]，干饭寒水，饮食之物，勿有所下。坟封高下，令足自隐。[④]知我心者，李子坚、王子炳也。今皆不在，制之在尔[⑤]，勿令乡人宗亲有所加也。"于是三府各遣令史奔吊。大将军何进移书陈留太守，累行论谥，佥曰宜为贞节先生[⑥]。会葬者二千余人，刺史郡守各为立碑表墓焉。[⑦]

注释

① 临命：临死之时。遗令：人临终前的告诫。
② 气绝：指人死。敛：收殓、殓葬。蔽：遮挡。周身：容纳下身体。穿：穿凿、挖。
③ 明堂：指坟前的神明之堂。明，指与死者相关的祭祀用语，如送死者的衣服叫明衣，敬奉死者的器皿叫明器。奠：祭奠。
④ 坟封：坟上的封土。自隐：自蔽棺材灵柩。
⑤ 制：指操办这件丧事的具体做法。

⑥佥：大家，或全、都的意思。贞：清白守节。节：好廉自克。

⑦会：聚集、参加。表墓：指在墓碑前刻石头，表彰死者的善行。

译文

中平二年，范冉年已七十四岁，在家中离世。他临死前留下遗命告诫儿子说："我生在昏暗的世道，正好遇到荒淫奢侈的世俗，在世时不能够匡正世事弊害来补救时俗，死后怎么能容忍自己苟同于世人！我死后立刻收殓，收殓时要用我平时穿的衣服，衣服足够遮盖我的身体就可以了，棺材足够放下我的身体就可以了，收殓完毕马上穿凿墓穴，挖好墓穴尽快安葬。不要在坟前设立明堂祭奠，只要有干饭和冷水即可，可以吃喝的食物，不要全部随棺材下到墓穴。坟前封土的高度，能够隐蔽棺材就可以了。知道我真心的是李子坚、王子炳。他们现今都不在人世，办理丧事靠你了，不要给乡里人和宗族亲友增加负担。"于是，三公府各自派掌管文书的令官和史官前来吊丧。大将军何进发送文书给陈留太守，要他们收集范冉的行为素材，讨论谥号，大家都说谥号应当为贞节先生。来参加葬礼的人有两千多，刺史和郡守分别为他立碑，并在他墓前刻石，表彰其善行嘉言。

戴就传

题解

戴就，字景成，会稽上虞（今浙江省境内）人。他因为自己隶属侍奉的太守获罪而受到牵连，惨遭酷刑拷打，仍然底气十足，面不改色，绝不屈服。戴就对冤狱拒不屈招，这样的独行作风揭示出傲视磨难的凛然大义。

戴就字景成，会稽上虞人也。仕郡仓曹掾，杨州刺史欧阳参奏太守成公浮臧罪，遣部从事薛安案仓库簿领，[1]收就于钱唐县狱。幽囚考掠，五毒参至。就慷慨直辞，色不变容。又烧鋘斧，使就挟于肘腋。[2]就语狱卒："可熟烧斧，勿令冷。"每上彭考，因止饭食不肯下，肉焦毁堕地者，掇而食之。[3]主者穷竭酷惨，无复余方，乃卧就覆船下，以马通薰之。[4]一夜二日，皆谓已死，发船视之，就方张眼大骂曰："何不益火，而使灭绝！"又复烧地，以大针刺指爪中，使以把土[5]，爪悉堕落。主者以状白安，安呼见就，谓曰："太守罪秽狼藉，受命考实，君何故以骨肉拒扞邪？"[6]就据地答言[7]："太守剖符大臣，当以死报国。卿虽衔命，固宜申断冤毒，奈何诬枉忠良，强相掠理，[8]令臣谤其君，子证其父！薛安庸骙，忸行无义，[9]就考死之日，当白之于天，与群鬼杀汝于亭中。

如蒙生全，当手刃相裂！”安深奇其壮节，即解械，更与美谈，⑩表其言辞，解释郡事。征浮还京师，免归乡里。太守刘宠举就孝廉，光禄主事，病卒。

注释

①臧：贪污。簿bù领：官府记录事件的簿册或者文书。

②鋘wú：刀名。肘腋：胳膊肘和腋窝。

③彭考：即搒拷，指笞打和拷问。堕：坠落、掉落，这里指脱落。掇：拾取、捡起。

④方：方案、办法。覆：颠倒。马通：马粪。薰：熏。

⑤把土：抓把土。

⑥白：禀报。骨肉：指身体、生命。拒扞：抗拒。

⑦据地：趴在地上。

⑧衔命：接受使命。申断：明断。诬枉：诬陷和冤枉。掠理：拷打审讯。

⑨庸骙ái：平庸呆笨。忸行：惯习、惯行，一贯这样做。

⑩壮节：壮烈的气节。解械：解脱枷锁。美谈：美言相谈。

译文

戴就，字景成，是会稽上虞人。他在郡上当官任主管仓库的曹掾，杨州刺史欧阳参奏告太守成公浮贪赃枉法，派部从事薛安彻查仓库的记事簿册，把戴就关押在钱塘县的牢狱。他受到囚禁和拷打，饱尝各种酷刑交替施加的痛苦。他激情昂扬，直言不讳，面不改色。狱卒又烧烤刀和斧，挟在他胳膊和腋窝之间，他特地告诉狱中的士卒说：“可要把刀斧烧得熟热些，不能让它凉了。”狱卒每次拷打，他便不肯吃下饭和食物，他的皮肉被烧焦成毁伤的死皮，掉落在地上，他捡起死皮来吃。主管酷刑的人竭尽所有残酷的刑罚，不再有任何办法，便把他躺着放在倒转过来的船下，用燃烧马粪的方法来熏他。熏了两天一夜，都以为他已经死了，翻开船一看，他睁开眼睛，大声责骂说：“为什么不加火，火都熄灭了！”他们再一次加火烧地面，用大针刺进他的指甲里去，迫使他用手去抓土，指甲全部掉到地上。主管行刑的人把状况上报给薛安，薛安下命招他来见，对他说：“太守贪污受贿的罪行使得他声名狼藉，我接受使命来审问核查实际情况，你为什么要拿自己的生命来抗拒我呢？”他趴在地上回答说：“太守是朝廷任命的大臣，应当以死报效国家。你虽然背负着使命，但你本该明断冤情，为什么要诬陷冤枉忠正贤良的臣子呢？而且对我强行施刑，拷打审问，命令臣下诽谤污蔑君主，就好像要让儿子指证他的父亲一样！薛安你平庸蠢笨，尽做不仁义的事情，我戴就被打死的日子，定当向老天爷说明真相，和众鬼神一起把你杀死在亭子中。如果幸运，我还能保全性命活下来，也定当亲手把你千刀万剐！”薛安为他的壮烈气节感到震惊，马上解除了他的枷锁，与他美言交谈，表彰他的言辞，对郡守的事情做出解释。朝廷征召成公浮返回京师，罢免官职还乡。太守刘宠推荐戴就为孝廉，担任光禄主事，戴就后来因病逝世。

《独行传》赞

题解

这短短十六字的赞文，浓缩着《后汉书·独行传》中系列人物能够流芳百世的思想精髓。

赞曰：乘方不忒[①]，临义罔惑[②]。惟此刚洁[③]，果行育德[④]。

注释

①乘方：乘履方正。不忒：没有差错。

②义：道义。罔惑：没有疑惑。

③刚洁：刚正、高洁。

④果行：果决行事。育德：培育仁德。

译文

赞说：（一个人的）言行（应当）端正大方，不要有差错；面对道义，不要感到疑虑和困惑。只有拥有刚正和高洁的品格，（一个人）才能果断地行事，并培养出（高尚的）道德。

《逸民传》序[①]

题解

《后汉书·逸民列传》是中国正史中记载隐逸贤士故事的开端，以隐逸为主题来塑造东汉时期隐士的道德风范，体现出他们不同凡响的人格精神与独立于世的个性魅力。本篇列传着意刻画了避离人事利禄而自善身心的十八位隐者形象，旨在追求人类本性中的高洁与纯净，以及个人对践行道义所持有的执着与热情！

《易》称“《遯》之时义大矣哉”[②]。又曰：“不事王侯，高尚其事。”是以尧称则天，不屈颍阳之高；[③]武尽美矣，终全孤竹之洁。[④]自兹以降，风流弥繁，长往之轨未殊，而感致之数匪一。[⑤]或隐居以求其志，或回避以全其道，或静己以镇其躁，或去危以图其安，或垢俗以动其概，或疵物以激其清。[⑥]然观其甘心畎亩之中，憔悴江海之上，岂必亲鱼鸟、乐林草哉！[⑦]亦云性分所至而已[⑧]。故蒙耻之宾，屡黜不去其国；蹈海之节，千乘莫移其情。适使矫易去就，则不能相为矣。彼虽硁硁有类沽名者，然而蝉蜕嚣埃之中，自致寰区之外，异夫饰智巧以逐浮利者乎！[⑨]荀卿有言曰，“志意修则骄富贵，道义重则轻王公”也[⑩]。

注释

①逸民：隐逸人士。

②《遯》之时义大矣哉：语出《易经·遯卦》。

③则天：效法天理。颍阳之高：指隐士巢父和许由的高洁志气。

④武：周武王。孤竹之洁：指孤竹国国君的两个儿子伯夷和叔齐的高洁风貌。

⑤风流：隐逸的遗风。长往：避世隐居。轨：方式、方法。感致：受到感化被招致。匪：同“非”，并非。

⑥动：萌动，激发。镇：抑制、克制。躁：躁动。垢俗：以为世俗污浊。概：气概。疵物：非议。

⑦畎亩：田亩。憔悴：这里指生活困顿、艰难。亲：亲近。乐：喜欢、喜爱。

⑧所至：使其然。

⑨硁 kēng 硁：固执自守。沽名：故意做作来谋取好的名声。蝉蜕：指蝉脱去外壳，化为飞蝶。这里比喻解脱、超脱。嚣埃：代指尘世、人世间。自致：置身于。寰 huán 区：人世间。

⑩骄：不习惯，这里指不贪慕。轻：轻视，这里指看得淡。

译文

《易经》说：“《遯》的作用意义重大。”又说：“不奉承和服侍君王及诸侯，尊重并推崇自己的事业。”因为这样，尧声称效法天理，不让高洁隐士巢父和许由感到委屈；周武王最完美，终于成全了伯夷、叔齐的高洁。

从此以后，这种遗风越来越繁盛，避世隐居的典范没有太大的差异，然而受到感动被招致的形式并不相同。有的人通过隐居来实现自己的意愿，有的人用避世来成全自己的道德，有的人让自己清静来克制躁动，有的人远离危险来求得安宁，有的人以为世俗污浊而催发自己的气概，有的人非议事物来激扬自己的清白。观察他们心甘情愿地处于田间，在江边海滨困苦地生活，难道一定是在亲近游鱼飞鸟并喜欢山林草木吗？这也只是说他们各自的本性使其这样罢了。所以蒙受屈辱的宾客，多次遭到贬黜也不离开自己的故国；有跳海自沉的气节的人，即使封给他们千乘之国也不能改变他的情志。如果想要去矫正和改变他们离去或留下的选择，那就不可能去做了。他们虽然固执自守，也有类似故意做作谋取美誉的人，但他们像蝉脱去外壳一样从喧嚣的尘世中自我解脱出来，置身于人世间以外的地方，与粉饰自我用小聪明和投机取巧的手段去追求浮华名利的人不一样。荀子有句话说得好：“（一个人）修炼好自我的志向和意愿，就不会贪慕豪富和权贵，重视道德和仁义，就会看淡王公贵族。”

汉室中微[①]，王莽篡位，士之蕴藉义愤甚矣[②]。是时裂冠毁冕[③]，相携持而去之者，盖不可胜数。杨雄曰：“鸿飞冥冥，弋者何篡焉。[④]”言其违患之远也[⑤]。光武侧席幽人，求之若不及，旌帛蒲车之所征贲，[⑥]相望于岩中矣。若薛方、逢萌，聘而不肯至；

严光、周党、王霸，至而不能屈。群方咸遂，志士怀仁，斯固所谓“举逸民天下归心”者乎！肃宗亦礼郑均而征高凤，以成其节。自后帝德稍衰，邪孽当朝，处子耿介，羞与卿相等列，至乃抗愤而不顾，多失其中行焉。⑦盖录其绝尘不反⑧，同夫作者，列之此篇。

注释

① 微：衰弱、衰微。

② 蕴藉 jiè：心中蕴藏着。

③ 裂冠毁冕：这里比喻决意不再从政为官。

④ 冥冥：鸿雁在天空高飞时，让人觉得很遥远的样子。弋 yì 者：猎人。弋，射。篡：夺取，这里指射中鸿雁。

⑤ 违患：躲避祸患。

⑥ 侧席：这里指谦恭地礼待贤士。幽人：指隐士。旌帛：旌旗和布帛。蒲车：指蒲草包裹车轮的车子。古时蒲车象征着礼贤下士之义或者征聘隐士之义。

⑦ 邪孽：邪恶。处子：指隐士。等列：处于同等行列。抗愤：激昂愤恨。中行：这里指中庸之道。

⑧ 绝尘：超凡脱俗。不反：指义无反顾。

译文

汉室王朝中期衰弱，王莽篡权，士子心中义愤填膺的人很多。当时，撕裂冠帽毁掉冕服，携手离开朝廷的人，大概数不胜数。扬雄说：“鸿雁高飞在遥远的天空，打猎的人怎么能够射杀它们呢？”这是说逃离隐患的人远离了灾难。光武帝侧坐留出席位礼待隐士，寻求隐士唯恐不够到位，用以招致隐士的旌旗币帛和蒲车，接连不断在隐士所居住的山间出现。有像薛方、逢萌受征召却不肯来的，也有严光、周党、王霸已经来到却又不能枉尊屈从的。天下都归顺，志节高士怀抱仁义之德，这些原本就是所谓的“举荐隐逸士人能让天下诚心归顺”啊！汉肃宗也礼待郑均且征召高凤，用心成全他们的节操。从此以后，皇帝的德政稍稍衰微，邪恶的小人掌控朝政，隐逸人士耿直忠诚，以与公卿宰相同等并列为羞耻，以至于激昂愤恨而不顾一切，他们当中的大多数人丧失了中庸之道。这里面记载了那些超凡脱俗且义无反顾的故事，把那些有作为能行动的隐士，记述在本篇中。

严光传

题解

严光是光武帝时期知名隐逸高士，曾与光武帝是同窗学友。他不慕虚荣，不贪奢华，在光武帝登基为帝后没有去攀龙争宠，而是隐姓埋名，独钓于沼泽中。他身上的贤士风范及淡泊名利的气质，让光武帝对他既敬重又爱惜，尽管将其人召归皇室，却不能赢得他的心。他依旧与皇帝谈笑往事，同床卧睡，甚至脚踩皇帝的肚皮也丝毫没有顾忌。严光为人不卑不亢，率性狂狷，心神旷达，不仅赢得皇帝的敬重，更赢得后人的敬佩！

严光字子陵，一名遵，会稽余姚人也。少有高名①，与光武同游学。及光武即位，乃变名姓，隐身不见。帝思其贤，乃令以物色访之②。后齐国上言："有一男子，披羊裘钓泽中。"帝疑其光，乃备安车玄纁③，遣使聘之。三反而后至④。舍于北军。给床褥，太官朝夕进膳⑤。

注释

① 高名：名气大。

② 物色访之：以严光的形貌去寻求他。物色，形状和容貌。

③ 安车：古代有车厢可供人乘坐的马车。玄纁 xūn：黑色和浅红色的布帛。这里代指帝王礼贤下士的礼品。

④ 反：同“返”。

⑤ 进膳：提供食物。

译文

严光，字子陵，另一名为遵，会稽余姚人。他年纪很小就享有很大的名声，与光武帝一起游学。等到光武登基即位时，他改名换姓，躲藏起来不见光武帝。光武帝考虑到他有贤德，就下令让人画了他的画像去寻访。后来齐国上书进言：“有一位男子，披着羊皮的衣裘在沼泽中垂钓。”光武帝怀疑他可能是严光，于是准备好安车和黑色、浅红色的布帛，派遣使者去征聘他。使者三次拜访后，严光才到来。皇帝让严光住在北军的军用房舍，供给床位和被褥，太官每天早晚奉上食物。

司徒侯霸与光素旧①，遣使奉书。使人因谓光曰：“公闻先生至，区区欲即诣造②。迫于典司③，是以不获。愿因日暮，自屈语言。”光不答，乃投札与之④，口授曰⑤：“君房足下：位至鼎足⑥，甚善。怀仁辅义天下悦，阿谀顺旨要领绝⑦。”霸得书，封奏之。帝笑曰：“狂奴故态也⑧。”车驾即日幸其馆。光卧不起，帝即其卧所⑨，抚光腹曰：“咄咄子陵，不可相助为理邪？”光又眠不应，良久，乃张目熟视，曰：“昔唐尧著德，巢父洗耳[10]。士故有志，何至相迫乎！”帝曰：“子陵，我竟不能下汝邪？”于是升舆叹息而去[11]。

注释

①素旧：向来关系很好，即指旧交，所谓的“老朋友”。

②区区：诚挚。

③典司：本指主管或主治。这里代指公事或公务。

④札 zhá：古时写字用的木片。

⑤口授：亲口回信。

⑥鼎足：三公的官位，比喻重要的政治地位。

⑦要领：国家的纲纪。绝：废绝。

⑧狂奴：指狂放不羁的人。故态：老样子。

⑨即：到。

⑩巢父：古时的一名隐逸高士，因筑巢居住而得名。尧想把天下禅让给他，他逃到山林隐居，修道养生。洗耳：语出蔡邕的《琴操·河间杂歌·箕山操》，这则典故是说巢父听到尧让天下给他的话，认为自己的耳朵受到了污染，到河边洗耳朵。比喻心旷世外，超凡脱俗。

⑪升舆 yú：登车、上车。舆，这里指车辆。

译文

司徒侯霸同严光一直都有老交情，派遣使者前去送信。派去的使者对严光说：“我们侯公听说先生您已到来，诚心诚意想要马上登门拜访，但迫于公务，没能如愿。希望趁着傍晚的时候，请先生您屈尊过去交谈。”严光没有回答，顺便扔过去一片木牍给使者，亲口回信说：“君房足下：您官位高居三公，非常好。心怀仁爱并以道义为辅，那么天下就会欢欣喜悦，如果曲阿谄谀，奉承旨意，国纲政事就会废绝。”侯霸得到回信，封好它奏报给皇帝。皇帝笑笑说：“这是狂直臣奴以前的老样子。”皇帝当天就摆驾前往严光住的客馆。严光睡卧不起，皇帝马上走到他的卧室里，抚摸着他的腹部说：“子陵啊，难道不能帮助我管理国家吗？”严光继续睡着不答应，过了许久，他才睁开眼睛仔细地凝视光武帝，说：“以前唐尧的道德显著，但巢父认为尘世俗气并以此为耻，能够心旷世外。士人各有心志，您为什么要苦苦相逼呢？”皇帝说：“子陵啊，我还是不能使您归从吗？”皇帝便登上车叹气离开。

复引光入，论道旧故①，相对累日。帝从容问光曰：“朕何如昔时？”对曰：“陛下差增于往②。”因共偃卧③，光以足加帝腹上。明日，太史奏客星犯御坐甚急④。帝笑曰：“朕故人严子陵共卧耳。”除为谏议大夫，不屈，乃耕于富春山，后人名其钓处为严陵濑焉。建武十七年，复特征⑤，不至。年八十，终于家。帝伤惜之，诏下郡县赐钱百万、谷千斛。

注释

①旧故：这里指往事。

②差增：稍稍增强。

③偃卧：卧睡。

④御坐：喻指皇位。

⑤特征：特地征召。

译文

光武帝再次召见严光进宫，谈论并说起往事，互相面对面交谈了很多天。皇帝突然问起严光说：“朕和以前相比，怎么样？”严光回答说：“陛下比以前稍微强些了。”接着两人一同卧睡，严光把脚放到皇帝的肚子上。第二天，太史上奏说有客星侵犯皇帝的宝座并且非常急迫。皇帝笑笑说：“朕同老朋友严子陵一起躺着罢了。”光武帝封严光为谏议大夫，严光不屈从皇帝的旨意，便跑到富春山耕田。后来人们把他钓鱼的地方称作严陵濑。建武十七年，皇帝再次特地征召他，他不来。严光八十岁时，在家里去世。皇帝对此感到伤心和痛惜，下诏传令赐给他所在的郡县一百万钱、一千斛粮食。

梁鸿传

题解

梁鸿身逢乱世，卷席葬父，家贫志坚，博览群书，通晓大义，为人朴实忠厚。他在上林苑养猪，不慎让火种发起火势，殃及邻居人家房舍，他以猪抵债，并亲力为他人打工，日夜勤恳，不辞辛劳。他与孟光志趣相投，共慕高士，随之结为夫妻，共度隐逸生活，这段佳话永为后世传唱。

梁鸿字伯鸾，扶风平陵人也。父让，王莽时为城门校尉，封修远伯，使奉少昊后，寓于北地而卒[①]。鸿时尚幼，以遭乱世，因卷席而葬。后受业太学，家贫而尚节介[②]，博览无不通，而不为章句。学毕，乃牧豕于上林苑中。曾误遗火，延及它舍。鸿乃寻访烧者，问所去失，悉以豕偿之。其主犹以为少。鸿曰："无它财，愿以身居作。"主人许之。因为执勤，不懈朝夕。邻家耆老见鸿非恒人[③]，乃共责让主人，而称鸿长者[④]。于是始敬异焉[⑤]，悉还其家。鸿不受而去，归乡里。

注释

①寓：寄寓、寄居。

②尚：推崇。节介：气节、节操。
③恒人：常人，普通人。
④长 zhǎng 者：性情谨厚之人，厚道人。
⑤敬异：敬佩并感到惊讶。

译文

梁鸿，字伯鸾，扶风平陵人。他的父亲叫梁让，王莽时期担任城门校尉，被封为修远伯，让他侍奉少昊的后代，在北地寄居，后去世。当时梁鸿年纪很小，因为遭遇混乱时世，便用席子将父亲尸体卷起来埋葬了。后来，他在太学接受教育。他贫寒而推崇高尚的气节，博览群书，没有不通晓的，但不做章句的学问。学业完成后，他就在上林苑中养猪。他曾经不小心留下火种以致起火，火势殃及别人的房舍，于是寻找和访求被烧的人家，探问他们所损失的东西，结果把猪全部赔偿给了人家。房屋被烧的主人觉得有点少。梁鸿说："我没有其他的财物了，我来为您打工吧。"主人答应了。他便为房屋被烧的人家辛勤劳作，早晚都不偷懒。邻居家的老人们见梁鸿并非常人，于是一起责怪这家主人，并且夸赞梁鸿是一个性情谨厚的人。从此这家主人才开始敬重梁鸿并对他感到惊奇，把猪全部还给了他。梁鸿不愿接受便离开了，然后回到老家。

势家慕其高节，多欲女之，[1]鸿并绝不娶。同县孟氏有女，状肥丑而黑[2]，力举石臼，择对不嫁，至年三十。父母问其故。女曰："欲得贤如梁伯鸾者。"鸿闻而娉之。女求作布衣、麻屦，织作筐缉绩之具。及嫁，始以装饰入门。七日而鸿不答。妻乃跪床下请曰："窃闻夫子高义，简斥数妇，妾亦偃蹇数夫矣。③今而见择，敢不请罪。"鸿曰："吾欲裘褐之人，可与俱隐深山者尔。今乃衣绮缟，傅粉墨，岂鸿所愿哉？"妻曰："以观夫子之志耳。妾自有隐居之服。"乃更为椎髻，著布衣，操作而前。鸿大喜曰："此真梁鸿妻也。能奉我矣④！"字之曰德曜，名孟光。

注释

① 势家：富有权势的人家。女之：把女儿嫁给他。
② 状：体态和样貌。
③ 简斥：疏远。偃蹇 yǎnjiǎn：这里指怠慢。
④ 奉：侍奉，这里有称心如意之义。

译文

有权势的人家倾慕梁鸿高尚的节操，很多人想把女儿嫁给他，他一并回绝不迎娶。同县的孟氏有个女儿，体态肥胖，样貌不美，但能够力举石臼，她要挑选她认为合适的对象，所以还没有出嫁，已年满三十岁。父母问她缘故，她说："我想嫁给像梁伯鸾那样的贤人。"梁鸿听说后就去与她订婚。女方代作粗布衣服、麻鞋，编织好箩筐和纺织类的工具。等到她出嫁时，才装扮好进入梁门。过门七天了，梁鸿不理睬她。妻子跪到床前请罪说："我听说您深怀高尚的仁义，直接斥退数位女子，刚好我也怠慢过几位男子。如今我被您选中，岂敢不问一下我有什么过失？”梁鸿说：“我想找的是身穿朴素衣服，可以与我一同隐居深山的人。今天你竟然身穿绮丽的丝织服饰，浓妆粉抹，这怎么能算是我所希望的样子呢？”妻子说：“我是凭借这招来观察夫君的心志罢了。我自有隐居所穿的衣服。”她于是盘了一个椎形的发髻，穿上粗布衣服，在丈夫的面前操持家务。梁鸿非常高兴，说：“这才真的是我梁鸿的妻子啊。能称我心意了！”梁鸿给她取字称为德曜，名叫孟光。

居有顷，妻曰：“常闻夫子欲隐居避患，今何为默默？无乃欲低头就之乎？”鸿曰：“诺①。”乃共入霸陵山中，以耕织为业，咏《诗》、《书》，弹琴以自娱。仰慕前世高士，而为四皓以来二十四人作颂。因东出关，过京师，作《五噫之歌》曰：“陟彼北芒兮，噫！②顾览帝京兮③，噫！宫室崔嵬兮④，噫！人之劬劳兮⑤，噫！辽辽未央兮，噫！”肃宗闻而非之，求鸿不得。乃易姓运期，名耀，字侯光，与妻子居齐鲁之间。

注释

①诺：口语，好。

②噫：语气词，表示悲叹。陟：登上。

③顾：回首。

④崔嵬 wéi：形容高大。

⑤ 劬 qú 劳：辛劳。

译文

他们生活了不久后，妻子说："我曾经听说您想要过隐居生活来躲避祸患，现如今怎么还是悄无声息？难道想要低头屈从将要面临的灾祸吗？"梁鸿说："好。"他们于是一起进入到霸陵山中，以耕种和纺织为业，歌咏《诗》《书》，弹琴自娱。他们敬仰和倾慕以前的高洁贤士，而且还为自四皓时代以来的二十四位贤人创作颂文。梁鸿乘机从东方走出关去，经过京师，创作了《五噫之歌》："登上那北芒山啊，噫！回望那皇帝所在的京城啊，噫！宫殿皇室高大壮伟啊，噫！人们在辛勤劳动啊，噫！遥远看不到尽头，噫！"汉肃宗听说此事后对他有非议，寻找梁鸿却没能找到。梁鸿于是改换姓氏为运期，取名为耀，字侯光，与妻子和孩子在齐鲁一带居住。

有顷，又去适吴。将行，作诗曰：逝旧邦兮遐征[①]，将遥集兮东南。心惙怛兮伤悴[②]，志菲菲兮升降。欲乘策兮纵迈，疾吾俗兮作谗。竞举枉兮措直，咸先佞兮唌唌[③]。固靡惭兮独建，冀异州兮尚贤。聊逍摇兮遨嬉，缵仲尼兮周流。傥云睹兮我悦，遂舍车兮即浮。过季札兮延陵，求鲁连兮海隅。虽不察兮光貌，幸神灵兮与休[④]。惟季春兮华阜，麦含含兮方秀。哀茂时兮逾迈，愍芳香兮日臭[⑤]。悼吾心兮不获，长委结兮焉究！口嚣嚣兮余讪，嗟恇恇兮谁留？遂至吴，依大家皋伯通，居庑下，为人赁舂。每归，妻为具食，不敢于鸿前仰视，举案齐眉⑥。伯通察而异之，曰："彼佣能使其妻敬之如此，非凡人也。"乃方舍之于家。鸿潜闭著书十余篇。疾且困⑦，告主人曰："昔延陵季子葬子于嬴博之间，不归乡里，慎勿令我子持丧归去⑧。"及卒，伯通等为求葬地于吴要离冢傍。咸曰："要离烈士，而伯鸾清高，⑨可令相近。"葬毕，妻子归扶风。

注释

①遐征：远行。

②惙怛 chuòdá：忧伤。伤悴：伤心。

③唌 yán 唌：竭尽谗言的样子。

④休：美。

⑤臭：指花朵凋零、衰败。

⑥举案齐眉：形容夫妻相爱相亲。

⑦疾且困：犯有疾病几近死亡。且，近、接近。

⑧持丧：护丧（护送灵柩归葬）、服丧。

⑨烈士：心怀高远志向、有抱负的人。清高：志气清廉且高洁。

译文

又过了没多久，梁鸿又离开齐鲁之地到了吴国。将要出发时，他写诗称："离开旧地啊要远走他方，将到远方去安身啊在东南。心中忧伤啊伤心至极，心神高下不定啊起起伏伏。想乘车策马啊放纵驰骋，嫉恨我所在的世俗啊虚构谗言。竞相推举枉曲之徒啊废置正直之人。都争先恐后谗佞啊态势竭尽。内心本来就无愧啊独自构建美好心灵，希望别的地方啊推崇贤德。姑且逍遥啊遨游嬉戏，继承仲尼之志啊周游四方。倘若看到乐土啊我开心不已，我会立马舍弃乘车啊立即乘舟浮海离去。经过季札的陵墓啊它在延陵，要找鲁连啊他在海角边。虽不能细看啊他们的光彩和容貌，希望他们的神灵啊与我同样美好。只有晚春啊花开旺盛，麦芽含苞啊正要吐穗。悲哀兴盛的时代啊愈来愈远，怜悯花的芳香啊日渐衰败。我内心沉痛悲伤啊不能获得美意，长期委积纠结啊无穷无尽！众多喧嚣啊毁谤我意，嗟叹又惶恐啊谁人想留？”梁鸿于是去到吴国，依附于大富豪皋伯通家，住在廊下，为别人舂米。他每次回家，妻子为他备好饭菜，不敢抬头看他，举起的案桌与自己的眉毛并齐。皋伯通察觉后对梁鸿感到惊讶，说：“那佣人能够让他的妻子对他如此尊敬，一定不是普通人。”皋伯通于是让他住到家里面。梁鸿潜心闭门写书，共十多篇。在病危之时，他告诉皋伯通说：“以前延陵季札把他的儿子埋葬在嬴博一带，而不返回老家安葬，千万不要让我的儿子带我的灵柩回去下葬。”等到梁鸿去世，皋伯通等人为他在吴国要离的墓旁求得了一块安葬的墓地。他们都说：“要离是志向高远有抱负的人，而伯鸾志气清纯高洁，可以让他们的墓穴就近相邻。”安葬完梁鸿后，他的妻儿重新回到了扶风。

《逸民传》赞

题解

《逸民列传》记述了隐没于江海与绝迹于山林的一系列隐逸人物的故事。他们推崇自然清静的本性，修养且完善自身，既不矫揉造作，亦不委曲求全，高唱成就道义的独立自主之赞歌！

赞曰：江海冥灭①，山林长往。远性风疏②，逸情云上③。道就虚全④，事违尘枉⑤。

注释

① 冥灭：这里指隐士的销声匿迹。

② 远性：避世的性情。风疏：和风缓吹。

③ 逸情：隐逸的情怀。云上：直上云端。

④ 道：人生的哲理。虚全：虚无的境界和自我保全的意识。

⑤ 尘枉：人世的枉曲、纷争。

译文

赞说：（隐士）在江边海滨销声匿迹，避世隐居在山间林里。他们远离尘世的个性如同清风缓吹，飘逸的情志高升云端。人生大道的成就在于虚无的境界和自我的保全，事理应远离人世的枉曲。

《列女传》序

题解

《列女传》属于正史列传中以类相从的系列故事，重在突显贤淑妇女的行事风格及人物个性。最早为妇女立传正名的是西汉时期的刘向，他编有《列女传》一书。随后，东汉时期的班固在《汉书》中创立了《高后纪》和《外戚传》，并另立《元后传》。范晔受到前贤为妇女德行立传的影响，在《后汉书》中延续了《汉书》为皇后作本纪的模式而创作出《皇后纪》，又仿照刘向《列女传》重视女性贞节的书写特征而撰写了这篇《列女传》，其原则为崇尚女性的美好德行，将挑选“列女”的准则放宽，不局限于某一个方面的节操，而是细数了东汉时期各具特色的十七位女性振奋人心的表现，展现了她们高尚的气节和非凡的魅力。这里是节选内容。

《诗》、《书》之言女德尚矣①。若夫贤妃助国君之政，哲妇隆家人之道，高士弘清淳之风，贞女亮明白之节，则其徽美未殊也，而世典咸漏焉。②故自中兴以后③，综其成事，述为《列女篇》。如马、邓、梁后，别见前纪，梁嫕、李姬，各附家传。④若斯之类，并不兼书。余但搜次才行尤高秀者，不必专在一操而已。⑤

注释

①女德：女子的德行。尚：远。

②妃：后妃。隆：使……兴隆、兴旺。亮：显示、显露。徽美：美好的德行。世典：人世间的经典书籍。

③中兴：光武帝中兴时期。

④马、邓、梁后：马皇后是明德皇后，伏波将军马援的三女儿，汉明帝刘庄的皇后；邓皇后指邓绥(公元81—121年)，汉和帝刘肇的皇后，和熹皇后；梁皇后是褒亲侯梁竦的女儿，汉章帝刘炟 dá 的贵人，汉和帝的生母，是后来被追封为皇后的。梁嫕 yì：梁竦的女儿。李姬：李固的女儿。

⑤搜次：搜集并排列。一操：节操这一个方面。

译文

《诗》《书》中记录妇女德行的话语已是很久的事了。至于贤良的后妃辅助君王处理政事，睿哲的妇女使家事兴旺的门道，高尚的士人发扬清廉淳朴的神采，贞洁的女子显现出光明又纯洁的节操，那么他们的美好品德没有什么区别，然而人世间的经典书籍都遗漏了女子们的故事。所以自从光武帝中兴以来，(我)综合她们的已有事迹，记述成为《列女篇》。像马皇后、邓皇后、梁皇后分别可参见前面的《皇后纪》，梁嫕、李姬各自附在她们的家传中，像这种情况，(在这里)不再记录。其余的仅搜集并陈列她们当中才华与德行出类拔萃的人，不一定局限于节操这一个方面。

班昭传

题解

班昭，是中国历史上非常著名的才女，是史学家班固的妹妹。她曾为续写《汉书》倾注心血，担任过皇后及妃嫔们的女师，也创制了规范当时女性德行的七篇《女诫》，甚至留下赋、颂、铭、诔等文学作品。

扶风曹世叔妻者，同郡班彪之女也，名昭，字惠班，一名姬。博学高才。世叔早卒，有节行法度。兄固著《汉书》，其八表及《天文志》未及竟而卒，和帝诏昭就东观臧书阁踵而成之[①]。帝数召入宫，令皇后诸贵人师事焉[②]，号曰大家。每有贡献异物，辄诏大家作赋颂。及邓太后临朝，与闻政事。以出入之勤，特封子成关内侯，官至齐相。时《汉书》始出，多未能通者，同郡马融伏于阁下，从昭受读，[③]后又诏融兄续继昭成之。永初中，太后兄大将军邓骘以母忧，上书乞身[④]，太后不欲许，以问昭。昭因上疏。

注释

① 踵 zhǒng：本义为脚后跟，这里指继续。

② 师事：拜某人为师或师从某人求学。

③通：读懂。受读：这里形容恭敬地接受教学。

④乞身：请求辞职。

译文

扶风人曹世叔的妻子，是同郡人班彪的女儿，名昭，字惠班，另一名为姬。班昭学识广博，才华极高。曹世叔早早去世，（班昭）有节操，行为合乎规矩。她的哥哥班固著写《汉书》，其中八表和《天文志》还没有来得及完成就去世了，汉和帝下达诏令命班昭到东观藏书阁继续完成她哥哥没写完的《汉书》。皇帝多次召她入宫，让皇后和贵人们师从班昭学习，称她为“大家”。每次有使者进贡献上奇珍异物时，皇帝便下诏传令“大家”作赋和颂赞。等到邓太后掌管朝政时，（让班昭）参与并听闻国家政治要事。因为班昭进出宫廷频繁，邓太后特地赐封班昭的儿子曹成为关内侯，曹成为官也做到了齐国相。当时《汉书》刚写出来，许多人读不懂，同郡人马融在藏书阁恭敬地师从班昭来诵读《汉书》，后来皇帝下诏命马融的哥哥马续继续跟从班昭诵读《汉书》才读完。永初年间，太后的哥哥大将军邓骘因为母亲去世，上书请求辞职，太后不允许，就此事询问班昭。班昭乘机呈上奏章。

曰：“伏惟皇太后陛下，躬盛德之美①，隆唐、虞之政②，辟四门而开四聪③，采狂夫之瞽言，纳刍荛之谋虑。[4]妾昭得以愚朽，身当盛明，敢不披露肝胆，以效万一！[5]妾闻谦让之风，德莫大焉，故典坟述美，神祇降福。[6]昔夷、齐去国，天下服其廉高；太伯违邠，孔子称为三让。[7]所以光昭令德，扬名于后世者也。《论语》曰：'能以礼让为国，于从政乎何有！[8]'由是言之，推让之诚，其致远矣。今四舅深执忠孝，引身自退，而以方垂未静，拒而不许；如后有毫毛加于今日[9]，诚恐推让之名不可再得。缘见逮及[10]，故敢昧死竭其愚情。自知言不足采，以示虫蚁之赤心[11]。"

注释

①躬：自身、亲身。

②唐、虞：指尧和舜。

③辟四门而开四聪：比喻集思广益，广泛听取意见。

④狂夫：这里用作谦词，指代忠心尽言的人。瞽言：本指无见识的话，这里当指直切真心的话。刍荛：割草砍柴的人，比喻草民。

⑤披露肝胆：比喻竭尽忠诚。以效万一：用作谦词，比喻自己为别人效劳，把自己忠诚效力看作是微不足道的小事。

⑥典坟：三坟五典的简称，指三皇之书和五帝之书，泛指各种书籍。神祇 qí：神灵。

⑦夷齐去国：伯夷和叔齐为辞让君位而逃走。故事见于《史记·伯夷列传》。太伯违邠 bīn：太伯，又写作"泰伯"，是周太王的长子，辞让王位而逃离

豳地。故事见于《史记·周本纪》。邠，同“豳”，今陕西省彬县一带。孔子称为三让：故事见于《论语·泰伯》。

⑧《论语》句：语出《论语·里仁》。

⑨毫毛：微小的过失。

⑩缘见逮及：我的见识只能达到此般地步。

⑪虫蚁之赤心：比喻自己尽效忠心。

译文

奏章说：“臣妾考虑皇太后陛下，具备盛德的美名，兴隆唐尧、虞舜时代的清明政治，打开四方之门，广听四方之声，采纳狂直狷介的坦率恳切的言论，接纳平民百姓的计谋。臣妾班昭能够以愚钝衰朽的资质，身逢这盛德开明的时代，怎敢不竭尽忠诚，来尽自己那微不足道的努力。臣妾听说过谦逊退让的高风亮节，再没有比这更大的美德了，所以典籍记载了这谦让的美德，神灵也因此降下福气。以前伯夷、叔齐离开故国，天下人佩服他们的清心和高洁；太伯离开邠地，孔子称赞他三次谦让的美德。所以谦让使他们美好的德行光辉灿烂并声名远播。《论语》说：‘能够用礼让治国，施政还有何难？’由此而言，诚心诚意谦让所造成的影响很深远。今天四皇舅热切并坚持忠和孝的道义，自己请求辞退，然而陛下以为四方边境不得安定，不肯答应他的请求；如果日后出现微小的过失影响到今天的情况，确实让人担心他辞让的美名就不可能再获得了。因为臣妾的见识只能到此，所以胆敢冒昧以死来竭尽自己的一片愚拙的忠诚。臣妾自己知道此番言论不能够被接纳，只是以此表达自己精微的忠心罢了。”

太后从而许之。于是骘等各还里第焉[①]。作《女诫》七篇[②]，有助内训。马融善之，令妻女习焉。昭女妹曹丰生，亦有才惠[③]，为书以难之，辞有可观。昭年七十余卒，皇太后素服举哀[④]，使者监护丧事[⑤]。所著赋、颂、铭、诔、问、注、哀辞、书、论、上疏、遗令，凡十六篇。子妇丁氏为撰集之，又作《大家赞》焉。

注释

①里第：指里中宅子，多形容大官僚的私宅府邸。

②《女诫》：共七篇，每篇各写一个关于女性自持自修的主题，分别包括卑弱、夫妇、敬慎、妇行、专心、曲从以及和叔妹等七个方面。

③才惠：才华和惠德。

④素服：居丧时所穿的白色丧服。

⑤监护：监管和办理。

译文

太后听从了班昭的意见，同意邓骘等人引退辞职。邓骘等人便各自回到自己的老家。班昭还创作了七篇《女诫》，是有关辅助女性自修的训诫话语。马融认为《女诫》很好，让自己的妻子和女儿一块学习。班昭的妹妹曹丰生也很有才华，而且贤惠，写文章辩难班昭，文辞值得一看。班昭七十多岁才逝世，皇太后身穿白色的丧服为她哀悼，特派使者监管和负责办理丧事。班昭所著写的赋、颂、铭、诔、问、注、哀辞、书、论、上疏、遗令，共计十六篇。儿媳妇丁氏为班昭编撰并集成一书，又为她写了《大家赞》。

乐羊子妻传

题解

乐羊子的妻子鼓励和敦促丈夫求学上进，成功地扮演了一名慈惠淑德的贤内助角色。她善意并委婉地劝导婆婆不能偷吃别人家的鸡，面对好色的盗寇大义凛然，最终割颈自杀。这里生动地勾勒出乐羊子妻忠贞正义的贤妻形象，贵在彰显中国古代女性相夫有道、持家有方的人格魅力及其气节、操守。

河南乐羊子之妻者，不知何氏之女也。羊子尝行路，得遗金一饼[①]，还以与妻，妻曰："妾闻志士不饮盗泉之水[②]，廉者不受嗟来之食，况拾遗求利，以污其行乎！"羊子大惭，乃捐金于野，而远寻师学。一年来归，妻跪问其故。羊子曰："久行怀思，无它异也。"妻乃引刀趋机而言曰："此织生自蚕茧，成于机杼[③]，一丝而累，以至于寸，累寸不已，遂成丈匹。今若断斯织也，则捐失成功，稽废时日[④]。夫子积学，当日知其所亡，以就懿德[⑤]。若中道而归[⑥]，何异断斯织乎？"羊子感其言，复还终业，遂七年不反[⑦]。妻常躬勤养姑，又远馈羊子。

注释

①得：捡得。遗：遗失。

②志士：志节高尚之人。盗泉之水：这里比喻不义之财。

③机杼 zhù：织布机。

④稽废：延误和荒废。

⑤懿：美好、善。

⑥中道：中途。

⑦反：通“返”，返回。

译文

河南郡乐羊子的妻子，不知道是谁家的女儿。乐羊子曾在路上走着，捡到别人遗失的一块金饼，回来后把它交给妻子。妻子说：“我听说志节高尚的人不喝盗泉的水，清廉的人不接受嗟来之食，何况捡到别人掉下来的东西来贪图小利，从而玷污自己的人品啊！”乐羊子深感惭愧，便把金饼扔到野外，然后到远方去寻找老师求学。一年以后，乐羊子回来了，妻子跪下问他返回的原因。他回答说：“我出门在外久了，很想家，没有其他特别的原因。”妻子于是拿了一把刀快步走到织布机前说：“这织成的布来自蚕茧，通过织布机做成，一丝一丝地累积起来，以至于有一寸，一寸一寸不断地累积，然后才织成一丈的布。现今如果割断这正在织的布，就会丢失把布织成功的机会，也延误和荒废了时间，就好像你积累学问一样，应当每天学习自己所没有具备的知识，以成就美好德行。如果你学到中途却回家来，与割断这匹布有什么区别？”乐羊子为妻子的话深深感动，于是又回去完成自己的学业，连着七年都没回家。妻子常常躬耕田亩，辛勤劳动，赡养姑婆，并且远去乐羊子求学的地方给他送东西。

尝有它舍鸡谬入园中，姑盗杀而食之，妻对鸡不餐而泣。姑怪问其故。妻曰：“自伤居贫，使食有它肉。”姑竟弃之[①]。后盗欲有犯妻者，乃先劫其姑。[②]妻闻，操刀而出[③]。盗人曰：“释汝刀从我者可全[④]，不从我者，则杀汝姑。”妻仰天而叹，举刀刎颈而死[⑤]。盗亦不杀其姑。太守闻之，即捕杀贼盗，而赐妻缣帛[⑥]，以礼葬之，号曰“贞义”。

注释

① 弃：倒掉、丢弃。

② 犯：侵犯。劫：劫持。

③ 操：拿起。

④ 释：放下。全：保全性命。

⑤ 刎颈：割脖子。

⑥ 缣 jiān 帛：细绢和丝帛等丝织品。

译文

曾经有一次，别人家的鸡误进了她家的园子，姑婆偷偷地将鸡杀了，正在吃，乐羊子的妻子对着鸡肉没有吃反而哭出声。姑婆奇怪地询问原因。她说：“我自己因为生活贫困而伤感，以至于导致自家的饭桌上有别人家的鸡肉。”姑婆最后把鸡肉倒掉了。后来有盗贼想要非礼侵犯乐羊子的妻子，便事先劫持她的姑婆。妻子听闻后，操起把刀走出来。盗贼说：“你放下刀依从我就可以保全你们的性命，如果你不依从，那么我就杀掉你的姑婆。”她仰天长叹，手举利刀割颈自杀死去。盗贼也不再杀害她的姑婆。太守听说此事后，马上逮捕盗贼并依法处死了他们，赏给乐羊子的妻子家细绢和布帛，按照礼节埋葬了她，称赞她有“贞义”。

马伦传

题解

马伦是东汉大儒马融的爱女，因为家学风气的熏陶，她自幼便富有雄辩的口才。在应对新婚郎君袁隗的诘难时，她睿智机敏，妙答如流，最终让显贵一时的袁隗也无以应对。在此番对谈中，马伦展现了一位"知性"女子的才智和气质，反映出中国古代一名既有知识内涵又有文化修养的女性之独立思考精神。

汝南袁隗妻者，扶风马融之女也，字伦。隗已见前传。伦少有才辩。融家世丰豪，装遣甚盛①。及初成礼②，隗问之曰："妇奉箕帚而已，何乃过珍丽乎？③"对曰："慈亲垂爱，不敢逆命。④君若欲慕鲍宣、梁鸿之高者，妾亦请从少君、孟光之事矣。⑤"隗又曰："弟先兄举，世以为笑。今处姊未适⑥，先行可乎？"对曰："妾姊高行殊邈，未遭良匹，不似鄙薄，苟然而已。"又问曰："南郡君学穷道奥⑦，文为辞宗，而所在之职，辄以货财为损，何邪？"对曰："孔子大圣，不免武叔之毁；子路至贤，犹有伯寮之诉。⑧家君获此，固其宜耳。"隗默然不能屈⑨，帐外听者为惭。隗既宠贵当时，伦亦有名于世。年六十余卒。伦妹芝，亦有才义。少丧亲长而追感⑩，乃作《申情赋》云。

注释

①装遣：嫁妆。

②礼：婚礼。

③奉箕帚：充当妻室，做屋内洒扫的家务。珍丽：珍奇美丽。

④慈亲垂爱：慈祥亲切的父亲赐予宠爱。逆命：违背父命。

⑤用梁鸿、孟光故事。孟光选择贤士而嫁，与梁鸿相敬如宾。

⑥适：出嫁。

⑦南郡君：指马融，马伦的父亲曾为南郡太守。穷：极致，这里形容学问精深。奥：深奥。

⑧武叔之毁：语出《论语·子张》。伯寮之诉：语出《论语·宪问》。诉，诋毁。

⑨屈：使……屈，这里指袁隗无话可答。

⑩追感：追忆并感怀。

译文

汝南人袁隗的妻子，是扶风人马融的女儿，字伦。袁隗的故事可见于前面他的本传。马伦年少时就有才华和辩争的能力。马融的家世丰厚富贵，送给女儿的嫁妆非常丰盛。等到婚礼完成后，袁隗问马伦说："妇女在家中做洒扫的家务就好了，为什么竟然要置办这些过于珍贵美丽的饰物？"马伦回答说："父亲对我仁慈亲切并垂怜爱护，我不敢违背他的厚爱。您如果想仰慕鲍宣、梁鸿他们那样的高洁人士，我也请求效法少君、孟光的事迹。”袁隗又说：“弟弟如果先于哥哥被举荐为官，世人认为这是兄弟间的笑话。现今你的姐姐还没有嫁人，你却先结婚，是否妥当？”马伦回答说：“我的姐姐有高洁的品行，远不同常人，还没有巧遇好的配偶，不像我鄙愚浅薄，姑且这样嫁人罢了。”袁隗又问她说：“南郡君（马融）的学问深邃且道义精奥，写作的文章堪称宗师，然而他任官的职位总是因为贪财好货而被人污损，为什么啊？”马伦回答说：“孔子是大圣人，不能避免遭到武叔的毁誉；子路是大贤人，仍然有伯寮告他的状。家父有被别人污蔑的经历，这本来就是很正常的事。”袁隗默默无语，不能难住她。帐外听的人都替袁隗感到惭愧。袁隗在当时已经获得恩宠并且显贵一时，马伦当时也闻名于世。马伦六十多岁时才逝世。马伦的妹妹马芝，也很有才学并兼具仁义。马芝小时候丧失了父母，她追念并感怀父母，便创写了《申情赋》。

蔡琰传

题解

蔡琰是东汉时期才情卓绝的经学家蔡邕的女儿，不仅学识广博，而且天赋异禀，也与她父亲一样兼善音律之学。然而，她却有着坎坷惨痛的生活经历，从乱世丧夫到沦居胡地，从再嫁胡人到生育二子，从恩受赎身到离子言苦，从再度重嫁到怀愤作诗，一路艰辛，一生酸苦。这千难万苦，正造就了她感天动地并极富悲悯情怀的诗作《悲愤诗》。

陈留董祀妻者，同郡蔡邕之女也，名琰，字文姬。博学有才辩，又妙于音律①。适河东卫仲道②。夫亡无子，归宁于家。兴平中，天下丧乱，文姬为胡骑所获，没于南匈奴左贤王，在胡中十二年，生二子。曹操素与邕善，痛其无嗣，乃遣使者以金璧赎之，而重嫁于祀③。

注释

① 妙：这里指精通。

② 适：嫁给。

③ 重嫁：再嫁，重新嫁人。

译文

陈留人董祀的妻子，是同郡人蔡邕的女儿，名琰，字文姬。蔡琰博学多才并擅长辩说，又精通音律。蔡琰嫁给河东人卫仲道。丈夫死亡，他们没有子女，蔡琰回到娘家。东汉兴平年间，天下发生祸乱，蔡文姬被胡人骑兵掳掠，被南匈奴左贤王占有，在胡人那里度过了十二年，生有两个儿子。曹操向来与蔡邕友善，伤痛蔡邕没有后代子嗣，便派遣使者用金璧将蔡文姬赎回，把她重新嫁给董祀。

祀为屯田都尉，犯法当死，文姬诣曹操请之。时公卿名士及远方使驿坐者满堂[1]，操谓宾客曰："蔡伯喈女在外，今为诸君见之。"及文姬进，蓬首徒行，叩头请罪，音辞清辩，[2]旨甚酸哀，众皆为改容。操曰："诚实相矜，然文状已去，[3]奈何？"文姬曰："明公厩马万匹，虎士成林，何惜疾足一骑，而不济垂死之命乎！[4]"操感其言，乃追原祀罪[5]。时且寒，赐以头巾履袜[6]。操因问曰："闻夫人家先多坟籍，犹能忆识之不？[7]"文姬曰："昔亡父赐书四千许卷，流离涂炭，罔有存者。[8]今所诵忆，裁四百余篇耳。"操曰："今当使十吏就夫人写之。"文姬曰："妾闻男女之别，礼不亲授。乞给纸笔，真草唯命[9]。"于是缮书送之，文无遗误。[10]后感伤乱离，追怀悲愤，作诗二章[11]。

注释

①使驿：驿站的信使。

②蓬首：形容头发乱如飞蓬。音辞：声音和言辞。清辩：清晰明辨。

③矜：哀怜、可怜。文状：文书。

④惜：吝惜。济：救助、营救。垂死：将死。

⑤追原：追下指令并饶恕。

⑥履：鞋。

⑦坟籍：典籍、书籍。忆识：记忆。

⑧流离涂炭：流离失所，生活举步维艰。罔：无、没有。

⑨真草：指楷书和草书。

⑩缮 shàn：誊抄、抄写。遗误：缺漏和错误。

⑪诗：指蔡文姬的《悲愤诗》。这篇诗歌属于五言古诗，讲述蔡文姬自身遭遇祸乱的因缘及被胡人掳掠的辛酸和苦楚，还有在胡地的生活经历以及听闻被赎回中原的悲喜交加的故事，最后描述回到家中的所见所感。整篇诗歌感情充沛，感人至深。

译文

董祀作为屯田都尉，犯法理应处死，蔡文姬向曹操求情。当时公卿大臣、名士以及远方的使臣齐坐一堂，曹操告诉宾客说："蔡伯喈的女儿在堂外，现在让她跟各位见个面。"等文姬进来时，头发蓬乱徒步而行，文姬向曹操磕头请罪，讲话的声音洪亮且清晰明辩，话语的主旨让人觉得非常心酸和哀怜，在座的众人都为之变容动情。曹操说："实在是可怜啊，但判定的文书状子已经发送出去，如何是好？”蔡文姬说：“您的马厩里有上万匹良马，如猛虎一样的精锐战士多得可以组成一片树林，为什么吝惜一匹跑得快的千里马，而不去搭救一条将要被处死的活生生的性命？”曹操被文姬的话触动，于是追下命令，饶恕了董祀的罪过。当时外面几近天寒地冻，曹操赐给她头巾和鞋袜。曹操乘机问蔡文姬：“听说您的父亲有许多书籍，您还有印象吗？”蔡文姬回答说：“以前家父赠送给我四千多卷书，当年我流离失所，困苦于生活，没有遗存下来。现今能够回忆起来的，只有四百多篇而已。”曹操说：“今天我将派十名官员到您那里写下来。”她说：“臣妾听说男女是有分别的，按照礼的要求，男女之间不能亲自传授。请给我纸和笔，用正楷还是草书请遵从您的命令。”她便抄写好作品，把它送给曹操，文字没有遗缺和讹误。后来，蔡文姬追思并感怀曾经的生活经历，心中充满悲伤和愤恨，写下了《悲愤诗》，共两章。

《列女传》赞

题解

《后汉书·列女传》记载了东汉时期十七位妇女的光辉形象，有的端庄，有的贤惠，有的机智，有的醇厚，有的善解人意，有的相夫尽孝，有的正义凛然，有的悲情伤感，各有特点，各具魅力。

赞曰：端操有踪①，幽闲有容②。区明风烈③，昭我管彤④。

注释

① 端操：端正的节操。踪：踪迹，这里指事迹。
② 幽闲：指女德中的幽静贤淑的品性。容：礼仪风范。
③ 区：分明、分别。风烈：道德风范。
④ 管彤：赤管笔，代指史书的记载。

译文

赞说：（妇人）端正的节操有踪迹可寻，（她们）幽静贤淑又有礼仪风采。分别显明（她们的）美德风范，昭彰史书记载的光辉。

中国古典文化大系

第一辑

《论语》译注
《孔子家语》译注
《礼记·孝经》译注
《尚书》译注
《左传》译注
《世说新语》译注
《搜神记》译注
《宋词三百首》注释
《人间词话》注释
《三十六计》译注

第二辑

《老子》译注
《孟子》译注
《三国志》译注
《元曲三百首》注释
《三字经·百家姓·千字文·弟子规》译注
《大学·中庸》译注
《群书治要》译注
《陶庵梦忆》评注
《孙子兵法·孙膑兵法》译注
《庄子》译注

第三辑

《山海经》译注
《千家诗》评注
《子不语》译注
《菜根谭》译注
《贞观政要》译注
《西京杂记》译注
《西湖梦寻》评注
《沧浪诗话》评注
《聊斋志异》译注
《阅微草堂笔记》译注

第四辑

《诗经》评注
《楚辞》评注
《商君书》译注
《韩非子》译注
《吕氏春秋》译注
《吴越春秋》译注
《古列女传》译注
《纳兰词》评注
《了凡四训》浅释
《心经·金刚经·坛经》译注

第五辑

《六韬·鬼谷子》译注
《曾子·子思子》译注
《荀子》译注
《孔丛子》译注
《史记》译注
《人物志》译注
《诗品》译注
《颜氏家训》译注
《文心雕龙》译注
《茶经》译注

第六辑

《周易》译注
《列子》译注
《墨子》译注
《管子》译注
《国语》译注
《晏子春秋》译注
《战国策》译注
《淮南子》译注
《汉书》译注
《后汉书》译注

第七辑

《九章算术》译注
《水经注》译注
《资治通鉴》译注
《梦溪笔谈》译注
《东京梦华录》译注
《唐诗三百首》评注
《闲情偶寄》译注
《随园诗话》译注
《古文观止》译注
《地藏经·药师经》译注

图书在版编目（CIP）数据

后汉书译注 / 启五译注．—上海：上海三联书店，2014.6
ISBN 978-7-5426-4719-1
Ⅰ．①后… Ⅱ．①启… Ⅲ．①中国历史－东汉时代－纪传体
②《后汉书》－注释 ③《后汉书》－译文 Ⅳ．①K234.204.2

中国版本图书馆CIP数据核字（2014）第065119号

后汉书译注

译　　注／启　五
责任编辑／陈启甸　王倩怡
特约编辑／刘全德
装帧设计／Metis 灵动视线
监　　制／吴　昊
出版发行／上海三联书店
（201199）中国上海市都市路4855号2座10楼
http://www.sjpc1932.com
邮购电话／021-24175971
印　　刷／北京凯达印务有限公司
版　　次／2014年6月第1版
印　　次／2014年6月第1次印刷
开　　本／960×640　1/16
字　　数／164千字
印　　张／22.25

ISBN 978-7-5426-4719-1/K·273
定　价：35.00元